国家重点学科劳动经济学
人力资源开发与人才发展博士点　共同支持开发

人才考核体系与激励策略

吴　江　主　编
何　波　副主编

中国人事出版社
中国劳动社会保障出版社

图书在版编目(CIP)数据

人才考核体系与激励策略/吴江主编. —北京：中国人事出版社，中国劳动社会保障出版社，2015
全国高校人才学课程系列教材
ISBN 978-7-5129-0958-8

Ⅰ.①人… Ⅱ.①吴… Ⅲ.①人才考核-高等学校-教材 Ⅳ.①C962

中国版本图书馆 CIP 数据核字(2015)第 225133 号

中 国 人 事 出 版 社
中国劳动社会保障出版社 出版发行

（北京市惠新东街1号 邮政编码：100029）

*

保定市中画美凯印刷有限公司印刷装订　　新华书店经销

787 毫米×1092 毫米　16 开本　18 印张　289 千字
2015 年 9 月第 1 版　2015 年 9 月第 1 次印刷
定价：50.00 元

读者服务部电话：(010) 64929211/64921644/84643933
发行部电话：(010) 64961894
出版社网址：http://www.class.com.cn

版权专有　　侵权必究

如有印装差错，请与本社联系调换：(010) 80497374
我社将与版权执法机关配合，大力打击盗印、销售和使用盗版图书活动，敬请广大读者协助举报，经查实将给予举报者奖励。
举报电话：(010) 64954652

教材编写委员会

主　任：王通讯　人才学的主要开拓者和奠基人之一、研究员、博士生导师、中国人事科学研究院原院长

副主任：杨河清　经济学博士、首都经济贸易大学学术委员会副主任、劳动经济学院原院长、教授、博士生导师、中国人力资源开发研究会副会长、中国劳动学会副会长

　　　　王辉耀　国际管理学博士、中国国际人才研究专家、欧美同学会中国留学人员联谊会副会长、中国人才研究会副会长、中国与全球化智库主任、教授、博士生导师、哈佛大学高级研究员

　　　　桂昭明　武汉工程大学原副校长、教授、博士生导师

成　员：萧鸣政　经济学博士、北京大学人力资源开发与管理研究中心主任、北京大学政府管理学院行政管理系主任、教授、博士生导师

　　　　刘　昕　经济学博士、中国人民大学公共管理学院院长助理、教授、博士生导师

　　　　徐　斌　经济学博士、首都经济贸易大学人才开发系主任、人力资源开发中心副主任、教授

　　　　陈小平　管理学博士、首都经济贸易大学人才开发系副教授

　　　　张文春　中国人力资源和社会保障出版集团专业技术人员图书编辑室副主任、编审、中国人力资源开发研究会理事

总序一

进入新世纪之后，人才学研究迎来了蓬勃发展的春天。这主要得益于时代的变迁，人才资源在经济社会发展中战略意义的凸显，特别是党中央国务院对人才资源与人才问题的高度重视。2003年12月全国第一次人才工作会议召开，颁布《中共中央 国务院关于进一步加强人才工作的决定》，2010年5月全国第二次人才工作会议召开，颁布《国家中长期人才发展规划纲要(2010—2020年)》，这两次重要会议为全国人民绘制了人才强国的宏伟蓝图，激励全国人民为建设人才资源强国，实现中华民族伟大复兴而努力奋斗。

在这样一种形势下，如何将人才学知识普及开来，探索下去就成为一件重要而急迫的事情。中央领导同志对这个问题非常重视，多次发表讲话，部署工作，指出要重视人才理论研究，要以科学人才观指导人才工作，要加强人才学学科和研究机构建设。中央领导还指出，目前的人才理论研究，已经严重落后于实践，要鼓励理论创新、政策创新。中央领导还对人才学的学科体系建设进行了谋划，认为人才学应该包括宏观人才学、微观人才学、人才学通论等。这些重要指示为当前人才理论研究向哪里发展以及如何发展指明了方向。

以杨河清教授为领军者的首都经济贸易大学的人才研究队伍，积极响应中央号召，很快开始了新世纪高校人才学教材的编写工作。目前已经编出全国第一套人才学课程系列教材有《人才战略的制定与实施》《人才素质测评理论与实务》《人才考核体系与激励策略》《人才保障与服务》《人才开发概论》

五种。今后，还会有更多的成果奉献给急需这些成果的青年学生与广大读者。可以说，这是在全国高校行动快、带了头的一件好事，值得肯定与鼓励。

值得特别注意的是，这些教材较之于20世纪80年代的人才学教科书在学科建设方面突出了研究方法的创新，从而推动了教学内容的进一步深化。以人才战略研究为例，以往的研究大都属于定性研究，定量研究不多。这套教材的编写，把定量化实证研究方法引入教材内容，采用了SPSS和AMOS等现代统计分析软件，运用了探索性因子分析、验证性因子分析、结构方程模型分析、描述统计分析等方法验证了研究假设，构建了中国人才发展战略模型，推进了人才发展战略量化理论的研究，做到了人才研究的与时俱进。

人才学研究在中国虽说已经有了30年的历史，但是这个学科的理论体系到底是怎样的，谁也没有给出过定论，因为它本身就是一个开发发展的体系。我个人认为，以世纪之交为界限，国内人才学研究可以大致划分为两个不同的阶段。前20年，主要是学者个体进行的，后10年则是在组织领导下进行的；前20年，结合实际不够紧，后10年大量结合实际工作；前20年创新层次较低，后10年创新层次大幅上升，属于高层次系统创新。前不久经国家标准化管理委员会批准，人才学已经从三级学科上升为二级学科，这就为人才学教学科研队伍建设以及高校招收本科生、研究生创造了十分有利的前提条件。社会需要与领导重视已经成为人才学快速发展与深入发展的强大动力。这一套高校人才学丛书较好地反映了当前全国人才学研究水平，是一套具有开拓意义的新世纪人才学研究成果。可以肯定，它对下一步高校广泛开展人才学教学与科研，具有示范价值与推动作用。而且我相信，紧随其后，还会有更多的高校人才学教材陆续面世。

一门新学科有没有生命力，关键是它能不能满足社会需求，以及能不能满足不断发展的社会需求。而要做到这一点，关键就在于持续创新。这就对丛书的编著者提出了更高的期望。期望能够列出若干条，我认为最重要的就是人才学概念、人才学概念群、人才学学科规律体系表述的创新。

众所周知，人才学属于一门综合性的社会科学学科，它所涉及的学科较多，写出高水平著作有一定的难度。这就要提升概括能力、归纳能力、综合能力、跃迁能力。在世界上，国外已经有了人力资源学说，发达国家高校的人力资源教科书也到处可见，因此，怎样写出具有中国特色的人才学专著还确实是一件不大容易的事。创新不能凭空，出路在于实践。要想提高人才学学术水准，我认为可行的办法只有一个，那就是立足中国现实，一手伸向国外，一手伸向历史。前些年，不少高校开设人力资源课，也取得一定成绩，但是那是西方的体系，学习的目的全在于结合中国国情，如果不是这样，学了也难用。我已经注意到，这些年来，国内研究人才学的众多学者为国内人才流动、人才市场建设、人才战略制定、人才队伍建设出了不少力。究其原因，就是人才学研究与国家实际情况结合较紧，不少研究成果用得上。有句古诗说"蜂蝶纷纷过墙去，疑是春色在邻家"。我们完全没有必要认为，所有的好东西都在国外，所以言必称国外。我们完全有信心建立我们中国特色、中国气派的人才理论。道理不在别处，就在于当前发生在中国大地的有史以来最壮观的关于人力资源、人才资源的伟大变革，我们是参与者、亲历者、改革者、感悟者，我们完全有能力把自己的经验总结好，上升为系统的、理性的、完整的、生动的新认识。

学习、使用这套教科书的更多的是年青一代。年轻人的任务不仅要继承，还要创新。要思考教科书里哪些内容讲对了，哪些内容还值得改进。只有以这种态度读书学习才是真正的读书学习。改革开放时代丰富多彩、热气腾腾的人才实践是比任何教科书都伟大的无字教科书。所有的理论都是在社会实践的检验中不断产生并日益走向成熟的。我期待着有更多的年轻人加入到人才学研究的队伍中来，把发轫于中国的人才学研究继续推向前进。

中国人才研究会学术委员会主任

2012. 9. 12

总序二

人才学是以人才管理与开发为研究对象，综合经济学、人口学、人力资源管理学、组织行为学、社会学等学科而形成的一门交叉新兴学科。在宏观层面上，它主要研究人才思想、人才战略规划、人才聚集与开发等内容；在中观与微观层面上，则主要研究人才胜任力模型、测评、开发、培训、选拔任用、激励和人才成长的规律及其在人才发展实践中的应用。人才学研究的核心目标是，在人才学理论指导下，通过人才管理与开发一系列活动，做到人才的最佳匹配，挖掘人才的最大潜能，创造人才绩效最大化，提升人才竞争力，最终提升组织绩效和竞争力。

1979年10月新华社发表了《社会科学园地里一株新苗破土而出，人才学引起学术界的重视》的报道，这标志着中国人才学的诞生，并开始了人才学的创建。1992年，新兴的人才学被国家承认，作为三级学科列入《学科分类与代码》(中华人民共和国国家标准)，学科代码：630.5520。经国家标准化管理委员会批准自2012年3月1日起，人才学正式列为社会学下的二级学科。

改革开放至今，中国人才学发展取得了一定成绩。步入21世纪之后，中国人才学发展加快了步伐。2003年12月，我国召开了第一次全国人才工作会议，对人才学发展进行了重要部署。2010年5月，第二次全国人才工作会议在北京召开，《国家中长期人才发展规划纲要（2010—2020年）》出台，这标志着我国的人才学科建设开创了全新局面。

在历数中国人才学发展成绩的同时，也意味着中国人才学发展面临着一定挑战或者不足，尤其是在理论研究方面显得滞后于实践工作进程，主要表现为：

第一，定量化的实证性理论研究成果较少。由于历史的原因，我国社会科学领域的部分学者擅长于定性的规范研究，对定量化的实证性的研究较少，在人才学科领域也不例外。因此，我国人才学领域的研究成果中，定量化的实证性理论研究成果还需要进一步加强。

第二，系统化的理论研究成果不多。由于人才学是一门交叉新兴学科，目前在全国各个高校中，只有首都经济贸易大学刚刚于2011年成功申请人才学的硕士点和博士点，因此，在该领域缺乏足够的研究专家团队，且系统化的理论研究成果不多见。

第三，实践工作者缺乏科学的系列丛书的理论指导。在中国的实践领域，人才管理与开发的重要性逐渐凸显。但是他们普遍反映，在实践工作中，缺乏系列的丛书的理论指导，希望能为他们提供科学的理论依据，促进人才工作科学化、规范化、系统化发展。

为了满足社会需求，我们特别精心策划、组织一批本领域的专家、学者撰写这套书。我们提出了建设国际一流人才学精品丛书的目标，既鼓舞人心，又任重道远。为此，我们组成了教材编写委员会，主要为作者服务，同时，我们充分利用国内相关平台和人才优势，将这项工作不断向纵深推进。

这套书的主要创新点在于：一是在理论上，采取规范研究和实证研究相结合的方法，对中国人才管理与开发进行定量化的实证研究，比较系统地构建了中国人才管理与开发框架体系，丰富了人才学理论体系；二是在实践上，提出了人才学管理与开发实践的相关技术方法，对如何提升中国人才绩效进行了科学设计，为各类组织进行人才管理与开发实践提供了全新的管理思路与技术方法。

本套书对于认识中国人才成长的规律，解决目前中国人才发展中的现实问题，促进地区经济的持续、健康发展具有指导意义，对于丰富人才学研究具有重要的价值。同时本套丛书也可以作为各类组织制定人才管理制度的重要参考。

这套书的出版，得到相关领导的高度重视，得到有关单位的鼎力相助，得到相关高校和研究机构专家、学者的指导，得到社会热心人士的积极响应，得到中国人力资源和社会保障出版集团的大力支持。在此一并表示诚挚的敬意和衷心的感谢。

文章千古事，得失寸心知。尽管编委会和各专著的作者、编辑与审订者做出了很大努力，但由于水平所限，这套书仍会有不少缺点和不足。好在该丛书将会继续编辑下去，仍然有不断改进和提高的机会。错误和漏洞，敬请读者予以指正。同时，也希望有更多的有识之士加入到人才学研究中来，为中国人才学发展奉献聪明才智。如果说探索是一种乐趣，那么，在探索的路上做一块不起眼的铺路石则是一种幸运，也是我们的共同心愿。

中国人力资源开发研究会副会长
中国劳动学会副会长
首都经济贸易大学学术委员会副主任
2012年9月于京南花乡

目 录

CONTENTS

- **第一章 绪论** …………………………………………（1）
  - 第一节 人才的概念与内涵 ………………………（3）
  - 第二节 人才考核与激励的发展 …………………（9）
  - 第三节 实施人才考核与激励管理的意义 ………（14）

- **第二章 人才考核理论** ………………………………（23）
  - 第一节 人才考核的概念和功能 …………………（24）
  - 第二节 中国古代人才考核理论 …………………（27）
  - 第三节 现代人才考核与评价理论 ………………（35）

- **第三章 人才考核体系** ………………………………（42）
  - 第一节 人才考核体系的构成 ……………………（43）
  - 第二节 人才考核体系的实施过程 ………………（49）
  - 第三节 人才考核体系的保障 ……………………（58）

- **第四章 人才考核方法** ………………………………（63）
  - 第一节 人才考核的类型 …………………………（64）
  - 第二节 人才考核的技术 …………………………（74）
  - 第三节 人才考核的方法 …………………………（80）

- **第五章 人才考核指标体系** …………………………（92）
  - 第一节 人才考核要素的构成 ……………………（93）

第二节　人才考核指标的选择 ················(104)
第三节　人才考核指标体系的设计 ················(111)

● 第六章　人才考核内容 ················(121)
第一节　人才工作绩效考核 ················(123)
第二节　人才工作能力考核 ················(131)
第三节　人才工作态度考核 ················(143)

● 第七章　人才考核实施 ················(154)
第一节　不同类型人才的考核实施 ················(155)
第二节　人才考核实施的控制 ················(159)
第三节　人才考核体系示例 ················(167)

● 第八章　人才激励理论 ················(179)
第一节　激励理论 ················(180)
第二节　激励模型 ················(196)
第三节　激励类型 ················(200)

● 第九章　人才激励机制 ················(213)
第一节　激励机制的含义和内容 ················(215)
第二节　激励机制的设计 ················(217)
第三节　人才激励机制的改进 ················(224)

● 第十章　人才激励策略 ················(236)
第一节　激励策略的基本要素 ················(237)
第二节　激励策略的制定 ················(240)

第三节　人才激励策略的应用 …………………………………（245）

编辑说明 ……………………………………………………（262）
后记 …………………………………………………………（265）
参考文献 ……………………………………………………（266）

第一章 绪 论

本章教学目标

通过本章学习，使学习者对于人才概念有一个全面清晰的认识，能够准确地把握人才属性的特征，了解中国人才考核的发展历程，为下面的学习打下坚实的基础。

【导入案例】

海尔的人力资源管理与激励[①]

张瑞敏说：人才是企业竞争的根本优势。创新是海尔文化的核心。海尔不是"居安思危"而是"居危思安"。IBM前任总裁沃森说过：一个企业成败的关键在于它能否激发员工的力量和才智，企业的活力来自企业的信念及其对员工的吸引力。张瑞敏认为企业说到底就是人，管理说到底就是借力。通过借助人才资源的竞争力和创新力，获得企业的可持续发展。

海尔的人力资源管理与激励有以下策略：

1. 求才

包括外部引才和内部选才。①外部引才。海尔新员工的招聘原则：因事择人，知事识人。任人唯贤，知人善用，讲求公平、公正、公开的"三公"原则。严爱相济，指导帮助。②内部选才。实行公开招聘，竞争上岗的赛马机制。

2. 识才

[①] 资料来源：海尔集团的激励机制. 百度文库. http://wenku.baidu.com/view/73725da6f524ccbff121846f.html.

海尔认为：人人是人才，企业缺的不是人才，而是出人才的机制。①赛马不相马。海尔的赛马机制是全方位的，具体而言包括三条原则：一是公平竞争，任人唯贤；二是职适其能，人尽其才；三是合理流动，动态管理。②动态激励。一个领导重要的不是怎样去识别人才，而是应该建立一个制度，创造一种氛围，使它可以出人才。在海尔实行"三工并存，动态转换"，全体员工分为优秀、合格、试用三个等级。根据实际业绩实行动态转换。③注重产品质量和人的素质。产品的质量反映个人的素质。④应用政策杠杆撬起人的潜能。员工的日清成绩直接反映影响员工的月度工资。

3. 容才

根据"三公原则"，实现竞争上岗，末位淘汰。海尔制定了"在位要受控，升迁靠竞争，届满要轮换，末位要淘汰"的用人制度。

4. 用才

卓越并不是一种成就，而是一种永不满足地追求出类拔萃的进取精神。①斜坡球体人才发展。海尔认为影响企业发展和员工素质提高的三种力量分别是拉动力、制约力、支撑力。斜坡的角度越大代表人才竞争越激烈，企业就是要把员工的工作热情调动起来。②"三工"并存，动态转换。海尔建立了内部劳务市场，实行了一套"三工动态转换"制度。"三工"转换是指将全体员工分为优秀员工、合格员工、试用员工三种，分别享受不同的"三工"待遇，并根据工作业绩和贡献大小进行动态转换，让每个人做自己的 CEO。③活力源自流动。通过岗位的轮换，人员的流动，使干部与员工保持工作的创造性与敏感性。源头活水靠的是机制，而建立有效的机制，首先是观念问题，其次是方法问题。解决观念问题，必须确立"每个人都有一个市场，每个人都有一个市场的观念"。树立这种观念，每一名员工将成为责任与权利的统一体。④以人为本的管理创新。施行"80/20"原则。"80/20"原则是指关键的少数人要制约着次要的多数人。员工的素质就是领导的素质。只有落后的干部，没有落后的群众。

5. 信才

员工的自我管理："工位老板"的自我经营，服务市场和向上道工序索赔，以自己为"战略事业单位"的管理和经营。

6. 育才

保持人力资源的质量优势,是增强企业活力和竞争力的关键。①实施全方位的人才培训。采用多种培训方式:岗前培训、岗位培训、个人生涯培训、转岗培训、半脱产培训和出国考察学习。特色培训包括价值观培训、实践技能培训等。②建立立体的人才培训体系。包括各事业部门的培训、集团公司的培训、外部培训机构。③实施海豚式升迁。海豚下潜得越深则跳得越高。④烙印6S脚印。6S自检站上挂着"整理,整顿,清扫,清洁,安全,素养"的牌匾。

7. 护才

要让员工心里有企业,企业就必须时时惦记着员工,要让员工爱企业,企业首先要爱护员工。

8. 奖才

建立与员工绩效相挂钩的各种形式并存的工资制度;注重员工自我实现,提供给员工完成愿望的机会;鼓励员工充分参与活动和竞赛;其他奖励办法如以创造人的名字命名产品名字。

9. 养才

文化是企业管理的平台,更能决定人力资源管理的实现模式和方向。可以使管理从人的行为层次上升到人的观念层次。总之,海尔相信思路即出路,勇于创新,开拓进取。

第一节 人才的概念与内涵

一、人才概念的界定与延伸

(一)对人才的普遍理解及界定

对人才的定义与界定,国内外专家学者的解释各不相同。最早出现这一词汇,是在《诗经·小雅》中:"君子能长育人才",到现在已有两千多年。中国人对人才的认识不断深化。《辞海》对"人才"一词的解释如下:一是指有才识学问的人,德才兼备的人;二是指人的品貌。人才在《现代汉语词典》中的解释为"德才兼备的人,有某种特长的人",这是从语义学的角度给出的最简明的人才定义,其强调的是人才具有优于一般人的品德和才能。我们可以从以下角度理解人才的内涵:如有德国学者认为,人才是具有一定心理和社会属性的个人总体；保加利亚学者则认为，人才是能够创造富有意义的、新的精神或物质价值，并受人的生理制约的，由一定的社会环境所形成的具有脑力和体力特点与道德品质的总和。

1985年的全国教育工作会议文件就曾明确指出人才的具体含义：我们所说的人才，不只是指高级专家，而且包括适应现代化建设需要的各个层次、各个方面的人才，其中需要量最大的是各行各业基层经营管理人员以及各种技术人员和技术工人。

人才是指有一定政治、技术和文化知识的劳动者，所以人才不仅有层次之分，而且还有"显人才"和"潜人才"之分；不但包括"科学家"这种高层次的杰出人才，而且还包括那些默默无闻、勤勤恳恳、兢兢业业在自己岗位上取得优异成绩的实干家。总之，凡是具有一技之长，并自觉对社会尽职尽责，对企业有一定的贡献，为人民服务，在自己本职岗位上做出成绩者都是人才。

教育学中，将经过学校教育，在德智体诸方面具备了一定素质，基本上可以适应某种工作的人叫作人才，实际指获得了中专、大专及大学以上学历的毕业生。人才预测学中，人才是指具有中专以上学历和技术员以上业务职称的人。

1986年6月，中国人才学专家王通讯在他的《宏观人才学》一书中做出的人才定义："社会上一般将德才兼备的人或有一定专长学问的人叫作人才。"1991年4月，江苏省社会科学院朱钧侃在他的《最新人才学》一书中，也就人才定义问题，从人才教育部门、人才预测部门和人才研究部门的不同提法做了与王通讯相类似的概括。

从现在学术的角度来看什么是人才？现代人才学界对人才的定义已趋于一致："所谓人才，是指在一定的社会条件下，能以其创造性劳动，对社会发展和人类进步做出较大贡献的人。简而言之，人才就是德才兼备的人。"才，专指人的才能、能力、本能，是人的一种综合素质。对人才定义的表述，应从三个方面考虑：一是人才定义的要素构成分析；二是人才定义的要素比重分析；三是人才定义的思想特色分析。据此，人才定义可以简要概括为"德才兼备，贡献较大"八个字。

（二）人才资源的特征

在现代管理学中，采用人才资源的概念对管理对象进行定义。

所谓"人才资源",即在一定范围内,具有一定知识技能,进行创造性劳动并做出社会贡献的人所体现出来的知识、技能、技巧和体能,是以人才个体为基础形成的资源,是人力资源中层次相对较高的部分。

与物力资源相比,人才资源具有鲜明的特征:

第一是时限性。一般来说,物力资源可以长期储存,不采不用,不会降低品位。与此不同,人才资源储而不用,会荒废、退化。因为无论什么人才,都有其才能发挥的黄金时期——最佳年龄,一旦错过这个时期,人才就会贬值——人才的工作能力和创造能力会下降。

第二是两重性。人才既是物质文化财富的创造者,又是物质文化财富的消费者。在人才资源使用过程中,既有消耗的一面,也有保值的一面,更有升值的特性,甚至可以创造出新的价值。

第三是能动性。物力资源在其被开发的过程中,完全处于被动地位,因为它只是被认识和再造的客体。而在人才资源开发过程中,人才既是客体又是主体,它不仅能主动积极地接受开发,而且还具有自觉地进行自我开发的能力。因此,开发人才资源不像开发物力资源那样按照预定的模式去改造加工,而是通过创造一定条件,采取相应政策,最大限度地激发人才的能动性,充分发挥人才的潜能,激励人才不断显值和升值。

第四是可续性。物力资源开发往往表现为资源向产品的转化——资源的消费与产品的生产合二为一,一般只有一两次开发,没有可续性。人才资源则不同,它的使用过程同时也是开发过程。它在自我消耗(付出体力和脑力)的同时,也获得自我提高(如积累经验、丰富知识、增长才干),进而,它可以多次使用、多次开发。

(三)人才概念的延伸

1. 人力资源与人才

根据人力资源的概念,我们可以将人力资源划分为三个层次,第一层次的人力资源是具有健康身心和耐力。这一层次的人力资源往往与传统意义上的劳动密切相关。第二层次的人力资源是指在第一层次的基础上具有一定的知识、经验和技能,可以低成本的复制和推广相应的工作,它们对经济剩余的贡献要高于第一层次的人力资源。第三层次的人力资源是指在第二层次的基础上具有创新能力,这一层次的人力资源不是知识技能的简单重复和运用,而是能创造出新知识、新技术、新产品、新的组织形式及开发出新市场等。在企业内，这种人力资源的开发最终体现在经营利润的多少上。第三层次上的人力资源并不是第二层次的人力资源经过简单投资而达到的，但是第二层次是第三层次人力资源形成的基础，人们只有以一定的知识技能和经验作为基础，才可能进行创新。

根据对人力资源的上述分析，人才资源应当属于人力资源的范畴，但它不是一般的人力资源，是人力资源中具有较高的智慧、技能、品德并能进行创新劳动的人，应当是第三层次的人力资源，是人力资源中最优秀的部分。

2. 高层次人才的界定与特点

人才是推动经济和社会发展的第一资源，高层次人才是其中的精华部分，是关键资源。不同阶段、不同地区、不同发展水平，对高层次人才的界定是不同的，目前，理论界对高层次人才尚无一致的定义。

一般认为，高层次人才可以从以下几个维度予以界定[①]：从学历和职称看，某些区域人事部门将高层次人才界定为"具有硕士（含）以上学历或高级（含）以上专业技术职称"的人员，并且作为对高层次人才进行统计的统一标准。目前学术界对这一说法争议较大，有人认为这会导致"唯学历论"，在实际工作中会只重学历而不重能力。学历与一个人的能力密切相关，学历可以作为衡量高层次人才的一个标准，但不是唯一标准。从岗位的重要程度看，高层次人才是指在较高层次、关键岗位任职，在生产、经营、管理、科研等领域起带头作用和决定作用的核心人才。主要包括政府部门的中高级领导干部、企业中的高级管理人员和优秀企业家、各领域的高级专家。从经济价值角度看，高层次人才是指在单位劳动时间创造的价值高于一般人，对整个社会做出重大贡献的人。意大利经济学家帕累托曾提出过"二八原理"，即80%的价值来自20%的因子，其余20%的价值则来自80%的因子。无疑，高层次人才当属能创造80%的价值，但本身又是为数不多的那部分因子。

综合以上分析，高层次人才特点主要包括以下方面[②]：一是能力强。具有很强的业务能力，特别是创新能力，是成为一个高层次人才的基本前提。二

---

① 王雅洁. 河北省高层次人才优化配置研究 [D]. 河北工业大学. 2007 (6).
② 潘晨光. 人才蓝皮书：中国人才发展报告 No.3 [M]. 北京：社会科学文献出版社，2006：344.

是业绩大。光有能力，没有业绩，显然也不是人才，更谈不上是高层次人才。三是具有相对性。知识分子中有高层次人才，技能人才中也有高层次人才，农村人才中同样也有高层次人才。在每个不同的人才群体中，都有各自的高层次人才。当然，一个领域中的高层次人才，在另一个领域中可能连普通人才也算不上。如一个高技能人才，如果放在知识分子队伍中，可能就称不上人才了。四是时间性。在知识更新速度加快的今天，如果不能持续提高能力，今天的高层次人才，明天就会落伍。五是区域性。在人才集中的地区，对高层次人才的要求就会高一些；而在人才相对缺乏的落后地区，对高层次人才的界定就宽松一些。

综合学者的研究，对高层次人才给出一般性的定义：高层次人才是指在某一时间和空间范围内，在人才队伍各个领域中知识层次比较高、创新能力和专业能力比较强、社会贡献比较大、影响范围比较广，并正在发挥引领和带头作用的优秀人才。主要包括中高级领导干部、优秀企业家和各领域高级专家等。

3. 高技能人才的内涵及构成

高技能人才对于世界经济的发展起着至关重要的作用，推动产业结构的优化升级，保证企业产品在行业中强有力的竞争力。高技能人才并不是这个时代我国独有的产物，2003年年底召开的全国人才工作会议上，党中央明确提出"高技能人才"概念，同时还指出高技能人才是我国人才的重要组成部分，并将高技能人才纳入我国"人才强国"战略总体规划之中。原劳动和社会保障部的文件认为，高技能人才包括技术技能型、复合技能型和知识技能型，是在生产一线熟练掌握专业技能，在关键环节发挥作用，能够解决操作难题的人员，他们是推动技术创新和实现科技成果转化不可缺少的重要力量。我国国家职业大典，对于高技能人才的定义如下：在生产、运输和服务等领域岗位一线，熟练掌握专门知识和技术，具备精湛的操作技能，并在工作实践中能够解决关键技术和工艺的操作性难题的人员。目前我国关于高技能人才的研究中，对于高技能人才的界定主要有以下两种：

一是主张"高技能人才"是一个相对性的、广义的、复合型的概念。持这种观点的学者比较有代表性的有天津大学职业技术教育研究所的刘春生教授和教育学家查有梁先生。刘教授认为"高技能人才的概念和内涵总是相对于初、中级技能人才和一定的历史时代而言的，随着产业结构的调整、科学技术的发展，高技能人才的外延会发展，内涵会提升。"① 同时他指出："高技能人才"的概念比较广泛，不仅存在于第二产业也存在于第三产业当中，高技能人才不能完全根据所获职业资格证书和职称来确定，有些技能人才虽然未获取任何资格证书，但是身怀绝技，掌握先进的生产工艺，能解决企业生产中的重大难题，提高企业甚至整个行业的生产效率，这类人才也属于高技能人才。而且随着时代和技术的发展，企业、行业、产业对技能人才的要求将不断改变，高技能人才需要掌握更丰富的技术知识以及各种不同技能。查先生将人才发展过程理论与人的思维模式相结合，对当代高技能人才的概念及特征进行界定。他认为，高技能人才包括两部分：其一，在"专门人才"中获得高级职称的技能型人才，或虽未得到高级职称，但其技能水平已经达到高级水平的专门人才；其二，在"杰出人才"中得到公认的技能型人才或虽未公认为杰出人才，但其技能水平已经达到杰出水平的人才②。

  二是主张从素质结构上认识和界定高技能人才。人们常常把操作层叫作"蓝领"，"决策层"叫作白领，把介于决策层和操作层之间具有较高技能水平的技能型人才称作"灰领""高级蓝领""银领"。原教育部部长周济在2004年的一次会议上为高技能人才"正名"，将其称之为"应用型白领"，主张称其为"银领"，③ 高技能人才不仅需要很强的动手能力，而且他的工作中包含了很大一部分脑力劳动。戴强认为，高技能人才指那些既有一定理论水平又有丰富实践经验，在现场生产工艺、机电维修、模具制造等现代加工设备还无法解决和保证的领域中，能做到手到病除的优秀技术工人④。丁大建则认为，高技能人才是指生产和服务企业中，在生产或服务一线从事那些技术含量大、劳动复杂高的工作的高级技术工人和技师。他们在工作中既要动脑又要动手，既要具有较高的知识层次和创新能力，又要掌握熟练的操作技能。⑤ 李宗尧等人（2001）认为高技能人才是指经过专门的培养和训练，在生产和

---

  ① 刘春生，马振华. 高技能人才界说 [J]. 职教通讯，2006，3：17.
  ② 查有梁. 高技能人才的培养和使用 [J]. 高等教育研究，2007，3：24.
  ③ 周济. 培养数以千万计的高技能人才——让人民满意的高等职业教育 [Z]. 在全国高职教育第三次产学研结合经验交流会上的讲话，2004（2）.
  ④ 戴强. 高技能人才培训的若干思考 [J]. 中国培训，2003，4：24—25.
  ⑤ 丁大建. 高技能人才的短缺和价值评估错位 [J]. 中国高教研究，2004，5.

服务等领域一线的从业者中，既有一定专业知识又有丰富实践经验的具有绝活的高素质劳动者，关键环节能够发挥作用，解决生产操作难题，承担技术实施与技术管理任务①。

二、人才属性的概括特征

对人才属性的界定有多种表述，概括起来有以下几方面内容：

一是人才具有时代性和社会性。即认为人才是一定社会历史条件下的人才，离开了社会和历史就无所谓人才。

二是人才内在素质的优越性。认为人才拥有优于一般人的素质，没有较高的素质，难以成才。

三是人才具有社会实践性。强调实践出人才，人才的劳动成果也必须经过实践的检验。

四是人才的普遍性和多样性。即认为不仅行行出状元，而且不同劳动性质的工作岗位上也有人才。

五是人才的劳动成果具有创造性。强调人才的劳动不同于一般人模仿性和重复性的劳动，人才的劳动成果是创造性的。

六是人才贡献的超常性。由于人才的劳动成果往往具有创造性，因而人才的贡献远大于一般人。

七是人才能力的差异性。即认为不同行业的人才各有所长，同一行业的人才也各有千秋。

八是人才作用的进步性。认为人才能以其创造活动改造自然、改造社会，因而能够推动人类社会的发展进步。这其中第二、第五、第六是人才的本质属性。

第二节 人才考核与激励的发展

一、人才考核与激励的时代背景

近年来，党和政府根据国际国内形势的发展，站在推进改革开放和社会

---

① 李宗尧，张明德，工义志等.高级技能人才培养[M].北京：中国劳动社会保障出版社，2001：43.

主义现代化建设的战略高度，做出了"人才资源是第一资源"的科学判断。各地人才工作力度不断拓展，人才政策法规纷纷出台，人才工作的视野不断拓展，人才队伍总量明显增加、素质不断提高……所有这一切，都为新形势下的人才工作勾勒出一幅宏伟而壮丽的蓝图。

（一）人才观念焕然一新

近年来的"两会"上，在代表、委员的议案、提案中，人才问题日益成为焦点。在新闻媒体中，"人才"一词出现的频率也越来越高。高层次人才短缺、用人机制的完善、人才评价标准的健全等都越来越成为热门话题。

这是一个不可小觑的变化，它所反映出的是社会对人才的高度重视，反映出人才是事业发展的关键，正在成为全社会的共识。这一变化并未仅仅停留在口头上，"人才资源是第一资源"不但体现在中央的文件和规划中，各地各部门出台的一系列措施、规定等，也充分体现出各级党委、政府重视人才、吸引人才、支持人才干事业的良苦用心。与此同时，各地区、各部门、各行业都出台了培养人才、吸引人才、鼓励人才流动和发挥作用的新举措。原人事部等五部委联合印发《关于鼓励海外留学人员以多种形式为国服务的若干意见》；2002年，公安部等九部委联合制定《关于为外国籍高层次人才和投资者提供入境及居住便利的规定》等，都使人感受到人才观念转变所带来的清新空气。

在"人才资源是第一资源"，小康大业人才为本等观念日益深入人心的同时，人们对什么是人才、怎样培养人才、怎样吸引人才、怎样用好人才等，都有了更加深入的思考，陈旧的人才观念正在不断得到更新。

一个重要的变化是新的人才判断标准正在全社会逐步形成。过去以学历、职称划线的人才标准已受到质疑，以能力、业绩评价人才正成为主流。上海市建立了新的人才评价标准并出台人才居住证政策；北京市出台吸引国内外人才的"直通车"和"绿色通道"；大连市提出"限制人口不限制人才"；西部各省吸引人才更是不遗余力，对到西部工作的各类人才在职称评聘、工资待遇、户籍管理等方面给予全面优惠。

（二）人才机制不断完善

"人才辈出、才尽其用"局面的形成，好机制是关键。尤其是用人机制、激励机制和社会保障机制的日渐完善，有力地促进了人才工作和人才队伍建设。

通过构建灵活的用人机制来吸纳人才，是大多数地方采取的更加扎实的做法。近年来，阻碍人才流动的体制性障碍正在日渐消除，人才政策法规体系逐步建立。来去自由、柔性流动、专兼结合、"不求所有，但求所用"……用人机制越来越趋灵活。更为可喜的是，市场在人才资源配置中的基础性作用，正在逐步显现。"面向市场、自主选择"，已被越来越多的用人单位和求职者所采用。同时，有形市场和无形市场相结合、相应的法规不断完善，使"人才市场化"的脚步越来越快。

市场竞争给人才带来压力，政策激励给人才增添动力。重奖科学家，仅仅是国家加强人才奖励制度建设的重要举措之一。近年来，一系列有利于调动各类人才积极性的激励机制正在不断完善：通过不断完善党政机关工资制度，党政机关工作人员工资水平逐步提高；通过建立体现不同事业单位特点的工资分类管理制度，事业单位内部分配自主权进一步扩大；通过建立与现代企业制度相适应的企业经营管理人员薪酬制度，构建了以经营业绩为核心的多元分配体系……

（三）人才队伍建设抓出成效

"三支队伍"——党政人才、企业经营管理人才、专业技术人才，是我国人才队伍的主体。抓好这三支队伍，就抓住了由人口大国到人才强国转变的关键。各级党委、政府高度重视"三支队伍"建设，采取干部交流、挂职锻炼、培训、继续教育等措施分类培养，效果显现。中央颁发的一系列重要文件，明确了党政人才队伍建设的目标和措施。民主推荐、公开选拔、竞争上岗、任前公示等有利于优秀人才脱颖而出的政策措施，逐步得到完善和推广。党政领导人才的选拔任用工作正向制度化、规范化迈进：破除干部任用终身制，实行干部聘任制、选举制等，实施公务员考试录用制……能上能下、能进能出、优胜劣汰的党政领导干部选拔任用机制逐步形成。

近年来，各省区市围绕打造适合企业特点的高素质经营管理人员队伍，进行了多方面的改革探索。比如全面推行产权代表委任制和公司经理聘任制，通过公开招聘、民主推荐、竞争上岗等方式产生领导人员。与此同时，对非公经济组织的经营管理人才积极引导、热情扶持，全国各地涌现出一大批善于经营的著名民营企业家。

专业技术人才的培养也从"个体培养"转入"群体培养"。原人事部等七部门组织的"新世纪百千万人才工程",培养造就了一批优秀年轻人才;中组部和团中央先后组织的"博士服务团",既促进了西部地区经济社会发展和科技进步,又培养了高素质青年复合型人才;教育部"长江学者计划"、中科院"百人计划"等一系列形式新颖、机制灵活的人才培养、引进计划的实施,使越来越多的专业技术人才向复合型、高层次发展。事业单位工资及人事制度改革的不断深入,也给专业技术人才的成长提供了更为宽广的舞台。

二、人才考核与激励的发展阶段[①]

人才考核是人们在长期实践的基础上,为满足现代社会对人才评价的客观要求,在传统考试、考核和现代心理测量等实践过程中应用的一种人才评价思想与方法。我国人才考核的发展主要表现在以下几个标志性阶段。

(一)高考和自学考试制度的建立

为了选拔和培养国家建设所需要的人才,我国于1977年恢复了高考制度,通过考试将社会上的优秀青年选拔到高等院校进行学习深造。然而,有限的高等教育资源不能满足亿万青年求知的愿望。1984年国家设立了自学考试制度,采用"个人自学,国家考试"的方法向全社会成员敞开了没有围墙的大学的大门,掀起了大规模人才考核浪潮。目前,高考和自学考试仍然在社会化的人才考核项目中扮演着重要角色。

(二)公务员制度的建立

随着干部标准"革命化、年轻化、知识化、专业化"的提出,全国各级组织人事部门都对人才考核评价方法开始了新的探索,将定量化的方法引入考核工作中,并首先提出了"人员功能测评"这一概念。20世纪90年代以后形成了一种以"德、能、勤、绩"为主要内容的公务员考核制度,所有国家干部和公务员每年都要定期进行考核。1989年,我国开始在6个部门实行公务员录用考试试点。1993年颁布的《国家公务员暂行条例》第四章正式将考试录用工作作为一种制度规定下来。从此以后,各地都有较大规模的公务员考试。随着1998年的政府机构改革,2002年党的十六大的召开以及2003年

---

① 司江伟,郑其绪.论人才才能三态的关系特征及现实意义[J].武汉工程大学学报,2008(9):28—31.

中央政治局人才工作会议的召开，公务员考试的次数和规模急剧增加，除了非领导职务的公务员必须经过考试才能录用外，政府机关也将一些高级领导职务（厅局级干部）面向社会公开选拔考核。

（三）职业资格考试制度的确立

20世纪80年代末期，我国开始对传统的人事管理职称评定制度进行改革，采用"以考代评"或"考评结合"的方法取代原来单一的职称评定制度，29个系列的专业技术人员可以通过考试的方法获得中级以下职称。1993年，国家确立了职业资格考试制度，职业技能鉴定制度至此开始实行，共有4 700多个工种，分为初级、中级、高级、技师、高级技师5个等级。国家统一鉴定的职业有：秘书、推销员、电子商务师、人力资源管理师、项目管理师。从1994年起，国家已逐步建立了完整的职业技能鉴定工作体系，每年参加鉴定的人数也达到百万之多。

（四）企业内部考核制度的建立

进入20世纪90年代以后，随着经济体制的改革，我国的企业获得了更多的用人自主权，而普通公民自己选择职业的机会也逐渐增多。随着国外先进管理思想和方法的传入，像心理素质测验、情景模拟、评价中心技术等这样的企业内部考核制度已基本建立，企业对人才考核与测评的需要与日俱增。我国人才考评事业已进入了一个繁荣发展时期。

（五）全面人才考核体系的建立

进入新的历史时期，党中央、国务院实施科教兴国战略和人才强国战略，高度重视人才工作并做出了一系列重要部署。《中共中央　国务院关于进一步加强人才工作的决定》（以下简称《决定》）指出："要坚持德才兼备原则，把品德、知识、能力和业绩作为衡量人才的主要标准，不唯学历、不唯职称、不唯资历、不唯身份，不拘一格选人才"，从科学人才观的高度对人才的评价标准做出新的规定。这一原则中"德"的基本含义是确定的，即指人才的品德，并涵盖了政治思想品德、职业品德和社会公德等方面。同时，《决定》中人才的"才"不仅仅涵盖狭义上的各种能力，还包括人才的知识和业绩。

当前，随着经济全球化和知识经济的崛起，人才资源越来越成为更加稀缺和宝贵的资源，也成为国家、企业之间争夺的焦点。提升人才才能的有关理论，对国家、企业的人才资源开发等活动具有现实的指导意义。尤其是在我国建设创新型国家的背景下，需要以科学人才观为指导，对传统的关于才能三态的有关理论进行再研究，进而为有关实践活动提供理论支撑。

第三节 实施人才考核与激励管理的意义

一、人才考核与激励的管理目的

（一）人才评价的目的在于人才资源的开发和利用

人才评价的应用非常广泛，在选拔人才、培养人才和使用人才三个方面都能够发挥巨大的作用。首先，从选拔人才的角度来看，人才评价除了包含对人才显性能力的评价，还包含了对人才潜能的评估，它能够科学地、客观地评价人才的质量，是选拔人才的最重要方法。其次，人才评价具有良好的导向和激励功能，人才评价的标准为人才的培养提供了正确的导向，也为制定人才培养的目标、内容、方法等提供蓝图。同时，评价的激励功能将激发人才奋发向上的学习动机与热情，促使人才提高自身素质与实际工作能力。最后，在人才使用方面，只有依靠人才评价所提供的丰富而客观的评价信息，才可能更好地使用人才，发挥人才的作用。

从人才个人的角度，目前人才对于被人重视以及实现自我价值的要求越来越高，目前单一按照职称、学历、工龄进行评价或通过年度考核等评价方法已经无法满足各类岗位人才的科学管理的需要。人才迫切需要组织通过其外在的工作态度、工作业绩及内在的自身能力和水平进行综合评价，同时使自己各方面都能客观地得到尊重和肯定，达到全面认知自己，不断地提高对工作岗位的适应性，以期取得更大的职业生涯发展，实现人生目标。所以，建立科学的、规范的人才评价指标体系，用公正客观的评价指标反映人才内外在表现和能力的实际情况，对促进组织中人才被重视的愿望及其人才价值的挖掘具有重要的意义。

从科学人才观的管理角度而言，目前的人力资源管理的逐步发展对人才管理的科学化和规范化提出更高的要求。早期的以定性为主、全员考核为特点的评价体系早已不能满足人才管理的要求。通过对国内外人才评价体系的研究，确立适合的评价体系，建立合理健全的评价和监督机制，对人才的"求、用、育、留"等各方面管理从粗放逐步改善到精细及科学，实现人才管理的规范化具有重要意义。

（二）人才考核是人才管理的基础和有效手段

研究人才考核机制是为了解决为什么考、谁来考、考谁、考什么和怎么考的问题，目的在于使人才考核更加科学合理和公平公正。对于我国人才考核机制的构成要素主要包括考核主体、对象、目的、内容、程序等，人才考核机制研究的难度在于人才的考核目标复杂、不同类别人才的劳动形态特殊、劳动标准多维、劳动价值评价机制缺乏、劳动要素独特。人才考核的核心问题是考核体系的构建，考核机制的关键环节是考核主体的建设。

人才考核既是人才管理的基础，又是人才管理的有效手段。它不仅为知人善任提供依据，更是优化组织人才队伍的必要手段，同时也是提高工作效率的重要途径。但在人才考核的实际操作中确实存在不可回避的一些问题，诸如：对考核工作的重要性认识不足；考核方法简单化，缺乏科学性；考核标准不具体，优秀等次难以确定；考核内容缺乏针对性；考核程序没有得到足够的重视；考核结果的激励作用不足。这主要是没有把考核结果与人才职业发展紧密联系起来，使考核流于形式，影响了考核激励作用的发挥。

因此，现实中人才考核存在的诸多问题就成了人才考核与激励机制研究的着眼点，具有十分重要的现实意义。

二、人才考核与激励的现实意义

（一）深化人才考核"德才兼备"的用人标准，有利于人才的选拔、任用和评价

"德才兼备"的选人用人标准，在我国可以上溯到上古的尧舜时代，并历来为各个时代的统治者所秉承。但是，人们对这一原则中"才"的含义和范畴历来认识不一，往往从两个角度界定"才"的含义。从广义的角度，有人认为其涵盖了人才的"知识、能力和业绩"；从狭义的角度，有人认为其专指人才的"各种才能"。

以上对才能分类及关系特征的阐释，在《中共中央 国务院关于进一步加强人才工作的决定》中得到充分体现。"根据德才兼备的要求，从规范职位分类与职业标准入手，建立以业绩为依据，由品德、知识、能力等要素构成的各类人才评价指标体系。"科学准确地提出了我们党和国家在新的历史时期

对人才选拔、任用和评价的四大指标，即品德、知识、能力和业绩，对今后人才资源的开发与管理具有很强的指导意义。

可见，根据科学人才观的要求，"品德、知识、能力和业绩"是对"德才兼备"的具体阐释。我们党既继承了我国传统文化中"德才兼备"的选人用人原则，又与时俱进地丰富了其内涵，即对人才"才"的要求是集知识、能力和业绩为一身的统一体。

（二）厘清人才考核与激励的内在机理，有利于人力资本积累

1. 强调知识→能力→业绩，有利于人力资本积累

人才能力的培养，既来源于知识的灌输和训练，又来源于实践的思考和提炼；而人才业绩的取得，完全来源于能力的运用和发挥，更是以知识的占有和经验的积累为前提。按照才成于学、业成于能的逻辑关系，人才个体要想成就一番事业，其成功的前提是知识、能力和业绩，三者缺一不可。反过来，在很大程度上，业绩是判定能力、知识水平的尺度和导向，能力又是判定知识水平的尺度和导向。无论知识的获取，还是能力的培养，都必须坚持以实践为导向。

因此，人才才能三态的分类及其关系的界定，在理论上不仅阐明了个体、组织和国家三个层面能力提升和业绩积累的源泉，而且强调知识积累和能力提升的实践导向。这对于个体、组织和国家三个层面人力资本积累，尤其是对建立能力本位社会具有重要的指导意义。

2. 强调人才主观努力和外部环境两方面的作用，有利于提高人才的使用效能、优化人才环境

在人才管理中，反常性是组织和人才都应竭力避免的，但又是现实存在的。根据上述分析，造成人才对知识和能力发挥运用程度低的主观原因与客观原因也不是孤立的。人才没有将知识转化为能力的愿望，或者没有将知识、能力转化为业绩的愿望，一方面可能是人才自身安于现状，没有更高的能力和业绩追求，另一方面可能是人才所处的外部环境对人才没有激励作用。在人才管理中，超常性是组织和人才都应追求的，但又很难持久、大范围地存在。根据对人才才能超常性原因的分析，造成人才对知识和能力发挥运用程度低的原因是人才自身持之以恒地努力和激励的结果。根据麦格雷戈的影响工作绩效的因果关系理论，人才的绩效是其所处环境和能力的函数。从人才

三态的分析视角，也可以得出：在一定的环境条件下，人才的业绩是知识、能力的函数。即人才的业绩水平取决于人才的知识水平，人才的能力水平，人才所处的环境对人才知识和水平转化的影响程度以及人才自身的努力程度等因素的综合。

对于社会而言，促使人才树立正确的世界观、人生观、价值观，发扬拼搏奉献精神、艰苦创业精神、团结协作精神和诚实守信精神，促进人才的全面发展。同时，要以社会需求为导向，避免人才知识与实践的脱节、能力与社会要求的错位。更重要的是，要将"以人为本"的理念落到实处，切实营造"尊重劳动、尊重知识、尊重人才、尊重创造"的氛围。对于组织而言，要加强对人才的有效甄别、使用、培训开发等有效的激励管理措施，做到人尽其才，才尽其用，充分发挥人才的最大效能。对于人才自身而言，要对自身的职业生涯进行科学合理的设计，以远大的人生目标为内在驱动，取得更高层次的成就。

三、人才绩效考评与激励的管理作用

人才考评是对员工的工作绩效进行评价，以便形成客观公正的人事决策的过程。人才考评的动机目的大体而言，由以下三大项构成：一是作为人事决策的指标。诸如升迁、任免、调遣、加薪等人事决策，都牵涉到人才的考核评价。就管理上的作用而言，有效考评使得人才能得到合理使用。此外，人事决策如加薪、晋级等，可鼓励员工激起他们力求表现的动机。二是人才考评最积极的目的是使员工了解个人目标与组织期望间的关系。回馈可以帮助员工认识自己的潜力从而规划自我发展。三是作为组织政策与计划的评估。组织的政策与计划的评估也涉及员工的绩效考评。良好的人才绩效考评，能够发挥以下几方面的作用：

（一）有利于组织选拔可用之才

一套有效的人才考评制度，能将个人工作表现的状况，同组织上的策略目标紧密地结合。通过绩效考核评价，可以选拔潜能较高、表现突出、业绩优秀的人才。有效的绩效考评制度能凸显才华出众之人物，为组织未来的发展储备人才；同时又能发现表现较差的员工，及时加以辅导、训练，防患于未然。而绩效考评工作持续进行所获得的结果，正是组织中发现各种人才，出台各种任用决策如升迁、降职、调薪或解雇等最有力的凭证。

（二）有利于激励优秀人才积极进取

通过人才考核评价，可以评价组织各岗位人员的表现与工作结果，以此为依据对组织内的人员进行公平激励。由于人才考评能为员工提供管道通畅的工作回馈，有利于自我发展；在出现竞争纠纷时，能有效阻止同事之间的道听途说，以讹传讹。因此，优秀的管理者常以公正的绩效考评，作为与部属之间的主要沟通工具。进一步而言，管理者利用年度考核评价等正式的绩效考评方式来鼓励员工按照组织的人才标准去积极进取，努力奋斗，努力成才。如此一来，绩效考评更成为员工设定成就的标杆，鼓励人才最大限度地发挥出个人的能力，为组织的发展贡献自己的力量。

（三）有利于员工展现自我，让各种人才脱颖而出，实现自我价值

在绩效考评过程中最大的赢家应该是员工，因为经由考评，他们得以获得公平的回馈。毕竟，对员工而言，最迫切想知道的是：组织对我的期望和评价如何？我的优异表现能获得什么奖赏？唯有当考评方式详尽确实，员工才能够确知受赏识的才华所在，并能认清何处有待加强，从而能自我调适、扬长避短。如果员工是千里马，则绩效考评扮演的就是伯乐的角色。

（四）有利于组织人力资源的鉴别、诊断和整合

通过考评，能真实地、本质地认识岗位人员。实践中，对同一个员工往往有截然不同的认识、评价，而究竟哪一种评价公正、客观，这就要以其岗位绩效标准作为参照体系。通过绩效考评评价，才能消除主观印象、片面认识，比较清晰地鉴别各个人员的业绩和潜能，从而做出确切的评价。通过人才绩效考评的运用，组织了解了本组织员工个人和队伍素质的全面信息，就可以在此基础上对本组织的管理好坏做出诊断，找出存在的问题，对现有人员特别是人才进行更合理、科学的重新整合，以收到优化组合的效果，真正做到人尽其才。

（五）促进组织人才的成长

通过绩效考核评价，不仅能帮助组织掌握员工在工作中的表现和业绩，也可使员工了解自己的现状和自我发展。这样，组织和员工可以共同依据考核评价的结论来改善员工的素质结构，使其与岗位绩效要求相适应。人才的成绩和进步，通过考评可以得到证实，可以产生激励作用，人才存在的不足

和缺点，通过考评也可以清楚地暴露出来，从而鞭策其尽快改正和提高，从而为人才创造一个促进其成长的环境。

【阅读案例】

构建人才地图　提高人才充足率

一、人才争夺战需要人才地图

麦肯锡公司曾于1997年进行了一次人才争夺战调查，提出了"人才争夺战"的概念，这在当时引起了大家对即将出现的企业高管短缺问题的关注！这是一场从未停止过的不见硝烟的战争，越来越多的国家和企业都意识到：所有的战争都没有人才战争更为根本与关键。对人才的争夺，甚至在一定程度上决定了当今世界的经济格局，以及一个行业的竞争格局。时间已经过去十多年了，人才争夺战压根就没有停息过，如果说有什么区别的话，那就是情况变得更加糟糕。对于正在快速扩展以及开始国际化进程的中国企业尤为激烈！

目前，不少中国企业正面临"两多一缺"的现状：即资本多、机会多、人才缺。研究表明，中国企业要支撑全球化的发展模式，需要构建一个三级企业人才梯队：第一级是5万名能够领导百亿元人民币收入的中国大型企业或胜任全球500强企业高管职务的顶尖企业管理人才；第二级是500余万名能够胜任大型企业部门经理及以上职务的中高级企业管理人才；第三级是1 500余万名能胜任大型企业的一线业务和基层管理的人才。但是中国目前的人才储备情况与这个目标还有很大差距，这使得中国企业的人才争夺战形势更为严峻。

于是，在人才供给和储备"青黄不接"的局面下，"拔苗助长"式的人才速成方式开始出现。在发达国家，一个总监的成熟期至少需要10年以上的时间，而在中国，5年都不到，就被委以高管重任。客观现实决定管理人才必须速成，这样才能赶上市场快速发展的列车，核心人才"被上岗"，这也致使企业的中高级管理者的能力与素质良莠不齐。HP公司的共同创始人大卫·帕卡德曾深刻地说："没有哪家公司能在收入增长持续超出能找到足够合适的人员来实现这种增长所需的能力的情况下，仍然能成为卓越公司。"这句名言很挪

人才考核体系与激励策略

口，但含义浅显易懂——如果公司的收入增长速度持续快于人才的补给速度，那么结果很简单，是不能建立起一个卓越的公司。

"人才补足率"滞后于业务的增长速度，组织能力就不能得以提升和有所保障，整个组织无法驾驭"高速的增长"，此时此刻只能享受"增长的痛苦"！基于此，越来越多的企业意识到人才储备的不足已经在很大程度上制约了企业的发展——人才不足已经导致了企业不得不放慢成长的速度。如果在战争中缺乏清晰精准的地图，我们可以想象最后的惨败结局！在人才争夺战中，我们迫切需要一张张清晰精准的"人才地图"，这既是在人才争夺战中获胜的基本保证，也是制胜的关键策略！很遗憾的是，很多中国企业缺乏清晰的"人才地图"，而在人才争夺战中胜出概率颇低！

二、人才地图是人才管理体系的核心

人才争夺战是一场"持久战"，绝不能做到速战速决！很遗憾的是，很多企业家们却缺乏足够的耐心去等待，他们希望人才能像"豆芽"一样在三天内快速长成。当在短期内看不到成效时，CEO们便不支持了，开始大敲"退堂鼓"！人才争夺战需要具备"猎人"式的制胜策略，更需要"农夫"般的耐心耕耘——建立完善的人才管理体系，持续努力，不容松懈！

目前，企业高管层遇到的人才短缺问题在很大程度上应归咎于他们自己。在过去几年中，所有的中国企业几乎是异口同声地宣称人才的重要意义，高管们似乎对此极为关注，但是掌握具体方法，并建立起人才发展体系的最佳实践并不多！

对于短期业绩的偏重在很大程度上使得企业的管理层们往往是以被动反应的方式对待人才，"短期化思维"分散了管理者对于人才继任储备、领导力培训开发、培训体系构建等长期问题的注意力，比如只有当新产品销量猛增时才去招募更多的销售和营销人员，人才储备成为"救火式"的应急工作。

由于对人才这种无形资产的投资被视为费用而不是资本，管理人员可能会通过削减用于人员开发上的可支配支出来提高短期收益。虽然人力资本投资效益高，但是周期比较长，再加上人才培养本身具有天然的滞后性，更加导致这一趋势陷入恶性循环：人才短缺阻碍企业发展，带来更大业绩压力，而更大的业绩压力又进一步促使企业高管将注意力放到短期业绩上。此时此刻，我们更需要深入理解并坚定信奉哈佛商学院教授卡普兰平衡计分卡

(BSC)的理念和方法：平衡短期和长期、平衡财务指标和非财务指标！

当企业确实把人才作为战略重点时，它们经常陷入另一个误区：即狭隘地关注人力资源系统和流程，在传统的人力资源管理领域里原地踏步；而忽视大多数障碍所在之处——员工的技能和素质，未真正升级为现代的人才管理体系！

人才管理（Talent Management）这一概念是2000年左右在美国被提出来的，并迅速在企业应用并发展。在中国，很多一线企业如联想、万科、国航、李宁，已经超越了人力资源管理阶段步入人才管理阶段。并且，人才管理已经在中国呈现大规模发展趋势。越来越多的中国企业愈发意识到，一个真正卓越的公司首先不是一个简单的产品公司（Product Company），同时也不是一个简单的服务公司（Service Company），而是一个真正的人才公司（Talent Company）。

人才管理与人力资源管理并非迥异或者割裂，大部分公司建立了基础的人力资源体系后必然进入人才管理阶段，人才管理是人力资源管理按其自身逻辑进一步发展的必然结果。但两者也有根本的差别：人力资源管理更关注于流程和岗位，而人才管理更强调人员和能力。人才管理阶段要求企业的HR要更懂得战略、更具前瞻性和预见能力，并且逐渐由事务工作转向战略思考工作，从服务于企业战略转变成为构建企业战略。因此，人才管理已经不仅仅传递组织整体发展战略，同时也是组织整体发展战略的一部分。

那么，何为人才管理体系呢？即从企业的发展方向和战略定位出发，通过人才标准界定、人才测评、人才发展规划等一系列手段，对人才进行系统的甄别、评价和培养，从而使人才不断涌现，满足企业未来发展的需求。

KeyLogic公司的研究与咨询经验证明：人才管理体系的建立是明确任职标准、评估现有人才、弥补人才差距持续不断的循环过程。

三、人才管理体系解决的关键问题

（1）确定人才要求：哪些人才是企业发展所急需的？在企业里，满足什么样标准的员工可以被称为"人才"？

（2）评估现有人才：企业目前的人才现状（数量、素质、潜力）怎样？

（3）弥补人才差距：企业的人才现状和未来发展的要求有怎样的差距？如何提升人才的数量和质量，从而弥补这一差距？

人才考核体系与激励策略

　　人才管理体系建设能够起到两大关键作用：首先，从组织层面看，能够使人才发展与企业发展相匹配，使人才成为企业的竞争优势；其次，从员工层面看，能够使人才明确自己的职业道路和发展方向。总之，企业通过人才管理体系可以找到解决以下问题的钥匙：员工能力和岗位要求如何匹配？员工能力如何持续提升以适应其职业发展？员工能力如何经过团队学习、知识显化等耦合为组织能力？如何保证连续的人才供应？

　　（资料来源：《世界经理人》2012年5月刊　专栏）

本章复习思考题

1. 何为人才？如何认识和理解人才的内涵？
2. 什么是人才的属性？它的特征包括哪几方面？
3. 人才考核与激励的现实管理价值是什么？
4. 分析人才考核与激励在现代组织中应用的意义。

第二章 人才考核理论

本章教学目标

　　通过对人才考核的相关概念、理论基础的学习，对人才考核形成初步的认识与了解；结合案例及课后思考题目，从人才考核的实际运用中进一步加深对其理解；灵活运用章节参考，进行自我拓展学习。

【导入案例】

　　某集团公司的 HR 发展总监李先生谈道："去年公司要从内部聘任一名财务副总后备干部，用人部门用现有人才考核体系的考核工具进行考核，主要考察了其业务能力、个性特征、学习能力等。根据这样的条件，我们任用了王刚。半年后，原来的财务副总去了分公司，王刚上任。虽然经过岗前培训，领导还是认为王刚并不适合做财务副总。我们现有的考核体系是不是过时了？"

　　李总监在聘任财务副总后备干部时，不仅应关注应聘者的专业能力、个性特征等，还应关注应聘者的管理潜质、职业倾向等。被李总监选出的王刚业务能力很优秀，但他是否适合做财务副总的后备干部呢？他有没有做财务副总的潜质呢？我们还需要用管理能力测验来考察王刚有没有管理潜质，经过培养能否成长为财务副总，同时还要用性格测验考察王刚的性格特征中是否有想做领导的内驱力，用领导风格测验考察他的领导风格是否适合目前公司的组织文化和组织环境，是否能够和上下级领导搭配成一个不错的领导班子等，这些方面都会影响王刚能否胜任财务副总的工作岗位，能否在财务副总的工作岗位上做出成绩，做得长久。

　　我们可以看出，并不是说公司的考核体系过时了，而是该公司人才考核体系中的考核工具需要重新选择和优化整合，才能达到李总监想要的结果。

第一节 人才考核的概念和功能

一、人才考核的相关概念

考核是指人们为了达到一定的目的，运用特定的标准和指标，采用特定的方法，对人和事做出价值判断的一种认识过程。也就是说，考核就是通过比较分析对特定的人和事做出主观判断的过程，它是人类社会有目的、有意识的一种认识活动。在实际人才管理实践中，考核有不同的表达方式。

（一）人才考核

人才考核是对人才在社会劳动中表现出来的内在要素和在一定条件下做出的成绩进行客观描述和合理评定。

（二）人事考核

人事考核是指按照一定的标准，采用科学的方法，检查和评定组织员工对职位（岗位）所规定的职责的履行程度，以确定其工作成绩及其未来工作潜能的一种有效管理方法。这种管理方法的使用范围及意义有时会和绩效考核相联系，但人才考核的内容和使用范围远大于狭义的绩效管理和绩效评估，其广泛地涉及组织接触到的所有成员，并不局限于在职人员以及基于绩效而产生的系列考核和管理。

（三）人才评价

人才评价是应用现代心理学、管理学、测量与统计学、计算机科学、行为科学及相关学科研究成果，通过相关技术，测量、了解、评价某一特定对象的知识、技能、能力、个性等的拥有及构成情况，并在需要时根据工作岗位要求及组织特性将最合适的人放在最合适的岗位上，实现最佳工作绩效。

二、人才考核的目的

（一）有利于实现组织的人才战略目标

从组织的具体实践中可以看出，通过人才考核及相应的人才管理，可以提高组织的核心竞争力，推动组织内涵型战略的发展，并且能够确保组织将长期目标和短期目标联系起来，依据人才在激烈的竞争环境中应对挑战，确保组织生存和发展。

（二）有利于提高组织人才管理效率

通过人才考核，可以了解组织的运行现状，了解管理者和员工的工作情况，包括工作效果、工作差距以及工作想法；可以在组织、管理者和员工之间建立有效的沟通渠道，明确各自的目标、职责和要求，排除不必要的误解，改善上下级的关系。对组织而言，通过人才考核可了解员工对更高层次目标的贡献程度，经过目标和实际情况的差异分析，查找影响达到目标的内外因素，便可以通过管理的各种职能作用，内外环境的调整，以及人员的共同努力，提高组织的人才管理效率。

（三）有利于促进人才的发展

通过考核，人才可以明确自己的工作目标和期望，明确考核结果对自身产生的影响。因此，在实际工作中，员工会努力提高自己的期望值，不断地学习，以提高自己的素质、能力，促进自身的职业发展。

三、人才考核的功能

考核作为现代组织人才管理的核心环节之一，它对组织业绩影响的重要程度已经为各类组织普遍关注。人才考核的目的是多种多样的，且已经扩展到了超越人力资源管理的更为广阔的领域，上到确保组织战略的实现，下到保障具体员工的业务实现。作为组织战略的转化和管理的监控程序，实施有效的人才考核具有以下功能：

第一，衡量功能。通过一套完整的指标体系，运用比较的方法来度量和反馈组织及其人才的绩效状况，为相应的人力资源管理与开发提供客观依据。

第二，预测功能。通过对组织绩效的衡量去预测组织经营活动的未来趋势，从而更好地规划组织和人才的发展。

第三，导向功能。考核指标体系本身就是对组织活动的目标体现，其评价的结论不仅是政策措施的基础，又是奖惩的依据，它是人才考核的重要功能。

第四，管理功能。实施人才考核的根本目的是强化管理，把结果转化为组织发展的动力和压力，才能使组织保持长期的竞争优势。这是人才考核的主要功能，居于核心地位。

四、人才考核的管理作用

人才考核是整个人才管理的核心部分，人才管理系统中的各个环节需要以绩效考核为依据。其具体作用为：

（一）为员工聘用提供依据

通过对现有员工的工作、学习、效率、培训、发展等进行全方位的定量和定性的考核，按照岗位工作说明书的标准要求，决定了员工是否符合聘用标准以及聘用与否。

（二）为员工培训提供依据

通过人才考核，可以清楚地了解员工的工作现状，并可具体掌握员工本人在工作中的薄弱环节和以此产生的培训需求，从而有针对性地制订切实可行和行之有效的培训计划。

（三）为员工职务升降提供依据

岗位工作说明书是对员工考核的基本依据，员工的工作绩效是否符合该职务对其素质和能力的要求，是否具有升职条件，或不符合职务要求应该予以降免。这要求管理者根据考核结果及时予以调整和改变，以适应组织和员工的发展要求。

（四）为薪酬确定提供依据

根据岗位工作说明书的要求，对照相应的薪酬制度要求按岗位取得薪酬，而岗位目标的实现是依靠考核来实现的。因此，根据绩效确定薪酬，或者依据薪酬衡量绩效，使得薪酬设计不断完善、更加符合组织发展的需要。

（五）人才考核是人员激励的手段

通过人才考核，把员工聘用、职务升降、培训发展、薪酬调整相结合，使得组织激励机制得到充分运用，有利于组织的健康发展；同时对员工本人，也有利于建立不断自我激励的心理模式，可以明确方向，坚定信心，以便做得更好。

（六）人才考核与未来发展相联系

无论是对组织或是人才个人，考核都可以对现实工作做出适时和全面的评价，便于查找工作中的薄弱环节，便于发现与现实要求的差距，便于把握未来发展的方向和趋势，契合时代前进的步伐与时俱进，保持组织的持续发展和个人的不断进步。

第二节　中国古代人才考核理论[①]

人才考核在人才管理中有着举足轻重的作用,要想科学、客观、公正地考核人才并不是一件很容易的事情。因此,我们有必要从历史的角度,审视古代学者有关人才考核思想的论述,吸取其精髓用以指导现代人才考核。俗话说"读史明智",我国古代的人才思想十分丰富,其中很多涉及人才考核,对现代人才考核具有很大的借鉴意义。

一、古代人才考核的理论和观点

中国古代人才考核的理论可以反映在以下几个方面：

(一) 听言观行

听言,即"听其言",考察一个人,往往先从观察他的谈吐做起,因为一个人的言论可以反映出他的思想,一个人的行为则是其思想的反映和践行。

在《论语》中有很多与此相关的论述,孔子认为"巧言令色""道听途说""秀而不实"的人都不是合格的人才,他真正欣赏的是"多闻""懊言"的人。孔子在《为政》篇说："视其所以,观其所由,察其所安。人焉廋哉?人焉廋哉!"是说考察一个人所交的朋友,观察他为达到一定目的所采用的方法,了解他的心情,看他安于什么,不安于什么,那么,这个人的真相怎么能隐藏得住呢?孔子说他的这个方法也是从不正确发展到正确的。在《公冶长》篇中,孔子说："始吾于人也,听其言而信其行,今吾于人也,听其言观其行,于予与改是"。孔子过去对宰予有不正确的评价,后来发现不对,于是,也促使他对自己考察人的原则做了修改,由"听其言而信其行"变成了"听其言而观其行",孔子强调了"观其行"的重要性,但并不否认"知言"的重要性,在《尧曰》篇中,孔子说："不知言,无以知人也"。如果不善于分析别人的言论,辨其是非善恶,也是无法正确考核一个人的。

《墨子》中则有这样的记载："听其言,观其行,察其所能。"意思就是

[①] 刘卉,赵恒平. 古代人才考核对我们的启示 [J]. 贵州工业大学学报 (社会科学版),2007 (4).

说，听其言论，观察其行为，而知其能力与特长，讨论的是人员测评和选拔的方法论。《资治通鉴》中提出："先授人以德，后授人以能。"仔细翻阅古代文献，很容易在诗词歌赋、经史子集、小说演义等不同年代、不同作者、不同类别的作品中找到相关论述。

《逸周书·官人》中提出了鉴别人才的"六征"法，作者主张"方与之言，以观其志"。也就是说通过了解一个人的言谈可以看出他的志向。作者还认为，可以通过一个人说话的声调观察一个人的气质：不诚实的人讲话支吾吾、吞吞吐吐；诚恳的人讲话声音和顺而有节奏；卑鄙下贱的人说话阴阳怪气，有时又声嘶力竭；心地宽厚的人说话声音也温和中听。

《吕氏春秋·论人》提出的"八观法"中的第六观"习则观其所言"就是通过日常的言谈去考核一个人。另外，考察一个人的时候不仅要听他的言谈，还要向他提出一些问题，通过他的回答来判断他知识的掌握情况以及应变能力。《太公六韬·龙韬》中提出在考核人才时"一曰问之以言，以观其详。二曰穷之以辞，以观其变"。管子也主张同人才当面谈话，通过让人才提出对解决社会重大问题的主张，来了解人才的智谋。

三国时期的诸葛亮在斗争中形成并丰富了自己独特的人才思想。在他所著的《便宜十六策》中有专门研究人才问题的文章，其中《知人》中认为考核人才时应："问之以是非而观其志"，即考察辨别是非的能力以看其心志；"穷之以辞辨而观其变"，即用难题诘问而考察一个人的应变能力；"咨之以计谋而观其识"，即询问计谋、策略来考察一个人的见识。

（二）视色察情

视色、察情就是通过观察一个人的神色、表情来了解他的方法。人的神色和表情通常会反映出一个人的感情，因此这也是一个考核人才的好方法。"眼睛是心灵的窗口"，一个人的眼神能很自然地反映一个人的心理状况。孟子曾提出通过观察人的眼睛来了解一个人的思想，他说："存乎人者，莫良于眸子。眸子不能掩其恶。胸中正，则眸子瞭焉；胸中不正，则眸子眊焉。听其言也，观其眸子，人焉瘦哉？"（《孟子·离娄上》）也就是说一个光明正大、心地无私的人，眼睛必然明亮，目光必然有神；而心怀不坦荡的人，就不敢正眼看人，目光也不自然。所以通常情况下听一个人讲话的时候，注意观察他的眼睛就可以判断是非真假了。

诸葛亮《便宜十六策·知人》中认为，考核人才的时候也应该观察他的表现，即"告之以祸难而观其勇"，告诉一个人他即将大祸临头来考察他战胜困难的勇气；"醉之以酒而观其性"，以美酒来款待一个人从而考察他的品性；"临之以利而观其廉"，送给一个人金钱来考察他是否廉洁；"期之以事而观其信"，托付一个人某件事情而看他是否守信用。

（三）观人鉴品

观诚是从多角度来观察一个人的表现，观友则是根据一个人的交友情况来对他进行考核。俗话说"物以类聚，人以群分"，一个人和什么样的人交朋友往往可以反映出他的为人。

《庄子·列御寇》载孔子曰："凡人心险于山川，难于知天。天犹有春秋冬夏旦暮之期，人者貌厚深情"，故举"九征"之术以别贤不肖。《吕氏春秋·论人》踵事增华，内则用"六戚四隐"，外则用"八观六验"；古书中论观人之法，莫备乎此，而著于竹帛之文字不与焉。庄子先借孔子之口感叹人心难知，所谓"人者貌厚深情"，就是说人往往表里不一，有人外表诚实而内心虚伪，有人内心诚实但外表不像。

有鉴于此，庄子提出用"九征"来鉴别贤人与不肖之人。"九征"是：

(1) 远使之以观其忠（安排他到远方观察他是否忠心）。
(2) 近使之以观其敬（安排他在身边观察他是否恭敬）。
(3) 烦使之以观其能（频频安排他处理事情观察他的能力）。
(4) 卒然问焉以观其知（突然问他一些问题观察他的知识）。
(5) 急与之期以观其信（突然与他约会观察他是否守信）。
(6) 委之以财以观其仁（把钱财交给他处理观察他贪不贪）。
(7) 告之以危以观其节（告诉他有危险观察他的节操）。
(8) 醉之以酒以观其则（把他灌醉观察他是否酒后失态）。
(9) 杂之以居以观其色（让他与其他男女杂居观察他是否好色）。

《吕氏春秋·论人》把庄子的"九征"观人术进一步细化，提出内用"六戚四隐"，外用"八观六验"的方法来观察人。所谓"六戚"，就是观察这个人与父、母、兄、弟、妻、子的关系；所谓"四隐"，就是观察这个人交什么朋友，与故旧的感情如何，如何与邑里的乡亲打交道，如何与门郭之内的人相处等。

"八观"是："通则观其所礼；贵则观其所进；富则观其所养；听则观其所行；止则观其所好；习则观其所言；穷则观其所不受；贱则观其所不为。"主要是根据观察处在不同社会地位的人的不同表现来考核一个人，具体方法为：一个人通达走运的时候，看他尊敬什么样的人；一个人地位显赫的时候，看他推荐什么人才；一个人富贵的时候，看他是否礼贤下士；当一个人听取别人的意见后，观察他采纳的是哪些内容；日常休息、业余生活时看他有什么追求；学习的时候看他是否言道；处于穷困潦倒的境地时，看他是否接受不义之财；处于卑贱地位时，看他是否做不合乎正义的事情。

"六验法"用来观察一个人的表现。其具体内容是："喜之，以验其守；乐之，以验其僻；怒之，以验其节；惧之，以验其持；哀之，以验其人；苦之，以验其志。"意思是使一个人兴奋以考验其能否冷静，讨好一个人以考验其是否会有不良嗜好，使一个人发怒以考验其是否能控制自己，使一个人恐惧以考验其是否有胆量，使一个人悲伤以考验其是否有真情实感，使一个人劳苦以考验其是否有志向。《吕氏春秋》的作者认为，只要采用上述方法观察人、考验人，那么人的"情伪、贪鄙、美恶"就会无所遁形，难怪钱钟书认为古书中论观人之法"莫备乎此"了。

在《逸周书·官人》的"六征法"中，作者认为应主要从以下几个方面对人才进行考核：第一，就社会地位来观察："富贵者，观其有礼施；贫贱者，观其有德守；宠幸者，观其不骄奢；隐约者，观其不慑惧"。即富贵有礼，贫贱守德，宠而不骄，忧患委屈时不惧的人才是真正的人才。第二，就年龄来观察："其少者，观其恭敬好学而能悌；其壮者，观其廉洁务行而胜其私；其老者，观其思慎而益疆强。"即考察青少年要看他们是否恭敬好学，并能服从兄长；考察壮年，要看他们是否廉洁奉公，不谋私利；考察老年人，要看他们是否善于思考、谨慎行事来弥补自己的不足，而且不做出格的事情。第三，从人际关系方面观察："父子之间，观其孝慈；兄弟之间，观其和友；君臣之间，观其忠惠；乡党之间，观其信诚。"即作为臣民要忠于国君，对待亲朋要诚实守信。第四，从日常生活方面观察："省其居处，观其义方；省其哀丧，观其贞良；省其出入，观其交友；省其交友，观其任廉。"这是从一个人平时的起居、悲哀时的表现以及交友情况来考察。

(四) 纳谏举贤

三国时期诞生了我国历史上第一部人才学理论专著——《人物治》。这部书的作者刘邵首创了"八观"和"五视"的方法从多方面考核人才,并将考察过程中容易出现的偏颇谬误总结为"七谬",为我国的人才考核思想做出了独特贡献。

北宋著名的政治家、改革家王安石在《上仁宗皇帝言事书》《才论》《兴贤》和《知人》等文章中,对人才问题进行了广泛的研究。他主张用推荐和考察相结合的方法来选拔人才,取消官僚子弟的特权。至于怎样考察一个人,他说:"所谓察之者,非专用耳目之聪明而听私于一人之口也。欲审其德,问以行;欲审知其才,问以言。得其言行则试之以事"。(《上仁宗皇帝言事书》)即考察一个人决不能单凭耳闻眼见,私下听某个人说了算,而要根据他的行为考察他的品德,通过面试了解他的才能;即使这两个方面都过关了,还要在工作的实践中考验他。他还强调一个人一旦做了某项工作就要长期进行考核和评价,不能随意更换工作,这样不利于人才发挥作用。

孟子曾提出,要了解一个人就要在大臣和国人中做广泛的调查。《管子·小匡》中说道:"公宜问其乡里,而有考验。"即向乡里百姓进行普遍了解,从而对一个人做出全面的考核。任命职务之后,还要进行调查,了解他的实际工作能力。

韩非子也主张考核人才要广泛听取老百姓的意见。他在《韩非子·定法》中说道:"人主以一国目视,故视莫明焉;以一国耳听,故听莫聪焉。"他又在《韩非子·八奸》中说道:"君人者,以群臣百姓为威强者也。群臣百姓之所善则君善之,非群臣百姓之所善,则君不善之。"考核人才不能以少数人的印象为标准,如果国君能广泛征求群臣和百姓的意见,那么就能够耳聪目明地辨别人才了。

清朝的明君康熙皇帝提出了人才至上,德才兼备,纳谏招贤,宽以待人,从实考核的用人原则。他主张根据实际情况考核官吏的政绩,而且要善于从百姓的反映中辨别真伪,他还有一个诀窍:那就是向百姓询问那个官员的情况,如果该官员是真正的贤人,百姓们一定会极力赞扬他;但该官员如果不是贤人的话,百姓们一定会回答得很含糊。这样就很容易考核一个官员了。

(五)人才选拔

远在商周时代,中国就采用层层选拔和考课的方式选拔人才,这在古代诗文中有所反映。

诸如此类还有屈原在《离骚》中写道："举贤而授能兮，循绳墨而不颇。"意思就是说，选拔与任用人才，遵循规则与法度就不会有偏差。韩非子提议，帝王考察臣下可以使用以下七种方法，即七术："一曰众端参观，二曰必罚明威，三曰信赏尽能，四曰一听责下，五曰疑诏诡使，六曰挟知而问，七曰倒言反事"。

姜太公则建议武王选将须从八点入手："一曰问之以言，以观其辞。二曰穷之以辞，以观其变。三曰与之间谍，以观其诚。四曰明白显问，以观其德。五曰使之以财，以观其廉。六曰试之以色，以观其贞。七曰告之以难，以观其勇。八曰醉之以酒，以观其态。八征皆备，则贤不别矣。"韩非子和姜太公的办法，看似各异实则同出一辙，都是通过不同情境的设置，来考察人的行为，从而了解其内在特征。

汉代常常采用察举的方式，不仅有举贤良方正、孝廉，还有察举，并且每年或隔年还有随计吏入京举才以及自举的行为。汉魏六朝时期，流行品评人物风气，由于没有现代测量手段和工具的支持，因此没能上升为系统的理论，但经验十分丰富，有时还和相术联系在一起，如相者称曹操为治世之能臣，乱世之奸雄。曹操嫌自己其貌不扬，伪作侍从，北朝使者却指出他才是真正的英雄等。建安七子、竹林七贤皆是品评人物的专家，由评人还发展到品物、品文，并产生了系统的文学评论思想。

隋炀帝大业年间，为加强中央集权而补充官吏的需要，开科取士，并在朝廷中设"文才秀美"科，即进士科，揭开了中国古代选举和考试历史的新篇章，标志着中国古代科举制度的开端。唐代完善了这一制度，把智力测验引入考试。当时考试大致分为贴经、口义、墨义、策问和诗赋，以儒家经典为主要内容，为现代考试测评题型开创了先河。此外还注重举止仪表的考察，采用面试方式，甚至由皇帝亲自主持面试（殿试）。宋元明清的科举大多承袭前朝，无太大改变，直到因不适应时代要求而于1905年被废止。

中国古代诠选制度，不仅是世界上最古老、最完备的人才选拔制度，同时所使用的方法与为世界考试和测量提供了巨大的启示。

（六）智力测评

民间流行的智力游戏，很早就在中国出现，如唐、宋年间的叶子戏、七巧板等。人们推测七巧板是从宋代燕几图演化而来的。"燕几"是指由各种多边形组成的可以错综分合的小桌子，纵横排列为多种图形，按图设宴，以娱宾客。后来人们将之缩小，就变成七巧板玩具。它是将一块正方形板分为7块，并用它拼出各种图形。七巧板的操作属于典型的发散式思维活动，对于开发人的创造能力是大有益处的。清代人童叶庚将七巧板改成十五巧板，起名为"益智图"。它比七巧板变化复杂，能够拼出更多的图形，因而更具吸引力，为许多人喜欢。直到1914年国外才出现由5块小板组成的正方形五巧板，但它的复杂程度远不如七巧板和十五巧板。近年来五巧板和七巧板已经发展成为纸笔测验，多用于团体智力测量，它的施测过程时间经济，操作方便，计算准确，已经达到了标准化测验的程度。除七巧板外，中国古老的智力玩具还有宋代的九连环和取材于三国故事的"华容道"。有人曾经对九连环的操作方做过研究，其心理学原理和现代认知心理学著名实验"河内塔"相似。

二、古代人才考核的现代启示

人才问题总是随着社会的变革而发展，综观我国古代的历史，但凡处于社会动乱、分化、变革的时期，有识之士施展才干的机会就多，因而人才辈出，同时也相应地产生许多精辟的、富有民主性精华的人才学思想或专著，这是古人给我们后人留下的一笔宝贵财富，值得我们深入地研究与学习。从以上古人有关人才考核的思想中，可以得到如下启示：

（一）制定全面的考核步骤

正确地认识、评价人才历来是一个难题，然而古人却从多角度概括和总结了这个问题，为我们提供了有借鉴意义的具体方法。古人对人才的考核一般有几个步骤：一是根据一些外在的因素，如言论、表情、年龄、社会地位、人际关系等来考核一个人的德行、气质；二是通过谈话、提问、设问各种对话场景来考核一个人的思想、品行；三是广泛听取群众的意见和建议，到群众中了解和调查情况，最后将上述三点进行综合分析，对一个人的情况做出全面的、实事求是的估计与评价。现代人才考核往往侧重运用谈话、提问或考试、调查等方法，用这些方法考核人才具有一定的片面性和局限性。另外，我们还应通过对一个人的言论、声调、表情的观察来判断一个人的内心世界。一个人的语言、表情往往会反映他的内心活动，但我们在现代人才考核过程中却忽视了这些方面,因而也错失了许多正确判断人才的机会。

(二) 实施德能勤绩全面考核

自春秋战国以来,历代统治者都很重视人才考核,尤其是对官吏的考核,考核的内容基本上涉及现代人才考核中的"德、能、勤、绩"四个方面。

在中国两千多年的封建社会中,不同的人对"德"有不同的理解,但他们都不约而同地把"德"放在了考核人才的首要位置上。当然除了"德"之外,古人同样重视"能"。《墨子·尚贤》中说:"有能则举之,无能则下之。"这是古代考能最显著的一个特点。今天我们所说的"能者上,庸者下",就是从墨子的话演变而来的。到了现代,"德"和"能"对于一个人同样重要,我们一直重视考核人才的"德"与"能",强调人才要"德才兼备"。但在实际考核过程中却出现了两种偏向:一是只讲德,不讲才,把德抬到至高无上的地位;二是注重才能而忽视了品德,这一现象在现代社会十分普遍。不可否认,在改革开放,发展社会主义市场经济的时期,我们需要大量的、各式各样的人才。因此我们应当注意到在考核人才品德过程中产生的偏差,摆正德与才的关系,努力为社会主义现代化建设选拔德才兼备的合格人才。"勤"在现代人才考核中表现为一个人的工作态度和出勤率。古代人才考核过程中同样重视一个人的勤勉程度。只有为人清廉正直,办事谨慎勤恳,从不懈怠的人才是真正的人才。"绩"是考核人才的工作业绩,包括数和质两个方面。这一点古人给我们树立了良好的榜样。古人强调在考核一个人的时候不能只听他说了什么,还要看他做了什么,有什么成绩和贡献。尤其是在考核官吏的时候,只有为百姓做实事、做好事的人才能得到奖励。在现代人才考核过程中我们往往注重表面的东西,单听一家之言,而忽略了从业绩方面考核一个人,或者只强调业绩的数量而忽视了质量。

(三) 运用科学的考核方法

一般来说,对人才知识、能力的考核相对容易,但对人才的道德如敬业精神、爱心等进行考核却不是一件轻而易举的事情,因此,应当运用隐藏测试法对人才的道德素质进行考核。隐藏测试法是指人才考核者通过设计、实施某种考核人才的方法,让被考核者自然显露其道德素质的优劣状况,从而达到客观地甄别、考核人才的目的。这是古人考核人才时普遍使用的方法,"六验"法、"八观"法,运用的都是这种方法,因此用隐藏测试法考核人才对现代人才考核仍有借鉴意义。不过在应用这种方法考核人才的时候应注意以下两点：一是隐藏要自然。运用隐藏测试法的时候要十分自然，让被考核者无法识破考核者预先策划的"天机"，以达到客观考核、评价人才道德素质的目的。二是要精选"道具"。考核人才的道德素质，如果用直接问话的方法，得到的回答往往不一定是真实可靠的，因此不会达到考核的目的。用隐藏测试法要精心选择"道具"，通过"道具"假戏真做，不留痕迹地考核人才的道德素质。人才考核是人才管理的基础，没有人才考核，人才管理就会成为无源之水、无本之木。为了建立一套科学、全面的人才考核体系，我们应该多方借鉴经验，尤其是从我国古代丰富的人才学思想中搜取宝藏，勇于实践，认真总结，不断加以改进和完善。

第三节　现代人才考核与评价理论

现代组织人才考核的过程融合了现代心理学、管理学、测量与统计学、计算机科学、行为科学及相关学科的理论基础及其实际应用。本节主要介绍人才考核的相关基础理论。

一、胜任力理论

"胜任力"一词来自管理学领域中的名词"competence"，对此词的翻译在国内有胜任力、能力、胜任力模型等，其最早由 McClelland 提出来的，胜任力是指与工作或工作绩效或生活中其他重要成果直接相似或相联系的知识、技能、特质或动机。随后，众多研究学者提出各自的观点。早在科学管理时代，"科学管理之父"Taylor 就提出了"管理胜任力素质特征运动"，这标志着胜任力在人们的研究范畴中有了雏形。McClelland 提出胜任力这一概念以来，不断有学者提出胜任力范畴的新思想。

1980 年 McClelland 在 *Competency Model* 一文中将胜任力定义为：足以完成主要工作结果的一连串知识、技能与能力。Fletcher（1992）在 *Standards and Competence* 一文中则认为胜任力是有能力且愿意运用知识、技巧来执行工作的要求。

Spencer（1993）提出胜任力是指和参考效标（合格绩效或优秀绩效）有

因果关联的个体的潜在基本特质。其中基本特质是指个人个性中最深层的与长久不变的部分，它不仅与其工作所担任的职务有关，还能帮助了解其预期或实际反应对行为与绩效表现的影响。

Ledford（1995）认为胜任力应该包括以下三个方面概念：个人特质，即个人独具的特质，包括知识、技能与行为；可验证的，即个人所表现出来的、可以确认的部分；产生绩效的可能性，即除了现在的绩效表现，还注重未来的绩效。整合三个概念，胜任力是个人可验证的特质，包括可能产生绩效所具备的知识、技能及行为。

Byham 和 Moyer（1996）指出胜任力包含一切与工作成败有关的行为、动机与知识。

Blanceo（1996）将胜任力分为八大类：管理能力、商业能力、技能能力、人际能力、认知/想象能力、影响风格能力、组织能力、个性能力。

Mansfield（1996）在其文中提出胜任力与绩效存在正相关关系。

Parry（1998）在其文中表明胜任力是影响个人工资的最主要因素，它是一个包含知识、态度及技能等相关因素的集合，与工作绩效密切相关，可借由一个可以接受的标准加以衡量。

Green（1999）表明胜任力是指可测量的、有助于实现任务目标的工作习惯和个人技能鉴别。

胜任力是能将某一工作（或组织、文化）中有卓越成就者与表现一般者区分开来的个人的深层次特征。这些特征是人格特征中深层且持久的部分，可以迁移到不同的情况中，并且能持续相当长的时间，因此胜任力能预测个体的行为表现及工作绩效，是判断一个人能否胜任某项工作的起点，并决定绩效好坏差异原因的个人特征总和。由此可见，胜任力理论和科学的人才考核息息相关，其理论定义、内涵及其应用都适用于人才考核的领域内。

二、人职匹配理论

组织运营管理的目标是实现个人与组织相匹配，个人与组织的发展相匹配，这项工作贯穿在企业运营的所有领域中。人才考核涉及进行职业决策（如选拔、安置、职业指导）时，其实质就要根据一个人的个性特征来选择与之相对应的职业种类，即进行人职匹配。如果匹配得好，则个人的特征与职业环境协调一致，工作效率和职业成功的可能性就大为提高。

人职匹配理论认为，个体差异是普遍存在的，每个人都有自己的个性特点，每个位置也有其特定的工作环境、条件和工作方式，因此，对能力、知识、技能、性格、气质、心理素质也有着不同的要求。人职匹配理论要求企业在进行人力资源配置时必须清楚地了解候选人的态度、能力、兴趣、性格等个体特性；然后分析各种职业对从业者的要求以及不同职位提供的发展机会和不利条件等相关职业信息；最后进行人职匹配。

人职匹配的两大理论也是现今影响力最大的两大人职匹配理论，它们分别为"特性—因素论""人格类型—职业匹配"理论。

（一）特性—因素论

特性—因素论（Trait-Factor Theory）的渊源可追溯到18世纪的心理学的研究，直接建立在帕森斯（F. Parsons）关于职业指导三要素思想之上，由美国职业心理学家威廉斯（E. G. Willianson）发展而形成。认为个别差异现象普遍存在于个人心理与行为中，每个人都具有自己独特的能力模式和人格特质，而某种能力模式及人格模式又与某些特定职业存在相关。每种人格模式的个人都有其相适应的职业，人人都有选择职业的机会，人的特性又是可以客观测量的。

美国波士顿大学的教授弗兰克·帕森斯在他的《选择职业》一书中，第一次系统地阐述了"人职匹配理论"。其基本思想是：个体差异是普遍存在的，每一个个体都有自己独特的人格特质；与之相对应，每一种职业也有自己独特的要求，一个人的能力、性格、气质、兴趣同所从事职业的工作性质和条件要求越接近，工作效率就越高，个人成功的可能性也越大，反之则工作效率和职业成功的可能性就越小；每个人进行职业决策时，要根据自己的个性特征来选择与之相对应的职业种类，进行合理的人职匹配。帕森斯的"人职匹配"理论把职业与人的匹配分为两种类型，即条件匹配和特质匹配。条件匹配指职业所需技能和知识与掌握该种技能和知识的人之间要匹配。特质匹配指某些职业需要具有一定特质的人来与之匹配，比如，科学家需要富有创造力。

特性—因素强调个人的所具有的特性与职业所需要的素质与技能（因素）之间的协调和匹配。为了对个体的特性进行深入详细的了解与掌握，特性—

因素论十分重视人才测评的作用，可以说，特性—因素论进行职业指导是以对人的特性的测评为基本前提。它首先提出了在职业决策中进行人—职匹配的思想。故这一理论奠定了人才测评理论的理论基础，推动了人才测评在职业选拔与指导中的运用和发展。

（二）人格类型—职业匹配论

美国职业心理学家霍兰德（Holland）创立的这个理论对人才测评及考核等的发展产生了重要的影响。

在人格和职业的关系方面，霍兰德提出了一系列假设：①在现实的文化中，可以将人的人格分为六种类型：实际型、研究型、艺术型、社会型、企业型与传统型。每一特定类型人格的人，便会对相应职业类型中的工作或学习感兴趣；②环境也可区分为上述六种类型；③人们寻求能充分施展其能力与价值观的职业环境；④个人的行为取决于个体的人格和所处的环境特征之间的相互作用。

在上述理论假设的基础上，霍兰德提出了人格类型与职业类型模式。不同类型人格的人需要不同的生活或工作环境，例如"实际型"的人需要实际型的环境或职业，因为这种环境或职业才能给予其所需要的机会与奖励，这种情况即称为"和谐"。类型与环境不和谐，则该环境或职业无法提供个人的能力与兴趣所需的机会与奖励。

根据霍兰德的人格类型理论，在职业决策中最理想的是个体能够找到与其人格类型重合的职业环境。一个人在与其人格类型相一致的环境中工作，容易得到乐趣和内在满足，最有可能充分发挥自己的才能。因此在职业选拔与职业指导中，首先就要通过一定的测评手段与方法来确定个体的人格类型，然后寻找到与之相匹配的职业种类。为了确定个体的人格类型，就需要大量运用人才测评的手段与方法，霍兰德本人也编制了一套职业适应性测验（The Self-Directed Search，SDS）来配合其理论的应用。

三、冰山模型理论

美国著名心理学家麦克利兰于 1973 年提出了一个著名的素质冰山模型，所谓"冰山模型"，就是将人员个体素质的不同表现划分为表面的"冰山以上部分"和深藏的"冰山以下部分"。如彭剑锋、饶征（2003）认为冰山模型理论自上至下可包括如下几个层面的构成要素：知识、技能、价值观、态度、自我形象、个性、品质、内驱力和社会动机，如图2—1所示。

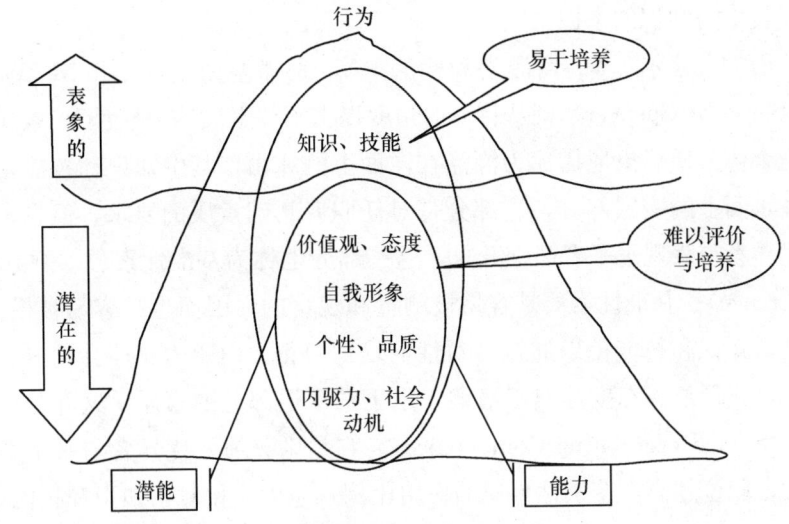

图2—1 冰山模型理论

资料来源：史蒂芬·P. 罗宾斯等. 管理学（第9版）[M]. 北京：中国人民大学出版社，2008.

冰山水上的部分：知识与技能，容易被评价，是显性能力，是能够完成工作和产生工作绩效的基本保证。

冰山水下的部分：潜在能力，是个人的态度、自我形象、社会动机、内在驱动力、品质、价值观、个性等，这些个人潜在能力深藏于心，不易被发现和比较。

冰山从上到下深度不同，则表示被挖掘与评价的难易程度不同，向下越深越不容易被挖掘与评价。而社会角色、自我概念、特质及动机则难以培养评价。

动机：指推动个人为达到一定目标而采取行动的内驱力。动机会推动、指导行为方式的选择朝着有利于目标实现的方向前进，防止偏离。

品质：指个性对环境与各种信息所标新立异出来的一贯反应。品质与动机可以预测个人在长期无人监督下的工作状态。

态度、价值观与自我形象：指个人自我表现认知的结果。作为动机的反映，可以预测短期内有监督条件下的人的行为方式。

知识：指个人在某一特定领域拥有的事实型与经验型信息。

技能：指结构化地运用知识完成某项具体工作的能力，即对某一特定领域所需技术与知识的掌握情况。

美国学者莱尔·M. 斯潘塞和塞尼·M. 斯潘塞博士（Lyle M. Spencer, Jr. & Signe M. Spencer）则从特征的角度提出了"素质冰山模型"。素质冰山模型把个体素质形象地描述为漂浮在洋面上的冰山，其中知识和技能是属于裸露在水面上的表层部分，这部分是对任职者基础素质的要求，但它不能把表现优异者与表现平平者区别开来，这一部分也称为基准性素质（Threshold Competence）。基准性素质是容易被测量和观察的，因而也是容易被模仿的；换言之，知识和技能可以通过针对性的培训习得。内驱力、社会动机、个性品质、自我形象、态度等属于潜藏于水下的深层部分的素质，这部分称为鉴别性素质（Differentiating Competence）。它是区分绩效优异者与平平者的关键因素；职位越高，鉴别性素质的作用比例就越大。相对于知识和技能而言，鉴别性素质不容易被观察和测量，也难以改变和评价，这部分素质很难通过后天的培训得以形成。而这些理论都是进行人才考核和选拔等的有效理论依据。

四、行为锚理论

行为锚（Behavioral Anchors）（Tueker and Cofsky，1994）或称为行为指示器（Behavioral Indicators）。行为锚通常包括一些等级，这些等级描述的是胜任力的水平因素，是用于测量员工需要展示或具备的指定能力的不同程度。这对于合法地运用能力模型于人员选拔、发展和薪酬有关的方面是至关重要的。

行为锚描述为可观察的特定的行为，而不再需要任何解释与假设。这些行为可以检测判断出雇员是否具有已定义的能力，运营管理系统也可以通过调整以确定这些行为被展示或告诉员工它们的重要性，从而建立起行为与结果的联系。

研究表明，在高等级的技术、专业和管理岗位中，多数决定成功的能力是动机、人际影响和政治技巧；导致计算机专家取得高绩效的是高超的客户服务、影响他人、信息应用的能力，而不是通常所认为的逻辑、数学和编码能力。该理论方法比传统的 HR 方法更为普遍地描述来定义工作,来涵盖非传统需求,如影响他人对于计算机专家岗位。因此,胜任力比知识和技能更是决定复杂工作成功的因素。

例如:人际理解力,即认真倾听他人讲话,体会其言外之意,并准确把握未明确表达出的思想、情感、关键点的能力。其可分级为:一级:即理解情感或具体内容,但不能将两者相联系;二级:既理解情感又理解具体内容;三级:理解他人的真正意图,包括未表达的内容;四级:理解深层次问题,把握导致某种情感的原因;五级:理解复杂的深层次的问题。

【案例分析】

高级人才的考核与评估

国内某知名制造企业随着业务的迅速发展,于 2002 年收购了一家外地公司。收购行动主要由企业原财务总监梁先生负责,梁先生具有很强的财务知识和谈判能力,办事雷厉风行,为该企业的收购成功立下汗马功劳。收购完成后,梁先生在当地主持分公司的全面工作。与收购过程中卓有成效的工作相比,梁先生在总经理职位上的表现不太令公司总部满意。是继续留任梁先生,还是从公司现有高级管理人员中选拔合适人选来解除梁先生的职务,总部高层需要仔细斟酌。为此,公司总部希望邀请专业的评估机构对梁先生和几位总部高管人员进行考核和评估,以提供人事决策的科学依据。

1. 专业评估机构如何对梁先生及类似的高级人才进行考核与评估呢?
2. 什么是人才考核?人才考核的结果有科学依据吗?组织或企业可以自己做人才考核吗?人才考核都要包含哪些内容呢?

本章复习思考题

1. 了解人才考核的相关概念。人才考核的管理作用是什么?
2. 古代人才考核有哪些观点和方法?对现代人才考核有何启示?
3. 现代人才考核理论包括哪些基本观点?
4. 分析现代人才考核理论及其在实际应用中的特点。

第三章 人才考核体系

本章教学目标

通过本章学习，了解人才考核体系的构成及其搭建；掌握人才考核体系的实施流程；了解人才考核体系在人力资源管理活动中的应用；了解组织应如何进行人才考核体系的后期维护方法。

【导入案例】

某大型国有钢铁组织从1985年9月投产至今初步形成我国现代化程度最高、工艺技术最先进、规模最大的钢铁精品基地，跻身于世界先进钢铁组织行列。自2003年6月起，该组织确定了"拥有自主知识产权和强大综合竞争力，一业特强，适度相关多元化发展的世界一流跨国公司"的战略目标。为了实现这一战略目标，公司一方面加快新的生产基地的建设，另一方面收购兼并一些优质的上下游组织。在这特殊的历史时期，为了加强对收购兼并的组织实施一体化战略，同时也为了进一步提升组织的管理水平和技术创新能力，对管理类和技术类后备人才的选拔和培养提出了迫切的要求。

近年来，该组织在后备人才培养方面也在不断探索创新，先后出台了一系列后备人才管理制度，并利用多种渠道加强后备人才的锻炼和培训，在后备人才开发和管理工作中已取得一定的成果；但后备人才队伍建设在运作流程的规范性、培养措施的有效性和管理体系的系统性等方面仍存在不足，需要进一步加以改进。

在这一背景下，为顺应形势发展的要求，在公司高层的大力推动下，该组织人力资源部牵头成立了后备人才培养项目推进小组，致力于后备人才队伍的培养和储备工作。但是，如何有效甄别组织内部有潜力的两类人员，如何构建一套针对本组织后备人才特点的评价和发展体系，如何提高组织内部对后备人才测评的认识水平，从而提高后备人才开发和管理工作的效率，成为该组织人力资源管理工作中的一大难题。经过反复研究，公司决定请外部咨询专家来参与公司的人才考核工作，引进先进的人才测评工具，并建立自己的人才考核体系。

专家们通过多种形式与参与考核的后备人才进行沟通交流，并与该组织人力资源部的相关人员就考核准备、方案实施和成果反馈等环节进行合作搭建组织人才考核体系。

考核结果的反馈结果表明：人才考评体系的引入，让后备人才更加深入、全面地了解自己，有助于进一步提高自身的管理水平，同时也可以将这一体系用于对自己下属的评价和培养中。根据考核结果，该组织对后备人才进行了针对性的培训，并对有发展潜质的后备人才予以晋升和培养，更加完善了组织的人才培养计划。

第一节　人才考核体系的构成

一、人才考核体系的含义

所谓人才考核体系，是由一组既独立又相互关联并能较完整地表达评价要求的考核指标组成的评价系统。

人才考核体系的构建，主要是针对人才从事社会劳动某种特定状态的信息进行获取和处理，为了达到现代人才管理的协调和高效而进行的满足其对多种状态信息需要的一系列人才考核获得的综合。这种针对不同管理目的、管理内容、管理条件而形成一系列人才考核状态的有机组合，即人才考核体系。

人才考核体系是组织内部建立统一的人才评价系统，是提高组织选人、用人效率的基础；可减少组织在对人才进行考核时掺杂的人为主观判断，运用统一的评价工具和衡量标准，提高选人、用人的公平公正性。

二、人才考核体系的构成

人才考核体系是一个系统，不仅包括考核内容还有考核工具系统、评价标准系统、考核方式系统、考核反馈系统等。但是每个子系统又都是以品质考核、能力考核和绩效考核三大维度为中心的，都是为对被试者整体能力与素质的了解而做的努力。这就是人才考核体系的总体框架。

人才考核体系的形成不会一蹴而就，是一个过程。在组织人才考核实践中，考核工具、考核方式、考核内容与考评标准逐渐丰富与优化，考核操作流程与运转模式的不断完善与健全，组织分阶段的建立人才考核体系，最终搭建符合组织特色的人才考核体系。组织人才考核体系的构成包括以下四个部分。

（一）人才考核内容体系

人才考核的内容按照不同的标准有不同的类型划分，按考核目的与用途划分，有选拔性考核、配置性考核、开发性考核和诊断性考核；按考核内容划分，有工作绩效考核、工作能力考核和工作态度考核；按考核主体来划分，有自我考核、他人考核、个人考核、群体考核、上级考核、同级考核与下级考核；按考核范围来分，可以分为单项考核与综合考核；按照考核技术与手段划分，有定性考核、定量考核；按考核时间划分，有日常考核、期中考核与期末考核、定期考核与不定期考核；按考核结果划分，有分数考核、评语考核、等级考核以及符号考核。

（二）人才考核指标体系

人才考核指标是对被试者某种特征状态的一种表征形式，反映被试者各个方面特征的指标所构成的有机整体或集合就是考核指标体系。人才考核指标体系的设计包括考核要素、考核指标、指标权重的设计环节。而在进行这些环节之前的基础就是考核内容、考核对象、考核目的的确定。

构建科学的人才考核体系，考核指标的确定是重中之重。而考核指标的确定也要遵循几点原则，其中 SMART 原则被认为是最普遍也是最基本的原则，是执行人才考核体系构建的前提。在 SMART 原则的指引下，如何分解人才考核指标是尤为重要的。

（三）人才考核方法体系

目前人才考核的方法很多，从最初的针对个体的德能勤绩的考核方式到如今针对组织整体的平衡计分卡，关键绩效指标 KPI，还有采用 360 度全方位立体式的绩效考评方式，从上下级同事以及客户的角度对考评者进行考评，都说明了人才考核模式在不断完善，随着时代的进步和发展，人才考评模式也跟随着发生变化。

从组织考核的整体来看，人才考核的方法可应用目标管理法（MBO）、360度全方位评估、关键绩效指标（KPI）、平衡计分卡（BSC）等，目前组织用得最多的是后两种。360度考核将员工的绩效通过上级、平级、下级以及客户的评估做到全方位的评估，更加客观与公正。关键绩效指标法是将考核指标量化，将指标层层分解以此为基础进行绩效考核。BSC确切地说是一种战略管理思想，从组织的财务、顾客、内部业务过程、学习和成长四个角度进行评价，并根据组织战略的要求给予各指标不同的权重。

从个体的角度看，人才考核的方法有很多种，心理测验法、笔试、面试、情景模拟测验法、评价中心等。究竟使用哪种工具和方法要视具体情况而定。每种考核方法、考核工具、考核方式分别考核被试者的不同层面的状况，要综合合理运用这些方法，以达到组织管理者所要达到的考核效果。

此外，在考核过程中，还包括人才考核方案的设计与实施，这是前面大量准备工作的延续。

（四）人才考核结果应用体系

考核结果是人才晋升等职业发展的评定基础，其结果和反馈一般可以分为积极的和非积极的两种结果，积极的如晋升、加薪等；非积极的如换岗、延长试用、解聘等。结果的有效应用关乎人才考核执行的彻底程度，为此特别受到员工和领导的重视。

人才培养体系作为最后一个阶段的人才考核体系的搭建，包括人才培养计划、培训与人才晋升等，这是人才考核结果的一个反馈与应用。人才考核结果出来后，组织根据具体情况、考核目的等做出进一步的计划，使得人才考核体系能够发挥其功能，进一步为组织人才管理服务。

人才培养体系往往是组织有待健全的一个部分。取得人才考核结果是关键，但组织做出合理的人才培养和培训规划更是重中之重，否则费尽心力进行的人才考核也只是浪费资源。总之组织要以考核结果为依托，合理地制订人才培养计划，做到公平、公正，能够让组织因此而变得更有活力。

三、人才考核体系的构建原则

（一）人才考核体系的设计必须是具体的

体系的设计要与绩效考核内容相匹配。从人才考核的流程设计到内容设计都要具体，适当的时候必须要用指标和相应的数字去定义和安排。要有明确的内容安排，时间节点和目标值，需要有明确的考核内容和相关指标说明等，人才考核中切忌出现模糊、笼统的字眼。

（二）人才考核体系的设计需要有可量度

指的是绩效考核体系内容的指标量化。这些指标的出现是有根据的，即人才考核的指标是通过一定的数据采集、数据分析所获得的，不是凭空捏造的。

（三）人才考核体系的设计要具有可到达性

制定切实有效的阶段性目标有利于促进整体人才战略目标的实现。人才考核体系的设立也同样要符合这样的规则，就是它的可实现性。实事求是地根据组织的情况进行体系的设置，这样才能够成为组织有效的管理工具，才能完成组织长远的战略规划。

（四）人才考核体系的设立也要具有可操作性强

根据组织发展的阶段、发展程度、发展的规模，做出正确的、合乎组织发展实情的体系设立。在内容方面、人才考核指标设置方面同样如此。

（五）人才考核体系设立的时间性

在组织发展过程的不同阶段，不可能沿用同一套的考核体系。体系的设立同样也要遵循与时俱进、实事求是的指导方针。绩效考核体系执行过程中的时间性也是至关重要的。提高人才考核的速率，完成人才考核的内容，出具人才考核的结果，并对结果进行说明及最终执行，每个部分的时间点也会考虑在人才考核体系的设立之中。

四、人才考核体系的设计流程

组织在人才考核体系优化的流程中，重点强调了高层参与和认可的重要性，KPI的正确分解步骤和内容及指标的提取，人才考核体系的流程完善和优化，员工和部门间的协同作用等（见图3—1）。

组织执行人才考核体系要有战略性。即从组织长远的发展进程出发，从整体发展的战略角度上进行设立。人才考核体系的设立就是以战略导向为原则，进行专业性的分配和执行，将战略目标和人才考核的目标有机结合，实现共同发展。

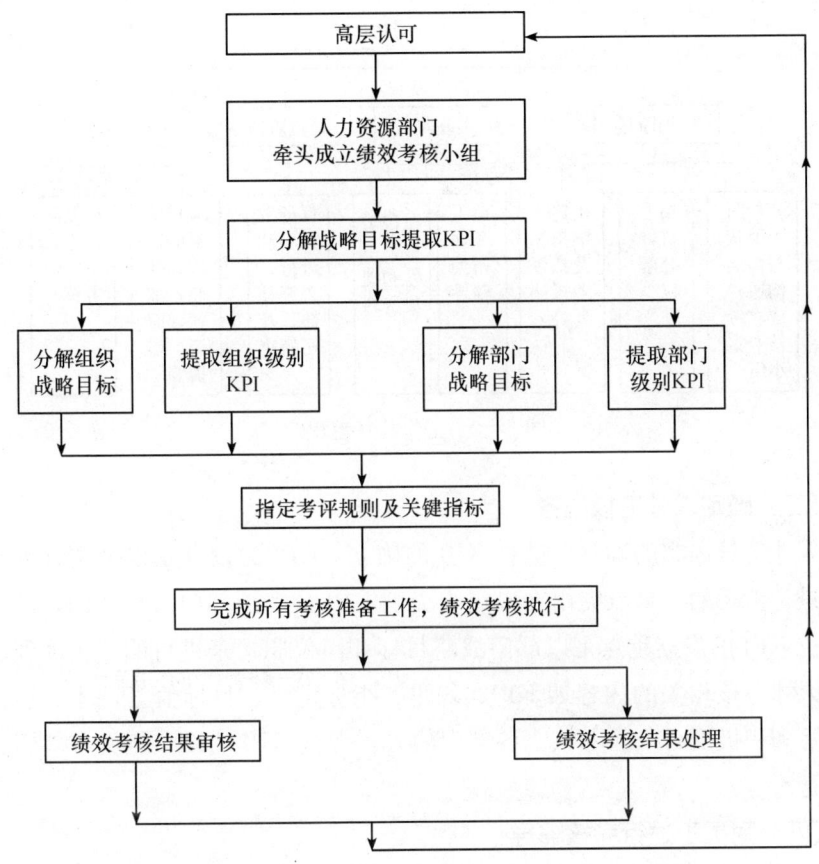

图 3—1 人才考核体系的设计流程

（一）获得高层认可

人才考核体系是关乎组织发展和生死存亡的重要组织管理工具，是实现组织战略目标和长远战略发展规划的有力武器和重要保障，为此得到组织高层管理人员的认可和重视是尤为重要的。在组织发展过程中，不同阶段的战略目标是不同的，适时调整组织的绩效考核体系的设立也要与时俱进。得到高层管理人员的认可以后需要设立专门的考核实施小组，根据考核流程、考核内容，确立不同的职能区域，然后再配置相应人才考核的负责人员。

（二）确定考核实施流程

人才考核要根据组织的具体情况，设立负责人员以及负责区域，如图 3—2 所示。

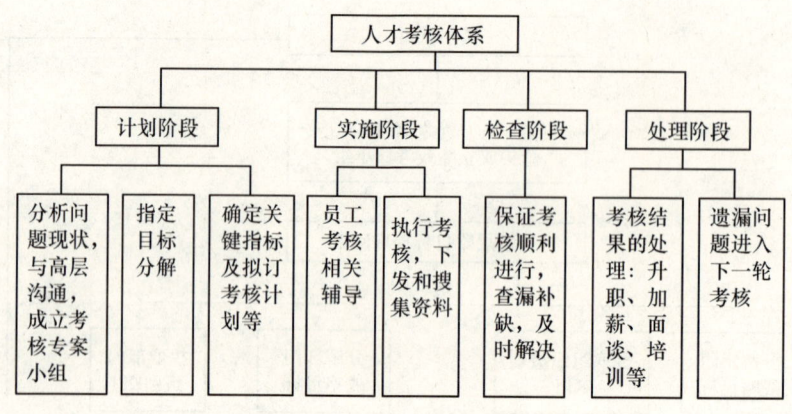

图3—2 工作分解流程图

（三）确定人才考核内容

人才考核内容的确立关键是KPI的确立。KPI的设立是以平衡计分卡为基础进行考虑的，重点突出在以组织级别KPI分解至部门级别KPI，从部门到岗位KPI的设立重点是以部门战略目标和岗位职责来进行的。正确理解和掌握人才考核相关的内容如KPI、权重、指标定义、目标值等，才能够正确地填写和积极配合人才考核。各部门的人才考核KPI的设立将偏重部门职责来进行。

（四）对员工进行考核辅导

对员工进行考核辅导是考核流程之一，也是提高考核效率的前提。只有员工充分了解和掌握考核相关内容，才能够顺利进行考核。针对组织层面的人才考核，对员工的辅导和培训将从以下几个方面进行：

1. 考核培训的时间段

组织考核培训时间定于考核内容定稿之后，考核开始执行之前进行。考核培训的时间一般在工作日时间，也就是任意的周一至周五的下午。因为高层领导要参与考核培训，所以时间的确定需要与组织高层管理人员通报并得到高层领导的确认。

2. 培训考核内容

明确考核目的和意义。对于考核的目的和意义很多员工不是非常关心，但是其中的逻辑关系也许员工并不知晓，所以对员工进行培训，可以让员工了解考核的重要性，了解组织愿景和未来的宏伟蓝图，这样才能够为员工提供更加广阔的个人发展空间,能够有利于吸引员工和留住人才。

3. 考核内容和流程

对于考核的内容,结合不同的部门、不同的岗位职责进行设立。其中会包含如 KPI、权重、指标定义、目标值等相应的行业术语。为员工进行详细解读,便于员工认真和完整填写,正确反映考核的结果。对于考核流程的培训,也将有利于员工对考核有个系统的认识。不仅是对员工的尊重,更是给了员工公平、公正考核的机会。

4. 考核指标权重计算和目标值

对于考核指标 KPI、权重、计算方法和目标值的培训有利于让员工掌握考核数据的来源。了解组织、部门和个人考核指标的量化过程。明确组织、部门和个人的考核重点和衡量标准,让员工的能力在量化的基础上能充分展现出来。

(五) 考核结果分类与处理

对于考核结果是很多员工所关注的。因为它的出现将改变组织对员工的评价。无论是优、良、合格还是不合格,都将与员工的利益密切相连。无论是升迁、加薪、辞退、培训还是换岗,都将揭示员工在这个组织中的命运。所以对于考核结果的公布既是万众瞩目的日子,也是让人提心吊胆的期待。因此将考核结果中优、良、合格、不合格者 4 个类别与加薪、职位升迁、换岗、辞退等安排明确地对应起来,让员工有个心理适应过程,也能认真对待本次考核,并成为督促他们日后认真行事、努力工作、积极进取的动力。

第二节 人才考核体系的实施过程

一、人才考核体系的实施过程

人才考核对于组织战略管理有至关重要的作用,它是一个系统工程,涉及考核目的、对象、工具、指标、方案实施、结果分析与应用等环节。随着这么多年人才考核体系在组织中的应用以及一些专家学者的研究,人才考核的实施流程已经趋于规范。大体上可以分为考核前期准备工作、考核方案实施、考核结果的分析、考核结果反馈与应用这几个阶段,如图 3—3 所示,在每个阶段又会有很多工作需要相应完成才能达到预期效果。

人才考核体系与激励策略 RENCAI KAOHE TIXI YU JILI CELÜE

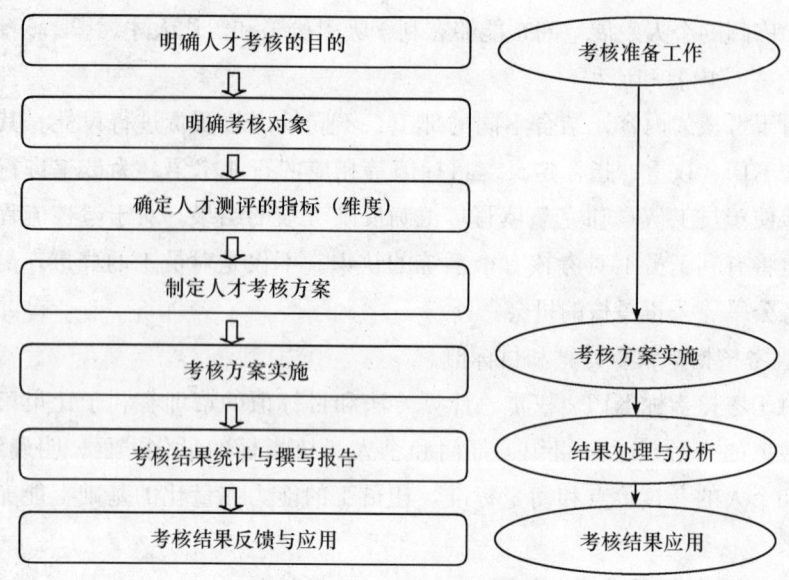

图 3—3 人才考核实施流程图

（一）考核前期准备工作

人才考核的内容与形式多种多样，我们要根据组织具体情况进行设计。在考核进行之前要做好诸多准备工作，为实现考核目标奠定坚实的基础，否则到最后只会功亏一篑。

1. 明确人才考核的目的

要根据不同的目的选择适合的考核方法、工具及指标维度。组织进行人才考核就是为了要在个人实现其目标的同时达到组织目标，因此组织想通过人才达到什么目标就至关重要，是要通过考核选拔特殊人才，还是为了了解员工的基本情况，再或者是根据考核结果做一些有针对性的培训。所以，一般来说组织进行人才考核的目的无外乎五种，即招聘、选拔、配置、开发、考核等。考官要根据不同的考核目的制定不同的考核方案，选择不同的考核内容、形式、工具。比如考核的目的是招聘，则考核内容及指标就要针对应聘者的基本素质以及胜任力素质，而这时标准的制定就主要是以岗位说明书中的任职资格为主要依据。

2. 明确考核对象

考核对象是决定考核工具、考核维度和考核方式的决定性因素。如某企业集团在急需招聘大量职位时，对公司内部的员工进行人才考核，以从内部选拔所需的各类人才。在进行人才考核时，将集团岗位分为基层、中层管理、高层管理三层。针对不同的考核群体选择相应的考核维度、考核方法和考核时间。

3. 确定人才测评的指标（维度）

考核维度的选择是具有针对性的，要根据考核对象具体设计。

4. 考核方案设计

考核方案是指在开展考核之前对考核流程、考核方式、考核时间等进行的计划。考核方案是确保考核目的能够顺利实现、考核工作有序进行的保证。考核方案的设计要根据"成本最低、时间最短、用人最少"的原则，做好考官分组、人员分工、计算题目数量、计划测评时间等工作。

5. 设计考核方案应该注意的问题

（1）考官的因素。考官是决定考核成功的关键性因素，所以在考核过程中对考官的要求也是很高的。考官首先必须熟悉各个岗位的职责从而能够通过考核标准进行考核，当然也要对各种考核方法、考核流程非常清楚，同时也要有相当丰富的考核经验，能够对考核的整个过程进行有效的掌控。总之，考官要对心理学、管理学以及业务知识都有很好的掌握。所以，具体到考核中组织要找到几个合适的考官很不容易。针对这个问题，组织根据自身情况合理地整合外部专家资源，让专家参与到考核中来，确保考核有效进行。

（2）考核时间的因素。时间因素经常是组织进行考核的限制因素。组织不可能对所有考核对象在同一时间进行考核。所以组织就要对考核过程进行详细的计划，对每个细节都要有很好的掌控，做好准备工作。组织在规划考核时间时要根据考核对象、考核工具等来计划。如一般对基层员工进行考核，选择的考核工具较单一，用的时间也就稍微短一些。

（3）考核方式的选择。考核方式选择的正确与否是影响考核效果的至关重要的因素。人才考核无非是对被试者的各方面情况有更加深入的了解，所以人才考核的主要工作是通过各种方法对被试者加以了解，从而为组织的人力资源管理决策提供参考和依据。而考核的方式多种多样，有心理测试法（智力测试、人格测试、倾向性测试等）、面试法（结构化面试、半结构化面试、非结构化面试）、履历分析法、评价中心法等。根据考核对象选择不同的考核方式会对目的的达成有很大的促进作用。

（4）考核题目的设计。考核题目的设计要与考核对象、方式、指标维度的确定相契合。在设计考核题目时，要尽可能地使用被试者"听得懂"的语言组织题目，在有些微差异的情况下使用被试者熟悉的情境设计题目。题目设计者也要根据考核方式的不同决定题目的长短、多少，如面试的题目设计要尽量短小精悍，而情景测试的话就要包含尽可能多的信息量，题目相对较长。此外，题目设计者在确定考核题目前必须对考核维度进行综合分析，题目的设计必须满足考核指标的要求。

（二）考核方案实施

考核方案实施是指按照考核方案规定的时间计划与分工计划、测验的前后顺序完成整个考核的过程。光有完美的考核方案是不行的，良好的实施也是确保信度和效度的有效方法和手段。严格地控制考核流程是考核方案能够正常实施的必备工作。其中包括实施前的准备工作、场地的选择、考官的培训、考核时间的控制、考核评议的控制等。

（三）考核结果统计分析

考核结束后，考官进行各项考核的结果统计工作，并在定量与定性分析的基础上撰写测评报告。考核数据的处理与分析是撰写考核结果报告的基础。考核中得到的数据需要采用专业方法与技术进行分析，随后才能得到我们所需要的结果。在定性与定量分析的基础上对数据进行分析，然后撰写人才考核报告以通过考核结果帮助我们全面地了解考核对象现实的能力以及潜能激发能力。撰写考核报告可以采用文字叙述加表格或图表展示，更加形象和生动，让阅读者一目了然。同时也要注意报告的结构要统一、前后的评价观点要一致、定性与定量方法互相交错使用等。

（四）考核结果反馈

考核结果的反馈就是在考核结束后考官将考核数据进行整合，对考核对象的综合素质进行评价，并将考核结果反馈给被试者。目的是向被试者说明其在考核过程中的行为或心理表现，并进一步剖析被试者的素质特点，向被试者说明与岗位的匹配程度。一般组织考核的目的不同对考官进行考核结果反馈的要求也就不同。如组织出于内部选拔的目的进行人才考核，那么就需要考官和高级主管向被淘汰的被试者说明其素质与岗位素质标准的差异在哪里；如果只是为了对员工的能力有所了解，那就需要考官或直线主管视具体情况向其提出工作和学习建议。

二、人才考核体系的实施与应用

人力资源管理是指根据组织发展战略的要求，有计划地对人力资源进行合理配置，通过对组织中员工的招聘、培训、考核、激励、调整等一系列过程，调动员工的积极性，发挥员工的潜能，为组织创造价值，确保组织战略目标的实现，是组织的一系列人力资源政策以及相应的管理活动。这些活动主要包括组织人力资源战略的制定、员工的招募与选拔、培训与开发、绩效管理、薪酬管理、员工关系管理等。

从组织进行人才考核的目的，以及我们对人力资源管理的了解来看人才考核体系基本上贯穿于人力资源管理的全过程。而在引入人才考核体系的组织中，人才考核体系在组织招聘与甄选、人才培养、薪酬与晋升中的应用最为广泛。

（一）人才考核体系在招聘与甄选工作中的应用

员工的招聘与甄选是人力资源管理中的重点与难点，也是容易被管理者忽视的一个环节。做好员工的招聘与甄选是组织从源头上保证组织员工整体质量的关键。

人才考核体系在组织招聘环节的应用是最常见的。组织往往为了了解应聘者的个人素质情况及其能力是否与岗位相互匹配，对其进行相应的人才考核（这时一般对应聘者进行基本素质和能力胜任度的考核）。应聘者进行人才考核后只有达到一定的考核分数才能成为候选人，但是每个组织的招聘流程不同，人才考核体系究竟怎样与招聘流程进行融合要根据组织的具体情况而定。

人才考核体系在组织招聘与甄选中的应用，通过人职是否匹配，为招聘工作提供了可靠的数据及事实依据。但是在人才考核体系应用的过程中，也要注意一些错误与误区。

首先，人才考核并非只是纸笔测试。组织在进行招聘时不能只让应聘者做几道测试题，而是要将情景测试与其他的考核方法相结合。所以人才考核体系在组织当中合理的综合使用是非常必要的。

人才考核体系与激励策略

其次，人才考核体系的应用不应只关注分数。组织对应聘者进行的人才考核都会对应聘者的分数特别关注，当然这是评判标准之一。除了分数我们更要关注的是人才考核的过程，从过程当中搜集更多自己想知道的信息。

最后，考核工具和方法的选择也是组织应当关注的一个因素。招聘时要根据应聘者的性质和岗位来选择考核工具。如组织在招聘在职人员和应届毕业生的时候使用的考核工具和方法就不同。要是让一个社会应聘者在面试时参加2个小时以上的笔试，那他肯定不可能根据测试结果进行有效的筛选。而这种方式对于校园招聘来说或许会很有效。因为社会应聘者已经对自己的经验和尊严"高度重视"，会在很大程度上影响使用这种笔试考核的效度。在这种情况下就要回到人才考核体系下，选择其他的考核方式，让求职者体会到被尊重的感觉，又能对求职者做出相对准确的判断。同样不同的岗位也要选择不同的考核工具和方法，主要依据则是岗位的工作分析。

（二）人才考核体系在人才培养中的应用

人才培养指对人才进行教育、培训的过程。被选拔的人才一般都需经过培养训练，才能成为各种职业和岗位要求的专门人才。人才培养是为组织储备人才建立人才库，保障组织长远发展的必要途径。组织引进人才考核体系目的之一就是诊断员工能力，了解员工的基本素质如何，同样也要发现其发展潜质，从而制定有针对性的人才培养和培训方案。

对于组织来说，人才培养是多层次的，包括高级经营人才的培养、职能管理人才的培养和基层管理人才的培养等。人才培养的形式有多种，除了在各级各类学校中进行系统教育的进修外，还可以采取业余教育，脱产或不脱产的培训班、研讨班等形式，充分利用成人教育、业余教育、电化教育等条件，提倡并鼓励自学成才。究竟采取哪种方式要根据组织的具体情况和被试者的考核结果而定。这就是人才考核体系在组织人才培养中的应用。

人称世界第一CEO的通用公司前董事长兼首席执行官杰克·韦尔奇指出，"我们把人分为三类：前面最好的20%，中间业绩良好的70%，最后面的10%"。在通用公司领导者必须下定决心，永远以人道的方式换掉最后的那10%。这就是很多组织做的团队优化，保证团队整体上的先进性。所以人才培养不仅是对有发展潜质的员工作为后备人才来进行的培养，还要关注那些基本素质上和岗位胜任力上需要改进的员工，如占员工中大多数的一般员工。

对于考核不合格的最后的10％，若经过培训仍然无法提高就要将其淘汰，以保证组织业绩水平及整体素质的提高。总之，在组织进行人才培养、培训时要引入人才考核体系，以此为据来确定人才培养的目的与方式，更好地为组织培养人才服务。

（三）人才考核体系在薪酬与晋升中的应用

人才考核体系在组织薪酬的制定和人才晋升中的应用很普遍，其中绩效考核会是考核内容的主要部分。在组织人力资源管理活动中，薪酬与绩效是两个比较复杂的环节。作为人才考核体系重要考核内容的绩效考核是组织制定薪酬制度的依据之一。薪酬制度中的绩效薪酬是对员工过去工作行为和已取得成就的认可，是组织鼓励员工提高工作效率和工作质量的手段。将人才考核体系引入薪酬制度中还可以将潜质考核和能力胜任度考核也作为参考依据，让薪酬体系更加公平、公正、客观，只有这样才能为组织留住优秀人才奠定基础。

晋升和提薪是肯定一个员工能力的最有力的手段。有序的员工职业晋升，是要将岗位需要与人才发展有机地结合，这就需要科学、规范的员工职业晋升设计，健全的员工职业晋升体系来保障。谁有晋升资格，适合哪个晋升岗位等都要根据人才考核结果的反馈做出判断。

但是组织在进行员工选拔晋升的时候，一定要注意公平、公正、公开，进行晋升设计之前一定要做好科学的、完整的考核准备，否则不但起不到激励的作用，还会造成员工之间、员工与上级之间的矛盾发生。这里我们举一个小例子：

一家从建筑业起家的综合性集团公司，成立3年以来快速成长，很多员工从公司成立之日起便忠诚跟随。现在公司已经步入轨道，员工士气也没了以前在初创期的那种激情，人力资源部就发起了对现有员工进行的人才考核。通过16PF人格测试、情景模拟、公文测试等考核方式的使用找出有发展潜质和晋升潜质的员工进行岗位晋升。经过考核反馈，公司对一些员工做出岗位的调整。但是人力资源部忽略了对其他员工的反馈及激励，使得没有获得晋升员工更加消极怠工。

上述案例中这家公司想到通过员工考核决定晋升机会来提高员工士气，但是在实施的过程中一些环节的缺失导致效果没有预想当中的那么好。所以伴随着员工晋升的人才考核过程必须科学合理的实施，与之综合运用才能达到激励员工的目的。一个组织整体能力的提高，是可以通过推行学习型组织，建立人员发展规划，让人才的发展和晋升走向有序和均衡而逐步实现的。

总之，员工考核是一直令组织的管理者很头痛的问题，做好了能够调动员工的积极性，增加组织活力，稍有偏颇，就有可能导致员工不满，消极怠工，甚至是人才流失，直接影响工作业绩和组织的长远发展。管理者对人才考核能力的高低，也代表了组织的管理水平和发展潜力。因此，要提高考核人员的能力，将人才考核体系纳入人力资源管理中去，让它更好地为组织服务。

三、实施人才考核体系的关键要项

在人才工作中应建立以能力和业绩为导向、科学的社会化的人才评价机制，克服人才评价中重学历、资历，轻能力、业绩的倾向。根据人才评价标准，建立不同类型的人才考核评价内容。按照这个要求，人才考核评价机制的指导思想应是根据实际切实改进和调整人才考核评价的办法，通过建立评价指标合理、评价方法科学、评价手段先进、评价程序规范、评价监督严明、评价结果公正的人才评价机制，实现人才评价机制的科学化、制度化、规范化。

（一）德才兼备、注重实绩

品德是前提，能力是根本，业绩是标志，要按照品德优劣、能力高低、业绩大小的原则来评价人才的价值和作用。一定程度上，工作实绩是德才素质的综合反映，不能离开工作实绩去空谈一个人的政治思想觉悟，也不能离开工作实绩去空谈一个人的业务能力、知识水平、工作经历。在建立人才考核评价机制中，对一个人的工作实绩做出客观公正、实事求是和恰如其分的考核是很重要的一个原则。在考核评价中应把工作实绩作为衡量、考核工作人员贡献大小、政治思想和道德质量好坏以及能力、水平高低的重要标准，作为晋升、奖惩的重要依据。

（二）实施考核的分类管理

由于人与人之间客观上存在差异，工种、工作环境、人的能力等也存在差异，因此，在考核评价的过程中，应根据人才的特点、工作的性质、职业的特点、人才成长和发展的规律，对不同类型的人才采取不同的考核评价方式，建立各具特色的考核评价管理制度。通过有针对性的考评，建立一套系统、全面的考评体制，保证考评的客观性、准确性和合理性。

（三）考核要静态与动态、定期与不定期相结合

对各类人才进行考核时，既要考察人们在稳定情况下的行为，又要考察其在动态条件下的行为；既要保持考核手段和方法的相对稳定性，又要注意考核手段和方法的动态稳定性，即把稳定性与动态性有机地结合起来。从时间上看，定期考核有利于为以后考核积累数据，提供情况，有助于全面、历史地评价人才；不定期的考核有利于考查和了解各类人才在日常工作中的表现以及对日常工作中出现的一些事件的处理能力和应变能力。

（四）定性与定量相结合原则

定性和定量是从质和量两方面揭示事物的本质。定性更注重"质"的方面，而定量更注重"量"的方面。定量是定性的基础，定性则是定量的出发点和结果。定性与定量相结合的原则实质上是指将考核管理的丰富经验与数学方法相结合，使考核标准与计量方法有机结合起来，使考核技术更具科学性和系统性。定性与定量考评各有优缺点，单纯依靠其中之一都容易导致考核评价的简单化、片面化。只有将两者结合起来，才能发挥各自优势，形成整体效应，提高考核评价的准确程度。

（五）注重考核与工作岗位的匹配性

"匹配"是指一致性与对称性。匹配性原则要求考核目的、考核基础、考核能力与考核模式之间相互匹配。人的能力、岗位的要求与考核和评定工作越匹配，不但会带来高效率，还会促进员工能力的提高和发展，反之亦然。根据这一要求，建立以工作岗位分析与评价制度为基础，运用各种考核技术等科学方法进行人才的考核与评价，使人力资源得到充分开发和利用。

（六）实施考核过程的民主与公开监督

实施考核过程的民主与公开监督，尽可能拓宽群众参与的范围，尽可能多角度听取各方面的意见，真正打破"暗箱操作"，改变过去那种"少数人选人"的现象，把考核真正推向公开化、社会化、透明化，全方位、多角度地进行考评，增强考核的深度和广度，提高考核结果的群众公认度，以确保考评结果真实可靠。

（七）实施科学合理的考核与评价

从组织实际出发，科学合理地制定人才考核评价的指针体系、程序和办法，努力提高考核评价的组织和参与者的全面分析、认识人才的能力，科学地预测人才的潜能，为组织合理配置人才资源提供依据。

（八）正确运用激励原则，充分运用考核结果

在考核评价中，激励员工向组织期望的方向努力，在考评标准中找到自己相应的等级标准，知道自己与组织期望的差距，找到自己努力的方向和目标，对考评结果较好的、实绩突出、群众认可的人才应予以表扬、肯定、重用，对考评结果一般和较差、群众反映问题较多的人应进行鞭策和做相应的调整，真正做到"激励先进，鞭策后进"。通过考评，创造出一种力争上游、人才辈出的大好局面。

第三节 人才考核体系的保障

人才考核体系是一个系统，系统的运行有一定的模式，运行过后也要进行定期的维护才能确保其有效运转。人才考核体系本身随着时间的流逝和组织具体情况的改变也需要做出一些调整，否则只会过时而失去它原有的功能。人才考核体系的维护大体可以分为两个方面，一是考核体系本身的内部维护，其中包括人才考核数据库、考核工具以及考核体系架构的维护；二是通过其他渠道对人才考核体系进行的外部维护。

一、人才考核体系的内部维护

（一）人才考核数据库的维护

人才考核体系自建立之初，就要将其应用于组织的各个层级和岗位上的考核当中，从而将得到的考核结果整理归档，建立组织自己的人才考核数据库。管理者可以根据人才考核数据库来做出一些决策，如岗位配置、人才选拔与晋升、培训开发等。

但是随着组织具体情况的变化，人才考核数据库可能会随之变化，这些因素包括组织岗位的增加或删减、员工的入职、离职或晋升等。新增岗位、员工晋升等会产生新的考核需求，这时就需要进行新一轮的考核，将考核结

果纳入人才考核数据库。所以人力资源部要定期进行信息的统计，了解这些层面的最新信息以进行人才数据库的更新与调整。

数据库是一个大集合，如果测评结果不及时更新，到人才考核体系实施时没有比较的统一标准，将会更加耗费人力、物力和财力。人才考核数据库的更新涉及"统一化"和"标准化"的问题。就像考核标准的制定，进行人才考核时要制定统一的考核标准，这样对一批人的考核结果才有比较的可能性，否则标准不统一，考核结果将无法进行横向比较，我们也就不可能通过测评结果来诊断哪些员工的能力更加优秀一些，哪些需要进行培训等。人才考核数据库也要统一，才能进行横向比较人们素质之间的差异。

(二) 人才考核工具和方式的维护

人才考核体系的其他过程都需要进行维护，考核工具和方式也同样如此。任何工具都不是一成不变的，都会根据组织的具体情况而做出调整，只是这种调整的频率不会像人才考核数据库一样那么频繁。我们前面也讲到考核工具和方式选择时要根据考核对象等多种因素来确定，那么随着各种因素的改变，考核工具和方式也要随之进行重新选择和优化。

组织在实践过程中会遇到很多突发状况，可是我们又需要考核结果，就可以暂时先用既定的人才考核工具，等找到更加合适的考核工具的时候再补充到人才考核体系中去。而且一种测评工具往往不能把人的全面素质都考核到，这时也需要将考核工具体系优化，将多种考核工具优化组合使用才能对被试者的素质更加全面地进行考核。

(三) 人才考核体系架构的维护

本节第一部分，我们已经较全面地总结了人才考核体系的三个大的维度，不同岗位、不同的考核对象、不同的考核目的的考核维度是有侧重的。但是一般情况下，任何考核标准的确定都会在三个维度中有涉及。所以除非是有新的科学理论支持，大的人才考核体系的架构是不会改变的。而在具体的考核中，标准权重的大小是没有定论的，可以根据具体情况而定，根据侧重程度加大或减小某一个维度占总分的比重。对于技术性员工的考核，若主要目的是了解业务能力而不是个性特性，那么我们就可以把业务能力占的比重加大，将个性特征维度比重减小。组织应根据自己的需要做出相应的调整。

二、人才考核体系的外部维护

从人才考核体系本身分析应该如何做才能让体系更加完善，而从人才考核体系外部来讲，我们可以从考核人员即考官的能力和外部专业测评机构与组织人力资源部的合作来对人才考核体系进行后期维护。

（一）考核人员技能水平的提升

考官的技能水平在一定程度上对人才考核的过程起到关键性的作用，所以我们同样不能忽视考官们能力的提升。定期对考核人员进行培训，让他们了解新的人才考核理论、考核工具等知识。只有这样，才能让人才考核体系不断更新，不断地为组织创造新的价值。

（二）专业测评机构与组织人力资源部的合作

与专业的测评机构合作，聘请外部考核专家是现代组织的常用做法。人才考核工作是人力资源部的工作之一，人力资源部与专业测评机构的畅通合作是组织及时了解人才考核新知识、新技术、新理论的途径之一，因此，这也成为丰富和完善人才考核体系的渠道。

【阅读案例】

摩托罗拉的人才考核体系[①]

摩托罗拉的人才考核流程分为五个部分：

1. 设定考核计划

在这个部分里，主管与员工就下列问题达成一致：①WHAT：员工应该做什么？②HOW：工作应该做多好？③WHY：为何要做这项工作？④WHEN：何时做这项工作？⑤OTHER：环境、能力、职业前途、培训等。

在这个过程中，研发主管和员工就上述问题进行充分的沟通，然后形成最终的签字记录，即把员工的工作目标作为绩效考评的依据。摩托罗拉的绩效目标由两部分组成：一部分是业务目标（Business Goals），另一部分是行为标准（Behavior Standard）。业务目标是把公司目标分解，然后传达到部门，

---

① 资料来源于百度文库，http://wenku.baidu.com。

最后落实到个人；行为标准是为实现目标而产生的行为表现。这两部分就组成了员工的全年的绩效目标，两部分相辅相成、互为补充，共同为员工的绩效提高和组织的绩效目标的实现服务。绩效目标制定的时间为本年第一季度。

2. 进行持续的沟通

摩托罗拉认为沟通应该贯穿在人才考核的整个过程，强调全年的沟通和全通道的沟通。包括三个方面：①追踪工作的进展情况，确定障碍，为考核双方提供所需信息。②防止问题的出现或及时地解决问题。③就某一问题进行定期或非定期、正式或非正式的专门对话。此过程也要形成双方签字的记录。

3. 事实的收集、记录

为年终考核做准备，考核者需要在平时收集员工的工作事实，注意观察和记录必要的信息。包括以下两点：①收集员工与绩效有关的信息。②记录员工好的及不好的行为。信息收集要全面，同时形成双方签字的记录。以上两个过程在本年的第三季度完成。

4. 考核评估

摩托罗拉的考核与评估讲究效率，一般集中一个时间，所有的考核者集中在一起对员工进行全年的绩效评估。它主要包括以下四个方面：①做好准备工作。②对员工的绩效结果达成共识，根据事实而不是印象。③评出结果的等级。④既评估员工，又发现问题。通过面谈沟通的形式将结果告知员工。这部分在第四季度完成。

5. 考核结果诊断和提高

考核结束后还有一个非常重要的诊断过程，目的在于改进和提高员工绩效，主要包括以下四个方面：①确定绩效不足及原因。②通过改进解决问题。③绩效不只是员工的责任。④持续不断进行。摩托罗拉在考核结果评价中，不以打分，而是通过等级法来实行强制发布，以评级来确定员工绩效的差别。

从摩托罗拉的考核操作来看，已经将绩效考核上升到战略层面，并予以高度重视。在考核过程中着重强调三点：①强调了员工和主管是合作伙伴的关系。这种观念的改变，激发了员工的积极性和自主性，也在一定程度上解放了管理者的思维。随着这种观念的深入，员工和主管的关系将更加和谐，上下级之间将会有更多的互动、互补提高、共同进步，这也正是绩效管理致

人才考核体系与激励策略

力要做到的工作和完成的任务。②强调了具体的可操作性。工作内容的描述要具体，岗位职责要具体，结果衡量的标准要具体，影响绩效的因素要具体，正是有具体的东西，绩效考核才有可操作性。③强调沟通。摩托罗拉认为沟通是绩效考核的一个重要组成部分，沟通应贯穿于绩效考核的全过程。而他们在实际的操作中，也的确把沟通放在重要位置。正是因为重视绩效考核、定位准确，摩托罗拉的业绩才会发展良好，才会在行业内保持着竞争优势。

本章复习思考题

1. 人才考核体系的构成要素？
2. 组织应如何搭建人才考核体系？
3. 人才考核体系是怎样运转的？
4. 人才考核体系在人力资源管理活动中应如何应用？
5. 组织应怎样做人才考核体系的后期维护？

第四章 人才考核方法

本章教学目标

在对第三章中人才考核的相关概念、理论基础及考核内容学习的基础上，深入研究人才考核的实际运用。理清人才考核时确定标准的脉络，结合组织人才管理现实需要，确定最优人才考核方法。从人才考核的实际运用中进一步加深对所有人才考核工具的理解并自主拓展知识面。

【导入案例】

M企业集团的中国分公司最早进入中国市场的第一年使用的是"德能勤绩"考核法，但是随着公司业务的壮大和相应的组织结构的完善，指标覆盖面过于宽泛而且无法区分多级别岗位和部门考核标准的"德能勤绩"考核法被目标管理法取代。但是随着中国分公司的发展，目标管理法过分追求短期目标，过于注重一个部门内部的考核弊端逐步显现。所以M企业集团从总部角度想对中国分公司推行全球绩效考核方法：360度绩效反馈考核法。通过中国团队针对中国国情和特色进行了修改推行。实践证明该绩效考核在M企业集团的中国分公司里取得了初步的效果，360度绩效考核法在M企业集团的中国分公司里是迄今为止最有效的方法。

公司首先从最高管理层的直接下属到部门经理开始推行360度考核方法，倡导以360度绩效考核结果为导向的企业文化。人力资源部就总部要求的360度绩效考核方法和总裁安排会议，进行深入的解释和分析。因为总裁为欧洲人，很快就接受了该考核方法，并且表示这次一定会协助人力资源部开展该考核方法。接着由总裁牵头开部门总监及经理会议，提出这个考核方案，各列席的管理层都表示会学习并执行该考核方案。

随即，人力资源部就召开了管理层的专题会议，对360度绩效考核方法做了具体的介绍和说明，这次会议内容丰富，对360度考核法解释得很仔细，并且配合了演示用的PPT。会上，管理层都非常认真，并且把具体的流程也记录了下来，伴随着会议的结束，人力资源部将关于360度考核的解释材料发于各个管理者，由此开始正式实施360度绩效考核方法。在之后的管理层对于360度考核的每一个流程中，都会有人力资源部的成员列席，一般可以及时地提供必要的说明解释。在经过半年的试运行后，各个管理层级的管理者对该考核法已经有了一定的了解，也看到了该考核方法对于个人发展和企业架构优化的优点，因此在和下属的沟通中也会潜移默化的提高，也正是因为如此，一般员工对于360度考核方法也不再陌生，同时也看到了管理层对于该考核法的肯定，对于该考核法的排斥感逐渐减弱。在整个年度考核周期结束之后，总裁也对管理层的某些管理者进行了职位的调动和晋升，使有能力的人到更合适的岗位中，这样正面的信息，让员工愿意接受360度绩效考核法，由此360度绩效考核法满足了在全体企业员工中开展推广的前提。

在全员推广之前，要有人力资源部牵头组成的有高层管理者挂职的执行委员会，以免造成当360度考核真正推广的时候，管理层以工作繁忙为借口，推给人力资源部。经过两年的考核，员工对于360度考核的看法已经日趋正确，由此导致的是360度考核结果的合理化和有效性，通过这个考核结果，企业的管理层能够更加合理、科学地进行架构调整，而员工也能更有效地进行自身的职业规划。

第一节 人才考核的类型

人才考核的类型按照不同的标准有不同的划分，按考核目的与用途划分，有选拔性考核、配置性考核、开发性考核和诊断性考核；按考核主体来划分，有自我考核、他人考核、个人考核、群体考核、上级考核、同级考核与下级考核；按考核范围来分，可以分为单项考核与综合考核；按照考核技术与手段划分，有定性考核、定量考核；按考核时间划分，有日常考核、期中考核与期末考核、定期考核与不定期考核；按考核结果划分，有分数考核、评语考核、等级考核以及符号考核。

一、按人才考核的目的与用途划分

(一) 选拔性考核

1. 选拔性考核的含义

选拔性考核是一种以选拔优秀人才为目的的素质考核,这是人力资源管理活动中经常要进行的一种素质考核。许多待遇优厚、工作舒适的职位,常常受到众多求职者的追捧,尽管组织采取一定的形式筛除许多不合格的求职者,但最后仍然会存有不少可供选择的合格者,此时需要组织实施的就是通过选拔性的素质考核。

2. 选拔性考核的特点

选拔性考核与其他类型的考核相比,共有5个特点:

第一,特别强调考核的区分功用。选拔优秀者实际上是"矮个之中拔高个"或者"高个之中选高个",是一种相对性的考核,特别需要把最优秀的求职者与一般性的合格者区分开来。

第二,考核标准要一致。选拔性考核的目的既然是把最优秀的求职者与一般性的合格者区分开来,那么人们对它的要求自然就非常严格、非常精确。因此,考核的标准一经确定绝不允许有丝毫变动,否则就难以保证选拔出真正的"优秀者"。

第三,考核过程特别强调客观性。选拔性考核方法的改革过程实际上就是使考核过程不断客观化的过程,这种客观化的明显标志是对考核方法的数量化与计算机化的追求。

第四,考核指标具有选择性。一般来说,其他考核类型的指标都是根据素质考核目标直接制定的,是考核标准的具体体现,而选拔性考核类型的指标允许具有一定的选择性,以客观、便于操作为前提。

第五,选拔性考核的结果或是分数或是等级,相比于其他的考核类型更为显著,而评语式的考核结果区分功能不强。

3. 选拔性考核操作与运用的基本原则

选拔性考核操作与运用的基本原则是公平性、公正性、差异性、准确性与可比性。

(1) 公平性原则,即要求整个素质考核过程对于每个被考核者来说,相对平等，避免对某些人特别有利而对其他人不利。这是保证选拔性考核结果被大家接受的前提之一。

（2）公正性原则，即要求整个素质考核过程对于每个被考核者来说都是一致的，不是对某些人特别严格而对另一些人却随便，考核者必须按统一的标准要求进行客观的考核。这是保证人们承认选拔结果有效的前提。

（3）差异性原则，即要求素质考核既要以差异为依据，又要能够反映被考核者素质的真实。这是保证选拔结果正确性的前提。

（4）准确性原则，即要求素质考核对被考核者素质的反映要尽可能精确，在允许误差范围之内。这是保证人们信任素质考核选拔结果的前提。

（5）可比性原则，即要求素质考核的结果具有纵向的可比性，一般要求采取量化形式，不但可比，而且还可以与其他测评结果相加。这是保证选拔结果最后在选拔人员过程中发挥实际作用的前提。

（二）配置性考核

1. 配置性考核的含义

配置性考核是人力资源管理中常见的另一种素质考核，它以人力资源的合理配置为目的。现代组织的人力资源管理要以"人"为中心，使人力资源进入最佳状态。人力资源最佳发挥的前提是人职匹配，人适其事，人尽其才，才尽其用。每种工作职位对其任职者都有一种基本要求，当任职者现有素质合乎职位要求时，个体的人力资源就能发挥主要作用，创造出高水平的绩效。否则，个体的人力资源就处于被动状态，低能低效。因此，组织在人员配置中经常需要运用配置性考核。

2. 配置性考核的特点

配置性考核与其他类型的素质考核相比，具有针对性、客观性、严格性等特点。

（1）配置性考核的针对性特点体现在整个考核的中心目的上。配置性考核以所配置的职位要求为依据，寻找适合的被配置者，整个考核活动都是围绕着这个目的而进行的，适用于此职位的配置性考核，不一定适用于彼职位的配置，换句话说，针对此职位的配置性考核结果不能运用到彼职位的人事配置上，除非两个职位的要求相同。

（2）配置性考核的客观性特点，体现在测评的标准上，其他类型的考核标准模糊一点还可以接受；但是配置性考核标准，必须是实实在在的，必须以职位的客观要求为标准，不能主观随意制定。

（3）配置性考核的严格性特点，既体现在考核的标准上，又体现在考核活动的组织与实施上，绝不能因为一时找不到合适的人员而降低标准要求，但是这绝不意味着标准越高越好。为了保证配置的恰当性，不但对考核标准要求严格，而且对考核方法、考核实施及整个考核过程的要求都十分严格，否则保证不了最后考核结果的准确性与人事配置的效果。

（三）开发性考核

1. 开发性考核的含义

开发性考核是以开发人员素质为目的的考核，人的素质具有可塑性的潜在性。从当前现状来看，有些人也许并不具备某方面的素质，但他可能具有发展这方面素质的潜力。如何发现这些人呢？显然有必要实施开发性考核。此外，人力资源的开发应该具有针对性，在每个组织中，存在不同类型的人力资源。有的人专注于技术运用，有的人热心于技术创新，有的人擅长技术传播。这些人实际具备了不同的资源形态，应该对他们分别采取不同的策略，以最大限度地发挥他们的作用。要明确不同形态的人力资源，就必须实施开发性考核。

2. 开发性考核的特点

开发性考核主要为人力资源的开发提供科学性与可行性依据，与其他考核类型相比，开发性考核具有勘探性、配合性和促进性等特点。

（1）勘探性是指开发性考核对人力资源带有调查性，主要是了解总体素质结构中，哪些是优秀素质，哪些是欠缺素质，哪些是显性素质，哪些是潜在素质，哪些素质有开发价值等。

（2）配合性是指开发性考核主要为配合培训等其他人力资源工作展开，起辅助功能。

（3）促进性是指开发性考核的主要目的不在于评定哪种素质好，哪种素质不好，哪种素质有，哪种素质无，而在于通过考核极力促进各种素质的和谐发展与进一步提高。

（四）诊断性考核

1. 诊断性考核的含义

诊断性考核的目的，在于了解素质现状或素质开发中的问题。在组织管理中我们常常遇到这样或那样的问题，需要从人员素质方面查找原因，这就需要实施诊断性考核。

2. 诊断性考核的特点

诊断性考核与其他考核类型相比，主要特点有：

（1）考核内容或者十分精细，或者全面广泛。诊断性考核的目的如果是查找问题的原因，考核时就要像医生问诊一样，任何细节也不放过，考核内容十分精细深入；如果是现状，则考核的内容就应十分广泛。

（2）诊断性考核的过程是寻根究底，一般是由现象观察出发，层层深入分析，步步综合，直至找到答案。

（3）考核结果不公开，其他各种类型的素质考核，结果一般都向众人公开，而诊断性考核的结果，只供内部掌握与参考。

（4）考核具有较强的系统性。诊断性考核要求从表面特征与标志观察入手，继而深入分析问题与原因，诊断"症状"，由此提出矫正对策方案，前面各种类型的素质考核无此要求。

二、按人才考核的内容划分

人才考核的主要内容可以划分为三大部分：工作业绩考核评价、工作能力考核评价和工作态度考核评价。人才考核和评价的这三个方面内容并不是孤立存在的，都是为了实现特定的管理目的而相互联系在一起的，它们共同构成了一个整体性的人才考核和评价系统。

（一）工作业绩考核

通常称为"考绩"，是对组织人员担当工作的结果或履行职务工作的结果的考核评价。它是对组织成员贡献程度的衡量，是所有工作关系中最本质的考核。它直接体现出员工在组织中的价值大小，与被考核者所担当的工作重要性、复杂性和困难程度是正相关的。通过反馈系统的反馈，业绩考核比其他考核更能提高组织的效率。

所谓业绩，就是人才在工作履行职责的过程中，通过自己的工作行为或工作活动而产生的直接工作结果。业绩考核和评价就是对人才的工作所产生的直接结果及其有效性进行评价。这个考核和评价的过程主要是为了考察人才是否按照工作职责和组织目标的要求按计划完成了各项工作，同时，它还要判断人才的工作存在哪些可以改善之处。总的来说，我们主要可以从人才的工作数量、工作质量、工作时效性以及工作效率四个方面来对员工的工作业绩进行评价。

业绩评价对于组织和人才个人来说都是非常必要的。对一个组织来说，他们都希望组织成员能够通过一系列的工作活动来帮助组织实现既定的目标。而对于人才本人来说，业绩考核和评价一方面能够将他们的工作业绩展示出来，便于组织对他们成绩的认可，另一方面，还能够帮助他们认识到自己在工作上存在的问题和需要进一步改善的地方，有助于他们个人的成长以及自我价值的实现。

（二）工作能力考核

能力考核是考核员工在事务性工作中发挥出来的能力。譬如，在工作中判断是否正确、工作速度如何、工作中的协调能力怎样等，依据被考核者在工作中表现出来的"能力"，参照标准或要求，评定对应于其所担任的工作、职位，其能力是否匹配。这里的"能力"主要体现在四个方面：①常识、专业知识和其他相关知识；②技能、技术和技巧；③工作经验；④体力。

人才的工作业绩和工作能力之间是存在比较紧密联系的，因为通常来说，要想取得比较理想的业绩，就必须具备相关的工作能力。但是，能力和业绩又不完全是一回事，比如，在一些情况下，人们也有可能会由于一些偶然情况或外部原因，得以很好地完成了工作任务，取得了较好的业绩。再如，一个能力较强的人在一些意外情况或不可抗力的干扰之下，也有可能无法达成既定的目标。因此，我们除了需要评价人才所取得的实际业绩之外，还要对人才的工作能力进行评价。

人才的能力主要是由以下三个方面的内容组成的，即知识、技能和能力。一是知识，是指关于既定的事实和程序、规则等方面的信息，它又包括各种一般性知识和专业技术性知识，人们可以通过学校教育、阅读、他人传授等多种方式获得知识。二是技能，它是指一个人完成某项特定工作任务的熟练水平，它需要通过实际操作和执行来获得，因而与工作经验往往有很大的关系：一个人完成某种工作任务的次数越多，则越熟练，效率就会越高，质量通常也会越好。三是能力，这种能力是指一个人所具备的比较通用、持久的才能，它比技能的范围要广，有时候与一个人的人格特点也有一定的联系，比如，一个人的成就动机或者恒心以及毅力等。知识、技能和能力都是一些不能直接被观察到的特点，只有当一个人在实际职位上承担了具体的工作任务、责任以及职责的时候，外人才有可能观察到他们的这些特点。因此，与业绩评价相比，能力评价的难度更大一些。然而，尽管如此，我们仍然可以通过人在工作过程中的行为表现以及一系列的中介指标来对人的能力进行判断，而并不一定进行直接的能力测评。

（三）工作态度考核

态度是被考核人员为做某项工作付出的努力程度，比如是否有干劲、有热情，是否忠于职守，是否服从命令等。态度是工作能力向业绩转换的"中介"，它在很大程度上决定了能力向业绩的转化，但还应同时考虑到工作完成过程中的内部条件（如分工是否合适、指令是否正确、工作场地是否良好等）和外部条件（如市场恶化或原材料短缺等）。它反映出"功劳"和"苦劳"之间的关系，最大限度地使只有"苦劳"的人成为有"功劳"的人，是企业的责任，也是企业有效使用人力资源的要诀。

一般情况下，人们通常倾向于认为，能力越强的人越能够取得更好的工作业绩。但是，在现实中，很多时候，能力强的人可能会由于工作态度问题而不能取得好成绩，而能力一般的人也有可能借助工作态度弥补自己某些能力水平的不足，取得较好的业绩。好的工作能力只有在好的工作态度下才可能产生良好业绩。因此，在对人才的评价中，我们还需要对工作态度进行评价。通过对工作态度的评价，组织可以引导员工增强工作热情，避免消极怠工现象，从而鼓励员工充分发挥现有的工作能力，最大限度地创造优异的工作业绩。

工作态度评价与能力评价的内容不同，它所关注的不是员工的职位高低以及员工的能力大小，它主要关心的是员工是否努力认真地工作，在工作中是否有干劲、有热情，是否遵守组织的各种规章制度以及是否认同组织文化等。一般情况下，对工作态度的评价往往采用行为观察的方式来进行。由于工作态度是影响工作能力向工作业绩转化的重要中介变量，因此，组织可以通过工作态度评价来引导员工改善工作态度，促进员工达成绩效目标。

三、按人才考核的主体划分

根据考评内容的不同，考评方法也可以采用多种形式。采用多种方式进行考评，可以有效地减少考评误差，提高考评的准确度。在考核中，不同考核方法在考评主体上有所不同：

（一）直接上级考核

许多组织考评制度的核心，就是由直接上级对其下属进行考核。大多数人都认为：直接上级对下属比较熟悉，容易观察到下属的工作绩效；而且，直接上级对组织负有管理责任，对下属考评是他的一项职责。但是，直接上级的考评有偏颇的可能。他也许只强调业绩的某一方面，而忽略了其他方面；而且直接上级不经常与下属一起工作时，容易被假象所迷惑。

在上级考评中，考评人是被考评人的管理者，多数情况下是被考评人的直接上级。上级考评适合于考评"重要工作"和"日常工作"部分。

（二）同事间互评

互评是员工之间相互考评的考评方式。互评适合于主观性评价，比如"工作态度"部分的考评。互评的优点在于：首先，员工之间能够比较真实地了解相互的工作态度，并且由多人同时评价，往往能更加准确地反映客观情况，防止主观性误差。互评在人数较多的情况下比较适用，比如人数多于5人。另外，在互评时不署名，在公布结果时不公布互评细节，都可以减少员工之间的相互猜疑。

在听取考核对象个人述职报告的基础上，由考核对象的上级主管、同事、下级以及有工作关系的人员，对其工作绩效做出评价，然后综合分析各方面的意见得出该考核对象的绩效考核结果。这种方法经常使用，优点是民主性高、操作程序比较简单、容易控制；不足是受群众素质局限，由下往上，难免会有人为因素导致评价偏差。在民主评议中，主要是要搞好民主测评指标体系的科学设计，做到定性与定量指标的有机统一，个性与共性的有机结合，同时在职工群众民主代表性方面，要制定规范的程序，保证民主测评结果的公正。

由于同事之间更加熟悉和了解，采用同事之间进行评估，可以获得比较可靠的信息，使评价更准确、全面。但同事之间的评价也存在许多局限性。

例如，它可能造成同事之间互相偏袒，形成利益小团体，每个人对周围的同事都给很高的评价；也可能造成平时不和的同事之间互相诋毁，没有客观地评价真正勤勤恳恳工作的同事。

（三）自我评价

自我评价就是员工依据一定的因素和方法来评价自己。被考评人的自我考评结果一般不计入考评成绩，但它的作用十分重要。自评是被考评人对自己的主观认识，它往往与客观的考评结果有所差别。考评人通过自评结果，可以了解被考评人的真实想法，为考评沟通做准备。另外，在自评结果中，考评人可能还会发现一些自己忽略的事情，这有利于更客观地进行考评。

被考核人对自己的德、能、勤、绩等工作情况进行自我总结，往往以个人述职方式出现，优点是被考核人本人可以对自己的情况进行全面总结，使考核组更加清楚地了解被考核人的工作情况，缺点是在客观性方面，常常受到被考核人主观意志的影响。自我评价常作为考核系统的一个组成部分，与其他考核方法并用。

（四）直接下属评价

目前，越来越多的组织让下属以不记名的方式参与对其上司人员的评价和考核。这种自下而上的反馈形式，有利于高层管理者及时、准确地发现潜在的人力资源管理问题，采取必要的行动。但这种方式往往使得管理者由于担心下属在考评中的作用而放纵下属的不良行为。

（五）小组评价

由两个或两个以上的熟悉该员工业绩的主管人员，组成小组对被考评人进行考评。从旁观者角度来考评增强了考评的客观性，但这种方法却削弱了直接上级的作用。

按照被考核评价人才的专业，由相同或相近专业的专家组成专家评审小组（委员会），对被考核人的专业工作情况进行评审或进行科技成果鉴定。这种考核评价的优点是具有相当的权威性和专业性，准确性也比较高。缺点是由于名额的限定和论资排辈，人才不容易脱颖而出。

（六）360度考评

360度考评就是由各种考评者综合考评，综合运用上述考评方法，在制订考评办法时，依据各种考评者的重要性对其考评结果分别赋予不同的权重。

这种方法在目前企业考评中最为常见。

四、按人才考核的特性划分

按人才考核的特性划分为三类考核方法，都是以组织的目标作为基准，用以检验员工的人格特质、工作行为或工作结果是否达到了组织的要求，将找出其中的差距并缩小差距作为绩效管理的根本目的，这同时也是公司进行员工培训的最根本的出发点。

（一）人格特质类考核方法

人格特质类考核方法所关注的是员工在多大程度上具有某些被认为对组织的成功非常有利的人格特质，如品德、工作积极性、团队意识、创新精神、领导力等。如果员工在这些方面表现较好，那么员工绩效水平的分数就较高。人格特质类考核方法中最常用的是图尺度评价法（graphic rating scales，GRS）及其各种变体。

（二）行为类考核方法

行为类考核方法通过考察员工在工作中的行为表现，将员工的行为表现与组织希望员工所表现出的行为进行对比，从而确定绩效水平。这其中常用的方法有关键事件法（critical incident approach，CIA）、行为锚定等级评价法（behaviorally anchored rating scales，BARS）、行为观察评价法（behavioral observation scales，BOS）等。

（三）结果类考核法

Bernardin等人将绩效定义为"在特定的时间内，由特定的工作职能或活动产生的产出记录，工作绩效的总和相当于关键和必要工作职能中绩效的总和或平均值"，这是"绩效为结果"的典型观点。基于这种理解，研究者们认为注重目标与结果的差异是绩效管理的一个好办法。

以上常用的各类考评方式，在实际运用中各有优缺点，因此对不同的人才应结合实际情况采取不同的考评方法。比较合理的考核方法是在自我考核评价的基础上，由相关的人事部门组织专门力量对人才的实际情况广泛民主征求直接主管、同事、下级的意见，运用量表法，去粗取精，得出一个比较准确的考核结果，同时要结合一些特定的组织要求，增加一些相关的考试项目，由专家进行全面、综合评审，以使考评过程公开、公正和准确。

第二节 人才考核的技术

依据不同的人才考核标准,按照考核技术与手段划分,人才考核分为定性考核与定量考核。

一、人才考核标准的制定

人才考核标准的制定可以参照以下三种方法:等级描述法、预期描述法和关键事件法。

(一) 等级描述法

等级描述法是对工作成果或工作履行情况进行分级,并对各级别用数据或事实进行具体和清晰的界定,据此对被考核者的实际工作完成情况进行评价的方法。

等级描述法适用于考核那些经常或重复进行的工作,因为能够很清楚地用数据或事实描述出各个级别的不同。具体操作中,建议分为"优秀"(90~100分)、"良好"(80~89分)、"一般"(70~79分)、"及格"(60~69分)和"不及格"(60分以下)五个级别,为了简化操作,也可以只对"及格标准"和"良好标准"进行具体的描述,依照各个级别间的递进关系来区分五个级别。

等级描述法通过对各个级别的具体界定,使得在考核时有了比较客观的依据,在一定程度上限制了考核者打分的随意性。更为重要的是,由于清晰界定了"及格标准"和"良好标准",使得被考核者明确了上级对其工作的要求,明确了努力的方向,有利于被考核者不断提高自己的绩效水平。

(二) 预期描述法

预期描述法是考核双方对工作要达到的预期标准进行界定,然后根据被考核者的实际完成情况同预期标准的比较,来评价被考核者业绩的方法。

在实际工作中,组织或部门有时会面对一些对新任务或新工作的评价,这时候考核双方往往没有或很少有先例可循,制定考核标准时也往往缺乏数据和事实的支持,这种情况下等级描述法就无能为力。因此,建议采用预期描述法,即通过考核双方尽量明确和清晰地界定预期标准,来为评价被考核者的业绩提供依据。一般分为：①60分以下，远远低于预期；②60～69分，低于预期；③70～79分，达到预期；④80～89分，高于预期；⑤90～100分，远远高于预期。

预期标准能够通过培训、答疑等形式将有关制度和流程对相关人员进行有效宣传；能够将考核管理体系在公司内推行下去，使运行比较顺利；能够及时解决考核过程中的一些问题，并根据考核中的情况对原考核方案进行细化和完善；使得公司的考核管理工作能够比较规范和有序的开展，能够有力地促进考核工作并取得预期效果。

虽然预期描述法只描述了一个标准，但仍然比没有标准强，也能在一定程度上限制考核者的随意打分。而更为重要的是，通过对预期标准的制定，使被考核者明确了上级的预期和要求，这在下属面对新工作或新任务时，无疑是十分重要的。

（三）关键事件法

关键事件法是针对工作中的关键事件，制定相应的扣分和加分标准，来对被考核者的业绩进行评价的方法。关键事件法适用于那些关键事件能够充分反映被考核者工作表现或业绩的情况。例如安全管理工作评价：每出现一次重大安全事故，扣20分；出现一次一般安全事故，扣5分；满分100分，扣完为止。

考核者必须要明确制定定性指标考核标准的意义。制定定性指标的考核标准，一方面，通过制定明确和具体的考核标准，使得定性指标的考核尽量客观公正、易于操作，并减少因为考核带来的争议。另一方面，也使被考核者了解上级对其工作的要求或期望，从而明确工作努力的方向。很显然，后者对于管理工作的意义更为重大。因为考核不是目的，而是手段，考核的根本目的是提高员工的绩效水平，而被考核者充分了解上级对其工作的要求或期望，无疑对于其高质量完成工作会起到相当重要的作用。

二、定量考核

（一）定量指标的五要素

定量指标是可以准确定义数量、精确衡量并能设定绩效目标的考核指标。在定量评价指标体系中，各指标的评价基准值是衡量该项指标是否符合考核基本要求的评价基准。

定量指标的五要素是：指标定义、评价标准、信息来源、绩效考核者和绩效目标。指标定义就是对指标的详细解释及如何计算的说明。评价标准是如何计算绩效考核指标得分的详细条款。信息来源是指绩效考核信息来自何处。绩效考核者是指由谁负责制定绩效目标并实施考核。绩效目标是在考核期间应该达到的指标数值。

定量指标是比较客观、有效的考核指标，其中绝对量指标可以是产能、质量、时间以及其他数量，相对量指标可以是任何同单位数量的比值。一个数量结果指标是否合理、有效，指标的五个要素都是非常关键的，尤其是评价标准和绩效目标是相互关联的，设计指标时要尤其注意。此外，选择绩效考核标准的评分方法也很关键，要选择合适的评价方法，以使考核结果公正、公平，实现有效激励。

（二）定量指标的制定方法

定量指标有两种制定评价标准的方法：一种是加减分法，另一种是规定范围法。

1. 加减分法

采用加减分法确定评价标准，通常适用于目标任务比较明确，任务完成比较稳定，同时鼓励员工在一定范围内做出更多贡献的情况。使用加减分法计算得分时，一般情况下最大值不能超过权重规定数值，最小值不应出现负数。

加减分法是应用最为广泛的方法，根据指标是相对量还是绝对量以及其他因素，要灵活设计评价标准，不同情况下评价标准的设计应各有不同。

2. 规定范围法

规定范围法是设计评价标准的另外一种方法，经过数据分析和测算后，评估双方就标准达成的范围进行评估得分。在某些情况下，规定范围法是比较科学、合理的，因为用加减分法设计评价标准，一般都是线性函数，而在某些情况下，可能需要不同的激励效应函数，因此评价标准设计为指标在不同区间对应不同分数更具有合理性。

三、定性考核

（一）定性评价的含义

定性评价是对评价资料做"质"的分析，是运用分析和综合、比较与分类、归纳和演绎等逻辑分析的方法，对评价所获得的数据、资料进行思维加工。

定性评价是不采用数学的方法，而是根据评价者对评价对象平时的表现、现实和状态或文献资料的观察和分析，直接对评价对象做出定性结论的价值判断，比如评出等级、写出评语等。定性评价是利用专家的知识、经验和判断通过记名表决进行评审和比较的评标方法。定性评价强调观察、分析、归纳与描述。

（二）确定定性指标的重要性

由于定性指标无法像定量指标那样精确地加以衡量和考核，因此在很多组织中，对定性指标的考核往往是凭考核者的主观印象，导致出现下面情形：①考核结果出现偏差，不能真实反映被考核者的实际业绩情况，引起被考核者的不满。②考核结果"趋中"，拉不开被考核者之间的差距。③结果出现偏差的考核还往往在管理工作中引发一系列的矛盾和争议，造成上下级关系紧张。④定性指标的考核成为一些管理者绕不开的问题。现实工作中，一些员工（如中层管理干部、职能管理人员、某些基层员工等）由于岗位工作的性质，使得对其的考核指标，大部分甚至全部都是定性指标。无论哪种情况，如果长此以往，造成的最终后果都是不能"激励先进，鞭策后进"，丧失了考核本来应该发挥的激励作用。

（三）制定定性指标的考核标准

要使得定性指标能够比较精确地进行考核，就必须尽量减少笼统和模糊。一种很自然的思路就是"往下细分"，找出一个大的定性指标中重要的并且可以进行具体考核的几个方面，然后再针对每个方面制定具体的可衡量的考核标准。因此，制定定性指标的考核标准的总体思路就是：首先，将定性指标进一步细化多个可考核的方面，即考核维度；其次，针对每一个可考核维度，尽量用数据和事实来制定明确和具体的考核标准。其主要步骤如下：

步骤一：制定定性指标的考核维度，并根据重要性程度确定各维度所占的权重。对一个定性工作的考察，不外乎通过时间、质量、数量、成本和风险五个角度。这就为我们确定定性指标的考核维度提供了很有价值的思考方法。

从以上这几个角度出发来设定定性指标的考核维度。考核维度举例：计划完成率、时限、及时性、完成时间、批准时间、开始时间、结束时间、关键成果、评价结果、检查结果、投诉情况、满意度、准确性、达成率、完成情况、合格率、周转次数、比率、效果、个数、时数、次数、人数、项数、额度、费用额、预算达成率、出错率、失误次数等。

需要强调的是：考核维度应当是反映定性指标完成情况的关键环节或重要方面，或是考核者对被考核者工作要求的主要方面，应该能够充分体现被考核者的业绩。此外，考核维度应该是考核者和被考核者达成一致的结果。

步骤二：确定考核维度后，还应该根据各维度的重要性程度分别设立各维度的权重。

例如：某公司的研发部经理某个考核期内的一项重要工作就是建立公司的研发管理体系。那么对这项工作的考核很显然只能是定性考核。运用上面的方法，经过考核双方的讨论，决定从3个最重要的方面来考察这个定性指标的完成情况，见表4—1。

表4—1　　　　　　　　定性考核的维度和权重

定性指标	考核维度	分项权重
研发管理体系建立情况评价	计划完成情况	20%
	"研发管理制度"的评价	40%
	实施运行效果评价	40%

考核维度的确定，将一个定性指标分为几个重要的方面分别进行考察，从而将定性指标的考核进行细化，减少了定性指标整体考核的笼统和模糊；也使得被考核者明确上级对自己工作要求的主要方面，便于其合理分配时间和精力来开展工作。

步骤三：针对各考核维度，设定具体的考核标准。

考核维度确定后就要针对每一考核维度，制定相应的考核办法和设立相应的考核标准，使得考核具有可操作性，同时尽量减少主观因素对打分的影响。

以某工作者的一般指标为例,进行定性考核指标的描述,见表4—2。

表4—2　　　　某工作者一般定性考核指标的描述

指标描述	不满意	勉强	好	很好	优秀
1. 工作品质 本项不考虑工作量,仅看工作是否正确、清楚、完全	工作懒散,可避免的错误频繁	经常犯错,工作不细心	大体满意,偶尔有小错误	工作几乎保持正确、清楚;有错自行改正	工作一直保持超高水准
2. 合作 考虑其对工作、同事、公司之态度;是否愿意为人服务及与人沟通;是否愿尝试新观念、新方法	似乎无法与人合作,不愿接受新事物	时常不能合作,表现不同意的态度;难以相处	大致上与人相处愉快,偶尔会有摩擦;一向合作良好,愿意接受新方法	与同事或主管合作有效;随时准备尝试新观念	与人相处非常好
3. 工作知识 是否了解其工作的要求、方法、系统、设备	与工作有关之事大部分都了解不够	工作某些方面最好能增进相应知识	对工作有相当程度的了解	对工作了解全面充分	工作各方面均能掌握,极为优秀
4. 主动性 考虑其在没有详尽指示下的工作能力;其应变才能;在无人监督下的工作情况	只能照章行事;遵从指示做事,需不断监督	处理新事物容易出错,经常需要监督	经常性工作无须指示;新事物需要监督。极少需监督	主动工作及改进。一直是自主工作	自动增加额外工作;能力极强
5. 勤勉 考虑其贡献于工作的程度	有机会就偷懒,时常喜欢闲聊	时常忽视其工作	通常能坚守其工作,偶尔会闲逛	大部分时间都能诚恳做事	一向可信,能将工作做好
6. 工作量 本项不考虑质的方面,只考虑工作量	工作慢,从未按时完工	低于平均量	符合要求,偶尔超过	超出平均量	速度超乎常人,产量比要求的多

续表

指标描述	不满意	勉强	好	很好	优秀
7.学习能力 接受新知识的能力、速度；是否能记忆、能遵循，并予以应用	若非一再教导，无法消化	学习缓慢但通常能记住；看似吸收而实际上并没有真正消化	学习速度尚可，也能记牢，但偶尔还需要向主管请教	学习快速，记忆良好	超乎寻常的学习速度且完全消化
8.出勤 考虑工作的规律性和准时性	请假或迟到早退过多	经常请假或迟到早退	偶尔请假或迟到早退	如无正当理由绝少请假或迟到早退	从不请假或迟到早退

第三节 人才考核的方法

从人才考核的标准来看，人才考核的方法主要可以分为两类：一类是根据绝对标准进行的评价，另一类是根据相对标准进行的评价。所谓绝对评价法，就是按绝对标准来对人才进行考核和评价；所谓相对评价法，就是根据人与人之间的相互比较来进行评价。相对评价法又称比较法，是以往各类评比工作中最常使用的评价方式。

一、综合评定法

（一）综合评定的结构特征

综合评定法，为我们提出了人才考核的理论依据。综合评定法，是对人才的道德、才能、体魄和绩效进行较为全面的综合评价的方法。它的应用范围比较广，是经常使用的一种人才考核方法。尤其对于选拔任用干部、评定学术技术职称有重要作用。它是利用人才考核结构的方式达到综合评定人才的目的。

当代社会人才济济，因而设计人才考核结构方式也可以多种多样、千差万别。但考核结构方式最基本的原则只有一个，即服务服从于考核目标、考核目的和考核效果。没有一成不变的人才考核结构模式，内容决定形式，内容一变，结构即变。形成人才的因素是有规律性的，其中结构分析就是为人才考核提供了一把钥匙。对人才本身诸要素认识得越清晰、越有条理、越透彻，设计人才考核结构就越有层次、越合理。结构形式也能反映人才形成的内部规律、内部组织构造、内在联系的。"定体则无""大体须有"，死框框是没有的，通常的格局还是可循的。群体人才结构，是个多序列、多层次、多因素构成的动态综合体，各序列、各层次、各因素之间又是相互依存、互相渗透、纵横交织的。同一系统的人才有类似的特点。个体人才，除具备同类人才的共性外，还有某些个性特征。

综合评定法，好像拍摄影片，要将摄影镜头推出一个大全景，但也可以利用特写镜头把认为值得突出强调的部分和细节细致入微地揭示出来。

（二）综合考核的内容结构

设计综合考核的内容结构，一定要按照人才的能质、能级要素周严的设计。人才的素质结构一般由素质要素和绩效要素组成。素质要素包括道德、才能和体魄；绩效要素包含工作质量和数量。综合考核围绕人才素质结构的以下几方面内容进行考核：

1. "德"

即品德素质（主要指思想品德）。着重考评人才的政治立场、政策水平、原则性、工作作风、纪律性、责任感和事业心。考核"德"的方面主要看在改革开放的形势下，是否拥护党的政治路线和思想路线，坚持正确的政治方向和原则，认真贯彻执行党的路线方针政策，遵纪守法，品行端正等。

2. "能"

主要指智体素质和能力素质。智体素质主要指智力和体力，是由先天素质、受教育因素、个人努力三方面相互作用的结果，着重考评知识水平、思维能力、判断能力、观察能力、意识、工作持久性、身体健康程度等。考核"智"的方面主要看身体状况、文化程度能否适应对工作的要求等。能力素质，主要考评完成本职工作的本领，包括工作能力、处事能力、组织能力、创造能力、设计能力、评价能力等。主要考核他们的业务、技术、管理水平以及是否具备胜任现任工作的能力等。

3. "勤"

"勤"的方面主要考核他们的工作态度、事业心和出勤率，是否肯学肯钻，对业务精益求精，对工作任劳任怨，勇于创新，开拓进取，充分发挥工作积极性。

4."绩"

即绩效素质,"绩"的方面主要考核工作成绩,考评工作的数量和质量,包括工作效率、工作成绩、工作质量。

各专业系统的人才素质结构是有比较明显的区别,例如,科技人才和管理人才的知识结构、智力结构、技能结构有明显差异,其绩效表现形式和特点也是显而易见的。下面以科技人才和管理人才的概率性考核结构为例,说明综合考核的内容,详见表4—3。

表4—3　　　　　　　　　人才综合考核的内容

一级指标	二级指标		指标描述
道德考核	政治态度		世界观、政治信仰、爱憎感、原则性、政策观念、牺牲精神
	思想品质		思想作风、道德规范、法纪观念、人际关系
	工作表现		事业心、责任感、积极性、工作艺术、创新精神、组织观念
才能考核	智力	自学能力	
		研究能力	
		思维能力	详细、理解、判断、分析、创造
		表达能力	口头、书面、专业
		组织能力	预测、决策、计划、开发、指导、管理、领导、应变、社交、协调、思想工作
技能考核	基本技能、专业技能、特殊技能		
体魄考核	体质		年龄、素质、特点、优势
绩效考核	工作质量		工作成绩、工作效果、技术水平、标准化、应用价值、应用效果、经济效益、社会意义
	工作数量		完成数量、工作效率、管理宽度、管理深度

二、计量评分法

(一)计量评分法的含义和特点

所谓计量评分法,就是运用计量化评分的方式考核人才的方法。任何客观存在的事物,都是质和量的统一体,都有自身所固有的质和量的规定性,而事物的质变和量变又是相互联系、相互制约的。因此,我们研究任何事物时,都可以进行量的考察和分析,从而在比较中更准确地把握事物的质。从质转换为量的分析,叫作计量化。

计量评分法是人才考核评价中最常用的一种方式。它是根据各种客观标准确定不同形式的评价尺度进行评价的一种评价方法。这种方法使评价结果比较客观、准确,缺点是设计费时费力,评价指标设计比较烦琐,且在填表过程中可能由于填表人的随意性导致考核结果失真,它只适合对过去工作的评价,不适合对将来做出预测和推断。

根据绝对评价中使用的绝对标准的不同性质,我们又可以进一步将绝对评价分为两类,一类是将员工的工作情况与客观的标准相比较,这种方法被称为量表法。另一类是将员工的工作情况与预先制定的客观工作目标相比较,这种方法被称为目标管理法,目标管理法通常用于对人才的实际工作业绩进行评价。

(二) 计量评分法的应用

1. 量表法

量表法主要适用于对人才的能力和态度所进行的评价,它首先将能力和态度的行为表现及其等级划分描述清楚,然后让评价者来判断,被评价者在日常工作中以多大的程度或何种频率表现出这样一种行为,从而借助行为特征来证明被评价者的能力和态度。

量表法的具体做法是:首先确定一系列关键考核和评价指标,其次将一定的分数或比重分配到各个考核和评价指标上,使每一项评价指标都有一个权重,再次再由评价者根据被评价对象在各个指标上的实际表现或取得的工作成果情况,分别在每一个指标上确定被评价者的得分,最后再汇总和计算出总分。以表 4—4 举例说明对协作性这种工作态度指标进行考核的要素定义及其分级描述。

表 4—4　　　　　工作态度指标考核的要素定义及其分级描述

要素名称	协作性	权重	10%
要素定义:在工作中是否能够充分认识本部门在工作流程中所扮演的角色,考虑别人的处境,主动承担责任,协助上级、同事做好工作			

	定　　义	评分
11	正确认识本部门在流程中所扮演的角色,合作性很强,自发主动地配合其他部门的工作,积极地推动组织总体工作的顺利进行	20

续表

要素名称		协作性	权重	10%
22		愿意与其他部门进行合作，在其他部门需要的时候，能够尽量配合工作，从而保证组织总体工作的正常进行		16
33		大体上能够按规定配合其他部门的工作，基本上能够保证组织总体工作的正常进行		21
44		有时候有不配合其他部门工作的现象，存在部门本位主义倾向，从而导致组织的总体工作有时会遇到困难		8
55		根本不与其他部门进行沟通和协调，部门本位主义倾向明显，在工作中经常与其他部门发生冲突，导致组织总体工作陷入僵局		4

2. 等级评估法

等级评估法是根据工作分析，将被考核岗位的工作内容划分为相互独立的几个模块，在每个模块中用明确的语言描述完成该模块工作需要达到的工作标准。同时，将标准分为几个等级选项，如"优、良、合格、不合格"等，考核人根据被考核人的实际工作表现，对每个模块的完成情况进行评估。总成绩便为该员工的考核成绩。

此法的基本程序分为以下五步：

（1）要素分解：提出考核指标体系。

（2）权重确定：确定每个考核指标在体系中所占比重。

（3）评语划等：按考核指标可分性，划分评语等级。

（4）等级定量：建立隶属度函数，针对一个评语等级给出一个基础数据。

（5）计量表示：运用模糊数学（或加权平均法）对分解指标的等级评定转化为综合的数量表示。

三、结构评分法

（一）结构评分法的含义

将综合评定法与计量评分法相结合可诞生一种新方法——结构评分法。依据考核结构，在规定了总体满分标准的基础上，再分别确定诸要素及子要素的各个分数，但各要素的分数之和一定要等于总体满分之和。如同一张试卷，全部试题的分数之和一定要等于这张卷子的标准总分。根据考核需要，在特殊情况下，有关要素的分数规定可允许有一定浮动幅度，适当提高加重值。考核重心可有所强调或有所转移，如同市场物价一样，要素的标准分可随着行情的变化有所调整。

（二）结构评分法的意义

结构评分法为计算机处理准备了信息条件。随着科学技术的飞速发展，人才考核的现代化和人才管理的现代化，在于运用科学方法和先进技术提高人才管理的效率。由于各种信息都可以转变为电讯号，人才的种种能力和绩效总会通过各种途径以不同形式反映出信息，而结构评分法的人才考核方法，为编制程序输入计算机处理提供了最大的可能和方便。人工智能新技术，即"专家系统"，它能把管理专家判断—评价的做法吸收到计算机中，让计算机代替行使管理人才的部分职能。管理专家从判断和处理问题的程序和分析方法直到决策，都可以利用一台电子计算机进行模拟，且模拟得十分真实可靠。例如，美国一些研究单位，把一个人的工作能力、技术水平、科研成果、爱好特长等信息，都储存在计算机里，让从事管理的职能人员利用计算机的系统技术档案，可以公正地迅速选择出最适合某项研究工作的人选，组织好研究项目班子。

人才考核，要坚持绩效第一的原则。综合评定法，为人才考核提供了理论依据；计量评分法，为人才考核提供了一项重要决策方法；结构评分法，为计算机处理准备了信息条件。

四、关键事件法

（一）关键事件法的含义

关键事件法是指确定关键的工作任务以获得工作上的成功。关键事件是指使工作成功或失败的行为特征或事件（如成功与失败、盈利与亏损、高效与低产等）。关键事件法要求分析人员、管理人员、本岗位人员，将工作过程中的"关键事件"详细地加以记录，并在大量收集信息后，对岗位的特征和要求进行分析研究的方法。

关键事件法是由美国学者福莱·诺格（John C. Flanagan）和伯恩斯（Baras）在1954年共同创立的，它是由上级主管者记录员工平时工作中的关键事件：一种是做得特别好的，另一种是做得不好的。在预定的时间，通常是半年或一年之后，利用积累的记录，由主管者与被测评者讨论相关事件，为测评提供依据。包含三个重点：第一，观察；第二，书面记录员工所做的事情；第三，有关工作成败的关键性的事实。

（二）关键事件法的描述内容

关键事件法的主要原则是认定员工与职务有关的行为，并选择其中最重要、最关键的部分来评定其结果。它首先从领导、员工或其他熟悉职务的人那里收集一系列职务行为的事件，然后，描述"特别好"或"特别坏"的职务绩效。这种方法考虑了职务的动态特点和静态特点。对每一事件的描述内容，包括：①导致事件发生的原因和背景；②员工的特别有效或多余的行为；③关键行为的后果；④员工自己能否支配或控制上述后果。

在大量收集这些关键事件以后，可以对它们做出分类，并总结出职务的关键特征和行为要求。关键事件法既能获得有关职务的静态信息，也可以了解职务的动态特点。

在职务分析信息的收集过程中，往往会遇到这样的问题：工作者有时并不十分清楚本工作的职责、所需能力等。此时，职务分析人员可以采用关键事件法。具体的方法是，分析人员可以向工作者询问一些问题，比如"请问在过去的一年中，您在工作中所遇到比较重要的事件是怎样的？您认为解决这些事件的最为正确的行为是什么？最不恰当的行为是什么？您认为要解决这些事件应该具备哪些素质？"等等。对于解决关键事件所需的能力、素质，还可以让工作者进行重要性的评定。比如，让工作者给这些素质按重要性排队；按五点量表打分；或给定一个总分（比如20分）让工作者将其分摊到各个能力、素质中去。

（三）关键事件法的优缺点

关键事件法的主要优点是将研究的焦点集中在职务行为上，因为行为是可观察的、可测量的。同时，通过这种职务分析可以确定行为的任何可能的利益和作用。①它为考核者向下属人员解释绩效评价结果提供了一些确切的事实证据。②它还会确保考核者在对下属人员的绩效进行考察时，所依据的是员工在整个年度中的表现（因为这些关键事件肯定是在一年中累积下来的），而不是员工在最近一段时间的表现。③保存一种动态的关键事件记录还可以使考核者获得一份关于下属员工是通过何种途径消除不良绩效的具体实例。

　　这个方法也有两个主要的缺点：一是费时，需要花大量的时间去搜集那些关键事件，并加以概括和分类。二是关键事件的定义是显著的对工作绩效有效或无效的事件，但是，这就遗漏了平均绩效水平。而对工作来说，最重要的一点就是要描述"平均"的职务绩效。利用关键事件法，对中等绩效的员工就难以涉及，因而全面的职务分析工作就不能完成。三是不可单独作为考核工具。必须跟其他方法搭配着使用，效果才会更好。

五、评价中心技术和心理测量技术

（一）评价中心技术

　　现代人才测评理论认为，人的行为和工作绩效都是在一定的环境中产生和形成的。对人的行为、能力、绩效等素质特征的观察与评价，不能脱离一定的环境。所以，要想准确地测评一个人的素质，应将其纳入一定的环境系统中，观察、分析、评定被试人的行为表现以及工作绩效，从而考察其全面素质。基于这种理论，人们逐步形成和发展了评价中心这种现代人才测评方法。

　　1. 评价中心技术的含义

　　评价中心技术（Assessment Center or Development Center）的最早起源可以追溯到1929年德国心理学家建立的一套用于挑选军官的非常先进的多项评价体系。在第二次世界大战期间，美国的战略情报局使用小组讨论和情景模拟练习来选拔情报人员，并获得了成功。开创在工业企业中使用评价中心技术先河的是美国电话电报公司。该评价工作从1956年一直持续到1960年，结果证明，在被提升到中级管理岗位的员工中，有78%与评价中心的评价鉴定是一致的；在未被提升的员工中，有95%与评价中心在8年前认定的缺乏潜在管理能力的判断是吻合的。此后，许多大公司，如通用电气公司、国际商用机器公司、福特汽车公司、柯达公司等都采用了这项技术，并建立了相应的评价中心机构来评价管理人员。

　　评价中心技术是应用现代心理学、管理学、计算机科学等相关学科的研究成果，通过心理测验、能力、个性和情境测试对人员进行测量，并根据工作岗位要求及企业组织特性进行评价，从而实现了对人个性、动机和能力等较为准确地把握，做到人职匹配，确保人员达到最佳工作绩效。

2. 评价中心技术的应用

评价中心测评法将各种不同的素质测评方法相互结合，通过创设一种逼真的模拟管理系统和工作场景，将被试人纳入该环境系统中，使其完成该系统环境下对应的各种工作。在这个过程中，主试人采用多种测评技术和方法，观察和分析被试人在模拟的各种情景压力下的心理、行为、表现以及工作绩效，以测量评价被试人的管理能力和潜能等素质。评价中心最主要的特点之一就是它的情景模拟性，所以又被称为情景模拟测评。

一次完整的评价中心通常需要两三天的时间，对个人的评价是在团体中进行的。被试者组成一个小组，由一组测试人员对其进行包括心理测验、面试、多项情景模拟测验在内的一系列测评，测评结果是在多个测试者系统观察的基础上综合得到的。严格来讲，评价中心是一种程序而不是一种具体的方法；是组织选拔管理人员的一项人事评价过程，不是空间场所、地点。它由多个评价人员，针对特定的目的与标准，使用多种主客观人事评价方法，对被试者的各种能力进行评价，为组织选拔、提升、鉴别、发展、训练个人服务。

（二）心理测量技术

1. 心理测量技术的含义

心理测量（psychological measurement）是通过科学、客观、标准的测量手段对人的特定素质进行分析、评价的过程。人事测量（personnel assessment）是心理测量技术在人事管理领域的应用，它以心理测量为基础，针对特定的人事管理目的如招聘、安置、考核、晋升、培训等，对人的素质进行多方面系统评价，从而为人事管理提供参考依据。因此，相对来说，人事测量是一个更广泛的概念，它通常要求运用多种心理测量工具来完成。

心理测验（psychological test）是心理测量的一种具体方法和手段，它是结合行为科学和统计技术以评价特定个体在特定素质上相对于特定群体所处水平的一种手段。心理测验是人事测量中最常采用的方法之一。除测验法之外，人事测量还经常采用观察法、访谈法、调查法等。在这里，心理测验取其狭义含义，即心理测验是使用编制好的测评题目施测于个体，个体通过内省或其他方式对测评题做出反应，依据反应结果推断个体心理特征的测量方法。广义的心理测验与心理测量的含义具有同一性。

2. 心理测量技术的种类

在心理测验的发展历史中,产生了各种各样的测验工具和手段。根据测验的内容、形式、目的、对象、实施过程等,可将测验划分为不同的种类。心理测验按不同的测量对象可分为认知测验和人格测验;按刺激呈现的不同形式可分为自陈量表测验、情境评定测验和投射测验;按不同测验目的和用途可分为预测性测验、诊断性测验、难度测验和速度测验;按被测者人数分类,可分为个别测验和团体测验;按不同测验材料可分为文字测验和非文字测验;按测验结果的不同分数解释形式可分为常模参照测验和标准参照测验。

六、360度反馈评价

(一) 360度反馈评价的含义

360度考核法是多角度进行的比较全面的考核方法,也称全方位考核法或全面评价法。它由评价者通过填写问题的方式对被评价者的行为进行评价,评价者通过回忆被评价者日常工作中所表现出来的行为对其进行反馈和评分。评价者包括上级、同事、下属、自己和客户。通过这种多维度的评价,综合不同评价者的意见,则可以得出一个全面、公正的评价。

传统的绩效评价,主要由被评价者的上级对其进行评价。而360度反馈评价则由与被评价者有密切关系的人,包括被评价者的上级、同事、下属和客户等,分别对被评价者进行评价。另外,被评价者自己也对自己进行评价。所以称之为"360度"评价是非常形象的。

(二) 360度反馈评价的形式

360度反馈评价一般采用问卷法。问卷的形式分为两种。一种是给评价者提供5点量表(5分等级)或者7点量表(7分等级)的量表,让评价者选择相应的分值;另一种是让评价者写出自己的评价意见(称之为开放式问题)。二者也可以结合使用。从问卷的内容来看,可以是与被评价者的工作情景密切相关的行为,也可以是比较共性的行为,或者二者的综合。内容可以由企业自行设定,或者请专业的咨询公司提供方案。不管是哪种,都要求反馈问卷的内容尽可能具体化、行为化,这样便于评价者对具体行为给出评价,可以是行为出现的频率或是重要程度等。这点非常重要,如果问卷题目本身没能够将评价点"聚焦"到具体行为上,那么极可能收到的评价数据也是模糊的,降低评价的真实性。

目前常见的360度反馈评价问卷都采用等级量表的形式,有的同时包括开放式问题。实际工作中,越来越多的公司先从外部购买成熟的问卷,然后由评价者、被评价者和人力资源管理者共同组成专家小组,判断问卷中所包括的行为与拟评价职位的关联程度,保留关联程度比较高的行为;然后,再根据对职位的分析,增加一些必要的与工作情景密切相关的行为。采用这种方式,既能降低成本,同时也能保证问卷所包括的行为与拟评价职位具有较高的关联性。

(三)360度考核法的实施方法

首先,听取意见,填写调查表。然后,对被考核者的各方面做出评价。在分析讨论考核结果的基础上双方讨论,定出下年度的绩效目标,见表4—5。

表4—5　　　　　　　　360度考核主体及做法

考核主体	做　　法
直接领导	1. 直接领导通常处于最佳位置来观察员工的工作业绩,而非主要评价者 2. 直接领导对特定的部门或者工作范围负有管理的责任 3. 直接领导需要对下属的发展负责
下属	1. 下属处于一个较为有利的位置来观察或评价他们的领导的管理效果 2. 激励领导注意员工的需要,改进其工作方式
同事	1. 同事对有工作联系的彼此的业绩相对更为了解,因而能更准确地做出评价 2. 同事的压力能成为其他成员的动力 3. 因为同事评价的存在,员工们会更积极地投入平时的工作中,并提高生产效率 4. 同事评价只针对该同事的工作表现而非个体
小组评价	增加评价的客观性程度
自我评价	1. 员工处于评价自己的业绩的最佳位置,并能客观地评价自己的业绩,且采取必要措施进行改进 2. 能使员工变得更加积极主动

(四)360度考核法的优缺点

360度考核法的优点:①打破了由上级考核下属的传统考核制度,可以避免传统考核中考核者极容易发生的"光环效应""居中趋势""偏紧或偏松""个人偏见"和"考核盲点"等现象。②一个员工想要影响多个人是困难的,管理层获得的信息更准确。③可以反映出不同考核者对于同一被考核者不同的看法。④防止被考核者急功近利的行为（如仅仅致力于与薪金密切相关的业绩指标）。⑤较为全面的反馈信息有助于被考核者多方面能力的提升。360度考核法实际上是员工参与管理的方式，在一定程度上增加他们的自主性和对工作的控制，员工的积极性会更高，对组织会更忠诚，提高了员工的工作满意度。

360度考核法的不足：①考核成本高。当一个人要对多个同伴进行考核时，时间耗费多，由多人来共同考核所导致的成本上升可能会超过考核所带来的价值。②成为某些员工发泄私愤的途径。某些员工不正视上司及同事的批评与建议，将工作上的问题上升为个人情绪，利用考核机会"公报私仇"。③考核培训工作难度大。组织要对所有的员工进行考核制度的培训，因为所有的员工既是考核者又是被考核者。

本章复习思考题

1. 人才考核的类型有哪些？在各自的应用中有哪些特点？
2. 人才考核的方法有哪些？这些方法在人才管理中如何应用？
3. 如何制定人才考核标准？有哪些方法？
4. 360度考核在工作实际操作中的重要性体现在哪里？如何应用？

第五章 人才考核指标体系

本章教学目标

通过本章学习，了解人才构成的基本要素和设计方法，明确人才考核标准的制定要求，掌握不同类型人才的考评要素设计，为进行人才考核的有效实施奠定基础。

【导入案例】

李杰进入公司已经两年了，现在已经成为这家制造企业的人力资源部经理。最近他在公司内部推行360度考核法时，遇到了执行上的困难。提出要实施360度考核法的是董事长。他在与同行的交流中得知这种考核法不仅能够避免在考核中出现人为因素干扰，而且还能促使员工自觉提高，他便让李杰制定相应的考核系统，并授权他在公司内部推广实施。

按照既定步骤，李杰首先组织6个部门经理和2个总监开会，对新考核方法进行介绍和说明。李杰讲解完毕，希望主管们提出问题和意见，但是大家的回应很含糊，有的说行，有的则回答差不多。会议就这样结束了。按计划，第二天李杰向各部门收取要求填写的最新的《职务说明书》时，问题又来了：生产部和采购部提交的《职务说明书》，填写的内容与以前一模一样。昨天在会上不是明明白白地说了这些职务的职责有了变化吗？而财务总监则说自己忙还没有做，也不知道要忙到什么时候才有空。李杰于是要求生产部和采购部重新填写，并要求财务总监尽早完成。李杰自问："怎么会这样呢？"可以肯定的是，360度考核法本身是比较科学的，其效果也应当是不错的，但是执行出了问题。

那么，如何将360度考核法顺利推广？如何选择适合本企业的人才考核体系及工具？

第一节 人才考核要素的构成

一、人才构成的基本要素

人才要素即一个人之所以称之为人才,其所具有的区别于常人的品质和素质。人才考核内容主要指考核所要针对人才哪些方面的素质进行考核。人才的效用是在与社会发生相互作用的过程中取得的,要受到社会条件的约束。当人才在一个组织中发挥效用时,组织内外部条件体现为工作态度,人才自身的固有能力在这种态度的作用下最终表现为工作业绩。

根据上述人才的效用发挥过程可知,固有能力、业绩构成了人才要素的组成,无论哪种人才考核都是对其中的某一个要素或者某几个要素进行考核、衡量。如美国的人事考核是以业绩为中心,日本是以能力、业绩进行综合考核,我国的德、能、勤、绩考核体系也是覆盖上述三个要素。在实际应用中,往往还必须对每个要素构成进行分析、归纳。根据国内外的调查研究,人才要素的基本构成体系如图5—1所示。

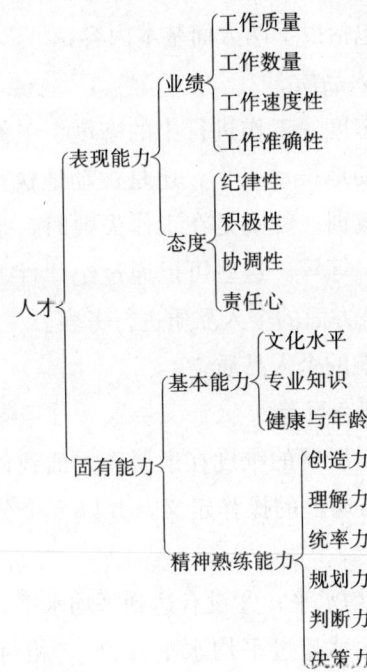

图5—1 人才要素的基本构成体系

在一个组织的人事考核中,业绩往往可以通过具体业务数据来衡量,比较容易把握,而固有能力及态度是一种内在特性,具有模糊性,难以衡量和评价,因而是考核的难点。能力与态度是"客观"存在的,我们可以感知、察觉它们,可以通过一系列中介去衡量其程度上的差异。要素评价就是基于人才要素的基本构成,根据考核的目的和要求,选取考核要素并对其进行评价、量化处理,形成对被评价者的综合评价结果。

二、人才考核的基本要素

结合我国现行的各类人才考核制度和考核实践,一般选取三个核心考评元素及其所属的十九个维度。其中三个核心考评元素为"工作态度""工作能力"和"工作绩效"。在"工作能力"元素方面,针对不同层次的人才分级进行考评,对管理人员从"管理能力""一般工作能力"两方面进行考评,其他一般工作人员只对其"一般工作能力"进行考评。三个核心考评元素所分别包括的维度如下:

(一) 工作态度

工作态度元素主要包括以下两方面基本内容:

1. 与工作相关的个人品质

包括接受工作时的态度、工作进行中的态度、工作结束时的态度等,能否热忱投入工作,是主动地推动工作,还是被动地执行;不论工作成败,是否能认真地总结经验和教训。特别是在工作失败时,是否认真地分析失败的原因,并提出改进建议,等等。这些可以通过纪律性、主动性、合作性、责任感等维度的评价来对该方面的个人品质进行考察。

2. 对工作有较大影响的个人品质

包括个人仪表、品德言行等。

对工作态度这个元素所属的维度在隶属度方面我们设立 5 个等级,针对每个等级均有行为上或描述上的操作定义,并以 5 个分值与之相对应。即考评集合为:

$R=$(①远未达到平均水平;②没有达到平均水平;③达到平均水平;④经常超过平均水平;⑤远远超过平均水平);与之相对应的分值集合为 (1, 2, 3, 4, 5)。

则"工作态度"元素所属各维度的操作集合可以分别定义为:

"纪律性"为 R1＝（①严重违反规章制度，或有故意破坏工作秩序的情况；②有时会违反一些规章制度，或出现破坏工作秩序的情况；③基本遵守各项规章制度，并维持较好的工作秩序；④能够遵守各项规章制度，维持良好的工作秩序；⑤严格遵守各项规章制度，模范维持良好的工作秩序）。

"合作性"为 R2＝（①没有合作精神，掣肘他人工作；②缺乏合作精神，对他人的工作需要漠然置之；③维持一般合作关系；④具有良好的合作精神，能与他人有效配合；⑤极具合作精神，积极主动帮助他人）。

"主动性"为 R3＝（①态度恶劣，对指令性工作也难以完成；②缺乏热忱，只能完成指令性工作；③工作热情不能持久，需经常依靠上司指示，无主见；④乐于工作，能独立工作而很少等候指示；⑤热心工作，工作有条理并出色完成任务）。

"责任感"为 R4＝（①责任心极差，经常耽误工作；②责任心不强，需要有人督促方能完成任务；③有责任感，能顺利完成工作，可交付工作；④责任感强，认真负责地完成工作，可放心交付工作；⑤忠于职守，时刻记住自己的职责，能圆满完成任务，有主人翁的精神）。

"进取心"为 R5＝（①消极对待培训和学习，不思进取；②偶尔参加理论学习及专业培训，不能很好地运用所学；③能够按时参加各种专业培训，并在工作中学以致用；④学习努力，时刻向上，业务能力逐步提高；⑤时刻努力，虚心好学，不断提高、拓展自身业务能力，不达目的不罢休）。

"出勤率"为 R6＝（①出勤极差，严重脱岗、违规、旷工超过 3 日，因违法或违纪脱岗；②出勤差，有违规现象，旷工少于 3 日或病、事假频繁，常有无故脱岗情况；③无迟到、早退，偶尔病、事假，不无故脱岗；④无迟到、早退现象，在岗时很少从事与工作无关的事情；⑤优秀，只有紧急情况下才会脱岗或缺席）。

"个人仪表"为 R7＝（①常不修边幅；②不太注重仪容整洁；③通常保持仪容整洁；④总是保持仪容整洁；⑤不仅仪容整洁，而且大方得体）。

"品德言行"为 R8＝（①有缺点且引人注目；②有缺点但尚可容忍；③言行正常，无越轨行为；④品行诚实，言行得体，平易近人；⑤品行廉洁，言行诚信，刚正不阿）。

人才考核体系与激励策略

通过以上分析,可以建立"工作态度考核表",见表5—1。

表5—1　　　工作态度考核表(直接上级评价、自评)

考核周期　　(□月　□季　□半年　□年)　(　年　月)

评价人:　　　　(□直接上级　□本人)　　考核日期:　年　月　日

姓名		性别		部门		职务	

说明	1. 每个评价维度共分5个等级,每个等级均有行为上或描述性的操作定义,评价时可参照评分 2. "评价得分为5分制",与等级相对应,行为描述见"操作定义"。各自代表的程度为:①远未达到平均水平;②没有达到平均水平;③达到平均水平;④经常超过平均水平;⑤远远超过平均水平

评价维度	权重	等级	操作定义	评价得分
纪律性	0.15	①	严重违反规章制度,或有故意破坏工作秩序的情况	
		②	有时会违反一些规章制度,或出现破坏工作秩序的情况	
		③	基本遵守各项规章制度,并维持较好的工作秩序	
		④	能够遵守各项规章制度,维持良好的工作秩序	
		⑤	严格遵守各项规章制度,模范维持良好的工作秩序	
合作性	0.2	①	无合作精神,掣肘他人工作	
		②	缺乏合作精神,对他人的工作需要漠然置之	
		③	维持一般合作关系	
		④	具有良好的合作精神,能与他人有效配合	
		⑤	极具合作精神,积极主动帮助他人	
主动性	0.1	①	态度恶劣,对指令性工作也难以完成	
		②	缺乏热忱,只能完成指令性工作	
		③	工作热情不能持久,需经常依靠上司指示,无主见	
		④	乐于工作,能独立工作而很少等候指示	
		⑤	热心工作,工作有条理并出色完成任务	
责任感	0.2	①	责任心极差,经常耽误工作	
		②	责任心不强,需要有人督促方能完成任务	
		③	有责任感,能顺利完成工作,可交付工作	
		④	责任感强,认真负责地完成工作,可放心交付工作	
		⑤	忠于职守,时刻记住自己的职责,能圆满完成任务,有主人翁的精神	

续表

评价维度	权重	等级	操作定义	评价得分
进取心	0.1	①	消极对待培训和学习，不思进取	
		②	偶尔参加理论学习及专业培训，不能很好地运用所学	
		③	能够按时参加各种专业培训，并在工作中学以致用	
		④	学习努力，时刻向上，业务能力逐步提高	
		⑤	时刻努力，虚心好学，不断提高、拓展自身业务能力，不达目的不罢休	
出勤率	0.15	①	出勤极差，严重脱岗、违规、旷工超过3日，因违法或违纪脱岗	
		②	出勤差，有违规现象，旷工少于3日或病、事假频繁，常有无故脱岗情况	
		③	无迟到、早退，偶尔病、事假，不无故脱岗	
		④	无迟到、早退现象，在岗时很少从事与工作无关的事情	
		⑤	优秀，只有紧急情况下才会脱岗或缺席	
个人仪表	0.05	①	常不修边幅	
		②	不太注重仪容整洁	
		③	通常保持仪容整洁	
		④	总是保持仪容整洁	
		⑤	不仅仪容整洁，而且大方得体	
品德言行	0.05	①	有缺点且引人注目	
		②	有缺点但尚可容忍	
		③	言行正常，无越轨行为	
		④	品行诚实，言行得体，平易近人	
		⑤	品行廉洁，言行诚信，刚正不阿	
综合得分			Σ（评价得分×权重）	
改进与提高			哪些方面需要改进，如何改进	

被考核人签字　　　　　　　　　签字日期：　　年　　月　　日

（二）工作能力

由于工作岗位和工作职责的不同，体现和反映的个人工作能力就会有区别。这就需要结合实际情况对工作能力进行考评。不同的工作需要具备不同的能力素质，越复杂的工作岗位越需要较高的技能、技巧。一方面，通过能力考核，可以考察人员是不是具备工作所需要的基本能力，能否胜任工作进一步发展的需要；另一方面，通过能力考核，还可以考察被考核者是否具备适应其他岗位的潜在素质，是不是具备到其他岗位工作或更重要岗位工作的能力，具有一定的预测性。

对工作能力这个元素所属的维度在隶属度方面同样设立5个等级，针对每个等级均有行为上或描述上的操作定义，并以5个分值与之相对应，即考评集合为：

R＝（①远未达到平均水平；②没有达到平均水平；③达到平均水平；④经常超过平均水平；⑤远远超过平均水平），与之相对应的分值集合为（1，2，3，4，5）。

则"工作能力"元素所属各维度的操作集合可以分别定义为：

"组织能力"为R1＝（①指挥工作混乱，令行不从；②工作能够进行，但效率不高；③工作一般能顺利进行，达成目标；④工作指挥明确、合理，工作效率高；⑤善于领导部属，较强指挥才能，创造性达成目标）。

"激励能力"为R2＝（①缺乏有效激励手段，下属工作热情低落；②有一定的激励举措，但成效不明显；③能够引导下级积极主动地去实现工作目标的能力；④合理调动下属积极性，引导其主动完成工作目标；⑤充分调动下属主动性、积极性，下属工作热情高涨）。

"规划能力"为R3＝（①完全没有规划，工作安排杂乱无章；②有一定规划，但科学性不强，且不能随机应变；③规划基本合理，能够完成工作；④按照工作目标合理设定规划，并有效实施；⑤合理安排工作，灵活性和适应性强，效果明显）。

"部属培育"为R4＝（①忽视对下属的发展；②下属的工作潜能得不到有效发挥；③能够对下属的工作素质提升给予关注；④关注下属的素质提升，并给予机会；⑤通过各种途径，多方面提升下属的工作素质）。

"业务能力"为R5＝（①业务水平很差，难以完成日常工作；②专业知识不足，影响工作进展；③水准尚好，符合工作需要；④能顺利地完成任务，通常保持高水准，偶尔出错；⑤有丰富的专业知识能力，经常保持高水准，极少出错）。

"学习能力"为R6＝（①工作中领悟和把握新知识的能力很差；②对新

知识、新事物的理解和把握较慢；③基本满足工作要求；④较强的学习能力，能较快掌握工作所需新知识；⑤极强的学习能力，充分利用一切机会，不断提升自身工作能力）。

"创新能力"为 R_7＝（①缺乏想象力，罕有创意；②想象力一般，偶有新的创意；③有时有一些创见，但在工作中实施获得成效的不多；④常有新的创意，并在工作中获得应用；⑤不断创新，并在工作中取得出色成效）。

"协调能力"为 R_8＝（①缺乏人际沟通意识与技巧；②在人际适应、人际关系的把握上有所欠缺；③基本能够与周围人进行有效沟通；④能够与周围人进行有效沟通，有较强的人际处理能力；⑤以多种方式与上下级、同级进行卓有成效的信息传递与交流，处理人际关系原则性与灵活性结合）。

按照以上工作能力元素及所属维度的隶属度描述，工作能力考核表共分 3 种，一种用于管理人员的直接上级评价与自评，另一种用于一般工作人员的直接上级评价与自评，这两种考核表的形式基本相同，但各自的考核元素不同，还有一种用于一般工作人员的群众评议，具体内容见表 5—2。

表 5—2　　　　　　　　工作态度考核表（他评）

考核周期　　　（□月　□季　□半年　□年）　（　　年　　月）

评价人签字：　　　　　　　　考核日期：　　年　　月　　日

说明	1. 每个评价维度共分 5 个等级，每个等级均有行为上或描述性的操作定义，见工作能力考核表，评价时可参照评分 2. "评价得分为 5 分制"，与等级相对应，行为描述见"工作能力考核表"。各自代表的程度为：①远未达到平均水平，②没有达到平均水平，③达到平均水平，④经常超过平均水平，⑤远远超过平均水平 3. 本表用于他人评价，姓名栏填写除自己之外的其他人								
姓名	测评维度								综合得分 Σ（评价得分×权重）
	组织能力(0.12)	激励能力(0.08)	规划能力(0.12)	部属培育(0.08)	业务能力(0.18)	学习能力(0.12)	创新能力(0.12)	协调能力(0.18)	
……	……	……	……	……	……	……	……	……	……

(三) 工作绩效

确定若干个层次的考评元素指标体系后，由于各指标元素及所属各种维度之间存在相互制约、相互关联的特点，不能因为某一个"主要"的因素而忽视其他次要因素，根据其对应的岗位和工作性质的不同，考核的侧重点也不尽相同，就需要对各元素、各维度确定权重系数，权重系数的确定比较复杂，就现有条件请有关专家通过打分方法来确定，其具体层次和权重见表5—3、表5—4。

表5—3　　　　　　　　管理人员绩效考评元素及权重表

考评元素		权重	考核维度	权重
工作态度		0.3	纪律性	0.15
			合作性	0.2
			主动性	0.1
			责任感	0.2
			进取心	0.1
			出勤率	0.15
			个人仪表	0.05
			品德言行	0.05
工作能力	管理能力	0.25	组织能力	0.12
			激励能力	0.08
			规划能力	0.12
			部属培育	0.08
	一般工作能力		业务能力	0.18
			学习能力	0.12
			创新能力	0.12
			协调能力	0.18
工作绩效		0.45	重要性	0.4
			难度	0.3
			工作质量	0.3

表 5—4　　　　一般工作人员绩效考评元素及权重表

考评元素	权重	考核维度	权重
工作态度	0.3	纪律性	0.15
		合作性	0.2
		主动性	0.1
		责任感	0.2
		进取心	0.1
		出勤率	0.15
		个人仪表	0.05
		品德言行	0.05
工作能力	0.25	业务能力	0.3
		学习能力	0.2
		创新能力	0.2
		协调能力	0.3
工作绩效	0.45	重要性	0.4
		难度	0.3
		工作质量	0.3

三、人才考核要素的设计

在人才考核中，因时间、场所及其他条件所限，通常用同样的考核标准去衡量不同岗位或职务的人员，但由于他们职责、权限、地位等各不相同，在实际工作中表现出来的素质也就不一样，如用直接所获得的"群意"（群众意见）进行评价，就难以真实反映个人的表现，就会"扭曲"事实。在进行要素评价的过程中，被考核者所从事的业务、岗位、职务以及考核目的千差万别，需要合理、有效地选择考核要素，否则考核结果将变得毫无意义。美国人事管理专家蒂芬（J. Tifn）在《价值评价》中指出：同一被考核者，因要素体系不同，考核结果迥然不同。可见，采用要素评价的关键是设计合理、科学的考核要素体系。

（一）如何选择和确定要素

根据考核目的，按照人才要素结构的基本内容，有效地选择、确定需要测评的要素，是获取真实、可靠"群意"的基础，在实际应用中通常需要解决如下三个问题：

1. 要素的界定

要素应由反映被考核者价值的项目构成，是可以从外部观察到的、反映在某事物并对其他事物有影响的内容。

在实际考核过程中，往往因考核者的知识水平、经验以及看问题的角度不一样，对某些要素的理解相差较大。如"理论水平"这一要素，老年人一般以掌握国家政策、政治理论修养为评价标准，年轻人则可能以知识面、知识结构等方面的要素作为考核标准。为此，对要素必须界定、明确其内涵、外延，编写要素表，说明要素的考核范围、考核重点以及需注意的事项，应注意的是各要素应尽量减少关联或重叠。同一要素在不同考核阶层中使用时，衡量尺度和评价重点应做适当修正，切忌相互关联、边际定义不清。只有这样，才能减少评价者对"尺度"看法的不同而引起的系统偏差。

2. 要素的数目

考核要素应简洁、明了，数目适中。数量太多，测评人难以掌握，甚至可能引起厌烦情绪；数量太少，则不够全面。在实际应用中以取 10～20 项要素为佳。

在选择要素时，要以与业绩、岗位、职务完成最有关，而且不易被曲解的项目为评价要素。如某单位对机关干部的测评表采用 20 个要素，即事业心、政策纪律观念、原则性、廉洁性、民主作风与团结同志、思想作风、政治理论水平、知识面、口头表达能力、文字表达能力、综合分析能力、组织协调能力、决断能力、改革创新能力、应变能力、活动交往能力、用人能力、本职业务能力、工作效率、工作成绩。

3. 要素的选择

不同岗位和职务对知识、技能和才干的种类和程度的要求是不同的，考核要素应有明显的差别，因而在选择要素时，应对岗位和职务的职能进行比较分析和评价，挑出影响这些职能的主要人才要素，舍去那些次要因素。

考核用途和目的不同，考核要素也应有不同的取舍。如业绩考核应选择对职务完成有明显影响的特性要素；用于职务适应性和培训的考核，选择有助于判断是否具备预期职务条件的特性要素；用于决定级别的考核，选择是否具备高一级资格的必要特性。

（二）如何进行要素的量化

选择、确定测评要素后，就要合理地进行要素的量化，通常必须要确定要素的测评等级以及要素的权重。

1. 要素的测评等级

要素作为衡量人的一个侧面，具有模糊性，难以确定、量化，在实际中往往对要素进行分级测评。测评等级取多少？据众多的研究表明，评价等级过少有碍评价者发挥判断能力，过多则超越判断能力而降低评价的依赖性。康克林（E. S. Conklin）对 23 000 份评价结果分析得出，未经训练的评价者，能区别的等级最多是 5 或 9；西蒙兹（R. M. Symonds）从评价结果与依赖性的相关性分析得出，采用 7 个等级为最佳；瓦特金斯（G. S. Watkins）等众多学者认为，从务实的角度出发，3~5 个等级最为适宜。目前国内外组织一般采用 5 个等级。

2. 要素的权重

根据组织及时代的特点设定考核要素，是提高考核质量的前提之一。现代岗位和职务分析和评价表明，同一考核要素因被考核者所处岗位、职务不同，对评价结论的重要程度有很大差异。如指导能力、组织能力，对管理层人员是十分重要的；而一些专业人员、一般操作人员无须指导他人，其协调性才是完成集体作业的基本保证。因此，在设计要素考核体系时，必须按岗位和职务决定各要素的权数。当然，也可以利用这个概念进行岗位、职务的要素分析，这一般是先确定一些特征要素，采用"群意"法，通过数学处理，决定各要素在考核结果中的重要程序。

四、人才考核的维度与量化分析

确定好绩效综合考评各元素、各维度，之后应对其包含的基本内容及评判标准做出规定，通过定性与定量相结合的办法，使人才绩效考评得以实现。

（一）量化分析的维度

针对绩效考评的"工作态度""工作能力"和"工作绩效"三个核心元素及其所属的若干维度，首先对每一个维度运用：①远未达到平均水平；②没有达到平均水平；③达到平均水平；④经常超过平均水平；⑤远远超过平均水平五个等级来进行考评，同时将不同的考评结果依次量化为（1，2，3，4，

5)，这个结果就是一个模糊集合，其中的（1，2，3，4，5）数值与上面各维度的五个等级依次对应，这样单个维度的考评就是根据其考评结果（1，2，3，4，5），按照某种准则来判定该维度所属的等级，如果按照"最高等级判别准则"，则其最高等级为5，从而可以判定该人员此维度结果为远远超过平均水平。

（二）综合评分计算公式

为保证考评的公正性，对考评者要采取多元化，采取民主评议与上级主管集中制相结合的原则，同时更要注意对不同的考评者的考评结果赋予不同的权重系数，然后采取加权平均原则来分析各考评者的考评结果。基于以上的分析，应用矩阵的复合运算，可以得出绩效考评的数学综合评分计算公式。

1. 对于每一个考评元素的评分计算公式

$$a_i = \sum_i \left[\sum_k (c_{ijk} \times \alpha_k) \times \beta_{ij} \right]$$

式中：a_i——元素 i 的加权考评成绩；

c_{ijk}——元素 i 维度 j 评分项 k 的成绩；

α_k——评分项 k 的权重；

β_{ij}——元素 i 维度 j 的权重。

2. 对于整个考评结果的综合评分计算公式

$$sa = \sum_i (a_i \times \gamma_i)$$

式中：sa——综合考评成绩；

γ_i——元素 i 的权重。

第二节 人才考核指标的选择

根据上述分析，人才考核指标是在确定关键指标的基础上结合岗位目标进行设定的。由于关键指标要在平衡计分卡的基础上提炼出来，考核指标也围绕着维度设立，再综合岗位目标要求，具体设定各个考核指标和相应的考核标准与权重，进而形成系统全面的绩效考核指标体系。

一、人才考核指标的确定原则

不管组织采取何种考核办法，考核哪些方面的内容，对员工的考核总是一个内涵十分丰富的动态过程。当然，每个组织考核的侧重点会有所不同，这就要求提取有意义的项目作为指标。考核的内容选取的情况直接关系到考核是否有效，是否科学客观。一般情况下，考核指标的确定应遵循 SMART 原则。

（一）具体性要求

S：（Specific）明确的、具体的，指标要清晰、明确，让考核者与被考核者能够准确地理解目标。绩效考核体系的设计必须是具体的。体系的设计要与绩效考核内容相匹配。从绩效考核的流程设计到内容设计都要具体，适当的时候必须要用指标和相应的数字去定义和安排。要有明确的内容安排，时间节点还有目标值，需要有明确的绩效考核内容和相关指标说明等。绩效考核中切忌出现模糊、笼统的字眼。

（二）可测量性要求

M：（Measurable）可量化的。绩效考核体系的设计需要有可量度。指的是绩效考核体系内容的指标量化，并且这些指标的出现是有根据的，也就是说绩效考核的指标是通过一定的数据采集、数据分析所获得的，不是凭空捏造的。

（三）可达成性要求

A：（Attainable）可实现的。目标、考核指标都必须是付出努力能够实现的，既不过高也不偏低。指标的目标值设定应是结合个人的情况、岗位的情况、过往历史的情况来设定的。考核指标的设计要能够实现才可以。制定切实有效的阶段性目标有利于促进整体战略目标的实现。绩效考核体系的设立也同样要符合这样的规则，就是它的可实现性。实事求是地根据组织的情况进行体系的设置，这样才能够成为组织有效的管理工具，才能完成组织长远的战略规划。

（四）可操作性要求

R：（Relevant）实际性的、现实性的，而不是假设性的。现实性的定义是具备现有的资源，且存在客观性、实实在在的。绩效考核体系的设立也要具有现实性，可操作性强。根据组织发展的阶段、发展程度、发展的规模，做出正确的合乎组织发展实情的体系设立。在内容方面、绩效考核指标设置方面同样如此。

（五）时间性要求

T：(Time bound) 有时限性的，目标、指标都是要有时限性，要在规定的时间内完成，时间一到，就要看结果。组织在发展过程中不可能沿用同一套的考核体系。体系的设立同样也要遵循与时俱进、实事求是的指导方针。绩效考核体系执行过程中的时间性也是至关重要的。提高考核的速率，完成考核的内容，出具考核结果，并对结果进行说明及最终执行，这些每个部分的时间点也会考虑在考核体系的设立之中。

二、人才考核标准的制定要求

人才考核的标准就是对组织内人才进行考核的标准和尺度。所谓标准，即在同一系统或子系统中衡量客观事物和物质运动状态的不同性质、不同层次的规范化准则。也就是说，衡量同一系列事物的质和量的尺度与规格叫作这类事物的标准。由此可见，衡量人才的准则、尺度、规格，就是考核人才的标准。

在得知组织的人才需求后，就需要对现有人才进行科学、可靠的考核工作。系统有效的考核体系搭建是进行人才考核的第二步。在对人才进行考核时，经常提及的是指标体系，是对于不同考核内容的描述。但是单有指标体系还不够，指标体系仅仅确定了人才行为、绩效等的质，而具体考核时，还需要依据一定标准对每一指标进行衡量，因此真正的人才考核应该采用广义的标准概念，既包含人才各方面考核的描述——指标，又包含考核人才在各个指标中应达到的水平及相应的等级——标准。

（一）精准性原则

标准的选择与设置必须考核人才的本质特征，尽可能用少而准确的指标把要评价的内容表达出来。设计的指标体系中各个指标之间应具有很强的逻辑关系，而不是各种指标及标准的堆积。

1. 标准体系要先进合理。所谓先进是指考核指标要反映企业的科学技术水平、管理水平，不至于使员工的每项指标都达到满分；所谓合理是指考核的标准不能太严，使员工的考核分数都较低。一般情况下，应以多数员工都能达到的水平为考核的及格分。

2. 人才考核的标准要针对不同的岗位及其特点。人才考核标准要针对不同的岗位及该岗位的被考核者的特点而制定。同样的指标，对于不同的岗位其要求是不同的，内容是不一样的。同样，不同的岗位对同一指标所要求达到的级别也是不同的，每一项指标在不同职位标准下所占的权重也是不尽相同的。

（二）科学性原则

考核体系的设计必须建立在科学的基础上，指标的定义、内涵要明确，计算方法要简便，同时结合必要的专项调查和考证，定性、定量相结合，力求全面、客观地反映和描述人才。科学性原则主要体现在理论和实践相结合，以及所采用的科学方法等方面。在理论上要站得住脚，同时又能反映考核对象的客观实际情况。

设计考核标准体系时，首先要有科学的理论做指导，使考核指标、标准的体系能够在基本概念和逻辑结构上严谨、合理，抓住评价对象的实质，并具有针对性。同时，考核标准体系是理论与实际相结合的产物，无论采用什么样的定性、定量方法，建立什么样的模型，都必须是客观的抽象描述，是最重要的，是最本质的和具有代表性的。

建立科学的综合考核体系，其重点主要是做好以下几个方面的工作：首先，建立更加合理、真实、实用的考核标准体系；其次，扩大考核参与面，合理选定考核主体；再次，设定各类考核要素权重；最后，建立数理分析模型。例如，由于不同评价主体所处地位和关注焦点不一样，他们对不同评价项目所掌握的信息数量和有效性也不一样，因此，相关评价权重也应有所不同。

（三）可操作性原则

考核标准的可操作和指标的可度量性是建立标准体系的一个基本原则，数据要有较强的可获得性。

1. 指标要简化，方法要简便。考核指标设计要繁简适中，计算考核方法简便易行，即考核指标体系不可设计得太烦琐，在能基本保证评价结果的客观性、全面性的条件下，指标体系尽可能简化，标准要求要简洁明了。

2. 数据要易于获取。考核指标所需的数据易于采集，无论是定性评价指标还是定量评价指标，其信息来源渠道必须可靠，并且容易取得。否则，考核工作难以进行或代价太大。

3. 整体操作要规范。各项考核标准及其相应的计算方法都要标准化、规范化。

4. 要严格控制数据的准确性。能够实行考核过程中的质量控制，即对数据的准确性和可靠性加以控制。

5. 文字应简洁、通俗。在标准中，应尽量使用人们常用的大众化语言和词汇，表达力求简明扼要，专业术语及模棱两可的词句尽量不用，以减少因考核者对词汇概念理解的不同而产生评定的差异。

三、关键性考核目标的选择

结合岗位目标管理，根据组织战略及部门规划、业务发展策略以及队伍状况选择关键性指标，并设定相应的考核目标。

（一）指标权重的设定

指标权重是一个相对的概念，是某一指标在整体评价指标中的相对重要程度。在评价过程中，指标权重表示被评价对象不同方面的重要程度的定量分配，对各评价因子在总体评价中的作用进行区别对待。

事实上，没有重点的评价就不算是客观的评价，每个人的工作性质和所处的层次不同，其工作的重点也不同。因此，相对岗位所进行的岗位评价必须对不同内容贡献的重要程度做出估计，即权重的确定。

（二）权重设定的原则

1. 系统优化原则。在评价指标体系中，每个指标对系统都有它的作用和贡献，对系统而言都有它的重要性。所以，在确定它们的权重时，要处理好各评价指标之间的关系，合理分配它们的权重。应当遵循系统优化原则，把整体最优化作为出发点和追求的目标。

2. 主观意图与客观现实相结合原则。评价指标权重反映了评价者和组织对人员工作的引导意图和价值观念，带有一定的主观性，必须同时考虑现实情况，把评价者的引导意图与现实情况结合起来。

3. 民主与集中相结合原则。权重是人们对评价指标重要性的认识，是定性判断的量化，往往受个人主观因素的影响。不同的人对同一件事情有各自的看法，而且经常是不相同的，其中有合理的成分，也有受个人价值观、能力和态度影响造成的偏见。这就需要实行群体决策原则，集中相关人员意见互相补充，形成统一方案。

（三）权重设定的方法

先确定一级指标的相对权重，再确定一级指标所包含的二级指标的相对权重。相对权重可采用两两比较法。设定权重的过程为：可以将所有目标用英文字母表示并分别列示于横轴与纵轴，然后配对比较，将较重要的英文字母填入空格中，最后统计每一字母的得分，进而得到每一字母即每一目标项目的权重，并确定目标的排序。

为了避免其中一个目标，即重要性最差的目标，经配对比较法后确定的权重为0，在拟定的各目标之外，人为添加一个目标，并规定任何一个目标与之比较都优于它，这样就可以保证之前所设定的任何目标在采用配对比较法确定权重时都有一席之地，即保证所有目标的权重大于0。我们应该根据岗位特点确定其一级指标和二级指标的权重评价标准体系的设计。

评价标准的设立方法主要是结合已经设立的关键考核指标，与员工共同制定达到正常绩效的标准，根据正常绩效标准确定低于绩效的标准和高于绩效的标准。考核指标和评价标准具有统一性，对于可量化的评价指标，相应的各级评价标准也必须量化。

岗位绩效考评的标准是考评主体对考评客体绩效衡量的准则和尺度，它可分为绝对标准（也称固定标准）和相对标准。一般而言，一项有效的绩效考评标准必须具备下列特征：

1. 标准基于工作，而非基于工作者。绩效考评标准应该根据岗位工作本身来建立，不管谁在做这项工作，标准应该都是一样的。每个岗位的绩效考评标准应该只有一套，而不是针对每个工作者各制定一套标准。

2. 标准是可以达到的。标准既具有先进性，也具有可行性，能够对员工起到激励的作用。

3. 标准是经协商制定的。岗位管理中的绩效考评标准是员工与其主管经过多次协商而最终制定的。员工认为这是自己参与制定的标准，自己有责任遵循该标准，达不到标准而受相应的惩罚时也不会有诸多抱怨。标准要尽可能具体，且可以衡量。

4. 绩效考评的项目最好能用数据表示，但对于属于现象或态度的某些考核内容，就无法用量化的指标进行客观的衡量和比较。因此，在某些情况下，考核标准应当根据情况适当改变。由定量的考核调整为定性的考核。随着组织的规模和成长阶段的不同，以及外部环境的变化考评标准也要进行适当的调整。如果因新方法的运用，或因新设备的添置，或因其他工作要素发生的变化，考评标准也应随之而有所变化。无论是绩效指标、权重还是评价标准都不是一成不变的，要根据组织战略的变化定期进行动态维护，这样才能保证整个考核体系的有效性和科学性。

四、考核指标的设计规范

人才考核的指标与指标体系之间既有区别又有联系：多个不同层面和方面的考核指标有机地组织在一起，就构成人才考核的指标体系。在组织的绩效考核制度建设中，单个考核评价指标设计的要求与整个指标体系设计的原则和要求时常被混为一谈。为此，有必要在论述了单个考核指标的基本要求的基础上，进一步分析考核指标体系的基本要求，主要有以下方面：

1. 词意清晰。评价指标的名称要清楚，使人明白它的意思，不给人以模棱两可的感觉。

2. 内涵明确。每个指标都有明确的含义，使不同的考核者对考核指标内容都有相同的认识，减小误差的产生。

3. 独立性。各个考核指标之间尽管有相互作用或相互影响，但每个指标一定要有独立的内容、含义和界定。

4. 有针对性。考核指标是针对工作内容而言的，必须与工作内容、工作目标相关。只有这样才能真正起到目标引导作用，避免工作重点偏离目标。

5. 现实性。考核指标是实实在在的，可以证明和观察，避免主观猜度。

6. 可控制性。指标所代表的内容是被考核者在工作中、在付出努力的情况下能够控制和掌握的。

7. 重要性或关键性。各项指标都必须是居于重要性或关键性的考虑，避免事无巨细抓不到重点。

8. 可操作性。无论是定性还是定量指标，都要有较强的可操作性。对于定性指标来说，可以通过细化来达到可操作性；对于定量指标来说，则应该用具体的数据来达到可操作性的要求。

五、设定考核目标的注意事项

目标绩效来源于对组织目标的分解,即为完成战略而将组织目标逐层分解到每个部门及相关人员的一种指标设计方法。

第一,从管理学上说,目标是比现实能力范围稍高一点的要求,也就是"蹦一蹦,够得着"的那种。"目"就是眼睛看得到的、想得到的、愿意得到的,它是一种梦想;"标"者,尺度也。目标就是有尺度的目标,没尺度的梦想叫幻想、空想、异想天开。

第二,目标不是凭空吹出来的,不是虚画出来的,不是闭门造车想出来的,而是组织上下一心,大家一起缔造出来的,要有翔实的数据,有人认同,有完成的周期,还要有激情,要经过精确的预算和计划。

第三,目标设立后,组织一定要想办法把它变成大家的梦想,要让每一个员工都去认同它。只有当员工和组织存在共同信念时,员工才能在组织中深入长期的发展。

第四,通过目标分解所得到的指标,其考核的内容是每个岗位、每个人最主要的且必须完成的工作。各层级人员的目标指标是层层分解而得的。绩效考核必须是由上而下的,各级领导或管理者要以身作则,单纯地只对普通员工做考核是不能形成组织的考核文化的。

第三节 人才考核指标体系的设计

一、人才考核指标设计的目的和功能

(一)人才考核指标设计的目的

人才考核是从组织目标出发,根据事实和职务工作要求,采用科学系统的原理和方法,检查和评定组织员工在一个既定的时期内,对职位所规定的职责的履行程度和对组织的实际贡献。

人才考核的结果直接影响到薪酬调整、奖金发放及职务升迁等涉及员工个人诸多方面的切身利益,并以此作为组织人力资源管理活动的基本依据,切实保证员工的报酬、晋升、调动、职业技能开发、激励、辞退等工作的科学性。其最终目的是改善员工的工作表现,在实现组织目标的同时,提高员

工的满意度和成就感，最终达到组织和个人发展的双赢。

有效的人才考核必须改变过去员工盲目于考核内容而被动接受管理考核结果的弱势地位，员工应被告知组织的绩效期望并被鼓励朝期望目标努力，组织通过绩效考核获取实际绩效信息并进行衡量和评价。

从激励员工和人才管理的角度看，人才考核指标体系的设计需要从指标的执行性方面、指标体系的科学性方面着手。简而言之，在绩效考核指标和指标体系设计中，各指标的权重是考评的灵魂，对考评过程和结果具有明确的导向作用。

（二）人才考核指标设计的功能

人才绩效考核作为现代组织人才管理的核心环节之一，它对组织业绩影响的重要程度已经为各类组织普遍关注。由于绩效具有明显的多样性、多维性与动态性，这就决定了绩效考核目的的丰富化。绩效考核的目的是多种多样的，在传统上常常把绩效考核的目的仅限于人力资源管理领域。近年来，随着人才管理的需求和发展，绩效考核的目的已经扩展到了更为广阔的领域，上到确保组织战略的实现，下到保障具体员工的业务实现。因此，绩效考核大致划分为战略层面和人力资源管理层面。

作为组织战略的转化和管理的监控程序，人才绩效考核具有以下功能：

1. 衡量功能。通过一套完整的指标体系，运用比较的方法来度量和反馈组织及其人才的绩效，为相应的人力资源管理与开发提供客观依据。

2. 预测功能。通过对组织绩效的衡量去预测组织经营活动的未来趋势，从而更好地规划组织和人才的发展。

3. 导向功能。考核指标体系本身就是对组织活动的目标体现，其评价的结论不仅是政策措施的基础，又是奖惩的依据，它是绩效考核的重要功能。

4. 管理功能。绩效考核的根本目的是强化管理，把结果转化为组织发展的动力和压力，才能使组织保持长期的竞争优势。这是绩效考核的主要功能，居于核心地位。

二、人才考核指标体系的构成

考核指标体系框架包括三部分内容：考核指标、指标权重、指标评价标准。考核指标是考核的关键要素，即对岗位实施考核的内容。指标权重是每项指标的相对重要性，每项指标对应一个权重。指标权重符合以下要求，即每项权重取值小于1，且所有指标的权重之和等于1。每个绩效指标对应一项评价标准，评价标准分为若干等级，对应不同的绩效完成情况。绩效完成得越好，其评价等级越高。

考评要素一般包括德、能、勤、绩、廉五个方面，其中德、能、勤、绩、廉为一级指标，其后的具体要素为德、能、勤、绩、廉的细化指标，它们构成二级指标。权重则反映该要素的相对重要程度，一组评价指标相对应的权重则构成了权重体系。各类人才之间考评要素权重是不同的，通过征求意见，运用经验确定法，可结合本单位实际情况，确定不同考评要素的权重[①]，见表5—5。

表5—5　　　　　　　　不同考评要素及其权重

W1（德）0.2	W2（能）0.3	W3（勤）0.1	W4（绩）0.3	W5（廉）0.1
W11：事业心 W12：政策水平 W13：工作作风 W14：协作精神 W15：政治立场 W16：组织纪律性 W17：职业道德 W18：团结精神	W21：知识水平 W22：分析能力 W23：组织能力 W24：决策能力 W25：公关能力 W26：开拓能力、处事能力 W27：工作能力 W28：身体、精神健康状况	W31：出勤率 W32：责任心 W33：承担社会工作情况 W34：兼职服务情况 W35：对他人的关心情况	W41：完成工作的数量指标 W42：完成工作的质量指标 W43：开拓项目情况 W44：立功、受奖情况 W45：创造精神和贡献大小	W51：廉洁从政 W52：廉洁奉公 W53：廉洁自律 W54：运用职权和职务情况 W55：忠于职守 W56：勤俭节约情况

三、不同类型人才的考评要素设计

（一）专业技术类人才的考评指标

结合专业技术类人才的绩效特点选择考评指标并确定考评标准，其中评价标准为优秀（86～100分），良好（71～85分），中（60～70分），差（60分以下），参见表5—6、表5—7。

---

① 曾昆生，刘茂松．人力资源管理学［M］．北京：经济科学出版社，2004：220－223．

人才考核体系与激励策略

表 5—6　　　　专业技术类人才的绩效考评指标体系

一级指标	权重	二级指标	权重
德（W1）	0.2	事业心	0.03
		工作态度	0.02
		职业道德	0.03
		团结精神	0.1
		组织纪律性	0.02
能（W2）	0.3	知识水平	0.05
		分析能力	0.05
		创造能力	0.1
		解决实际问题的能力	0.1
勤（W3）	0.1	责任心	0.6
		出勤率	0.4
绩（W4）	0.3	完成工作的数量	0.08
		完成工作的质量	0.15
		立功、受奖情况	0.07
廉（W5）	0.1	廉洁自律	0.05
		忠于职守	0.05

表 5—7　专业技术人才考核的指标体系和权重体系的关联矩阵表

项目	W1 0.2	W2 0.3	W3 0.1	W4 0.3	W5 0.1	综合考核得分
A1	90	70	75	85	80	80
A2	60	70	75	70	70	68.5
A3	85	90	88	90	95	86.5
A4	80	88	92	80	80	83.6
A5	50	50	60	50	60	52

从上表考评的结果可看出：

1. A3 为优秀，A1 和 A4 为良好，A2 为中，A5 为差。

2. 再结合考评的具体各项指标，对所包含的内容进行逐一分析，并做出正确的评价，然后进行相应的沟通、辅导和反馈，以利于人才的成长和成才。

（二）经济管理类人才的考评指标

结合经济管理类人才的绩效特点选择考评指标并确定考评标准，其中评价标准为优秀（86～100分），良好（71～85分），中（60～70分），差（60分以下），参见表5—8、表5—9。

表5—8　　　　　经济管理类人才的绩效考评指标体系

一级指标	权重	二级指标	权重
德（W1）	0.2	事业心	0.04
		奉献精神	0.03
		团结精神	0.03
		组织纪律性	0.1
能（W2）	0.25	知识总量	0.02
		分析能力	0.02
		组织能力	0.03
		决策能力	0.09
		开拓能力	0.07
		演讲能力	0.02
勤（W3）	0.2	出勤率	0.025
		责任心	0.1
		承担社会服务情况	0.05
		对他人的关心情况	0.025
绩（W4）	0.25	完成工作的数量指标	0.05
		完成工作的质量指标	0.1
		创造精神和贡献大小	0.1
廉（W5）	0.1	廉洁自律	0.03
		廉洁从政	0.02
		运用职权情况	0.03
		忠于职守	0.02

表 5—9　经济管理类人才考核的指标体系和权重体系的关联矩阵表

项目	W1 0.2	W2 0.25	W3 0.2	W4 0.25	W5 0.1	综合考核得分
A1	90	70	75	85	80	77.25
A2	60	70	75	70	70	69
A3	50	50	60	50	60	53
A4	85	90	90	90	95	88.5
A5	85	90	88	90	95	86.5

从上表考评的结果可看出：

1. A4、A5 为优秀，A1 良好，A2 为中，A3 为差。

2. 结合考评结果进行相应的人力资源的管理工作，取长补短，及时反馈，并加以相应的辅导和帮助。

（三）技能类人才的考评指标

结合技能类人才的绩效特点选择考评指标并确定考评标准，其中评价标准为优秀（86～100 分），良好（71～85 分），中（60～70 分），差（60 分以下），参见表 5—10、表 5—11。

表 5—10　　　　技能类人才的绩效考评指标体系

一级指标	权重	二级指标	权重
德（W1）	0.2	职业道德	0.1
		协作精神	0.1
能（W2）	0.3	动手能力	0.15
		潜在能力	0.05
		身体的健康状况	0.1
勤（W3）	0.2	出勤率	0.1
		责任心	0.1
绩（W4）	0.2	工作业绩	0.1
		实际贡献	0.1
廉（W5）	0.1	勤俭节约	0.1

表5—11 技能类人才考核的指标体系和权重体系的关联矩阵表

项目	W1 0.2	W2 0.3	W3 0.2	W4 0.2	W5 0.1	综合考核得分
A1	90	70	75	85	80	79
A2	60	70	75	70	70	69
A3	50	50	60	50	60	53
A4	85	90	90	90	95	89.5
A5	80	80	92	80	80	82.4

从上表考评的结果可看出:

1. A4为优秀,A1、A5良好,A2为中,A3为差。

2. 对照考评结果并结合考核的细项进行相应的人力资源的管理工作,取长补短,及时反馈,并加以相应的辅导和帮助。

(四)领导干部测评指标设计

根据组织机构的实际情况,对领导干部设计了绩效考评量表,见表5—12。

表5—12 领导干部测评指标体系

指标	评价等级及分数				综合考评得分
	优	良	中	差	
理论素养					
政策观念					
民主作风					
团结配合					
业务水平					
决策能力					
组织协调					
创新意识					
敬业精神					
工作业绩					

续表

指标	评价等级及分数				综合考评得分
	优	良	中	差	
联系群众					
廉洁自律					
合计					

说明：1. 评价标准为优秀（86~100分），称职（71~85分），基本称职（60~70分），不称职（60分以下）。

2. 此表一律用钢笔或签字笔填写。

3. 在你认为的某一档次的空格内画"√"。

4. 此表以无记名方式填写。

四、关键考核指标考评表

关键考核指标考评表是基于组织经营管理绩效的系统考核体系，是用于考核和管理被考核者绩效的可量化的或可行为化的标准体系。根据人才处于的不同层次，进行相对应的考核评价，见表5—13。

表5—13　　　　关键绩效指标考评表

层级、职位类别	考核方法	考核内容	考核周期
高层经管人才	述职考核	基于战略目标实施的KPI考核（财务、经营指标）	年度考核
中基层经管人才	述职或考核表	基于KPI落实的工作目标完成考核	月度考核、季度考核、年度总考核
专业技术人才	考核表	基于工作计划完成情况的工作职责考核	月度考核、季度考核、年度总考核
技能人才	对操作流程或绩效标准的行为考核	考核表	月度考核

人才考核指标体系

【阅读案例】

联想集团的考核机制[①]

联想总裁柳传志曾提到联想电脑公司的成绩源于它建立了一支高素质的"斯巴达克方阵",它最典型的是"号令禁止,士气高昂"。联想的考核与激励机制使之在企业行为和员工行为中体现出来。联想集团的考核实施体系结构围绕"静态的职责和动态的目标"两条主线展开,建立起目标与职责协调一致的岗位责任考核体系。

考核评价体系分部门业绩P值考核、员工绩效Q值考核两个部分。部门业绩P值考核的目的是通过检查各部门中心工作和主要目标完成情况,加强公司对各部门工作的导向性,增强公司整体团队意识,促进员工业绩与部门业绩的有机结合;员工绩效Q值考核的目的是使员工了解组织目标,将个人表现与组织目标紧密结合,客观评价员工,建立有效沟通反馈渠道,不断改进绩效,运用考核结果实现有效激励,帮助组织进行人事决策。

考核形式是多视角、全方位的,包括上级对下级、平级之间、下级对上级的评议,以及部门互评等。部门互评的目的是对各部门在"客户意识、沟通合作、工作效率"等定性的工作指标方面进行评价,评价结果作为部门负责人年度绩效考评的参考依据。通过部门互评,发现组织在工作关系方面存在的问题;民主评议的目的是考察干部管理业绩,为选拔干部提供参考,并为培养干部及干部的自我发展提供参考,帮助干部清醒认识自我,建立干部提升透明、健康发展的机制。员工绩效Q值考核和部门业绩P值考核可每季度进行1次。

部门业绩P值考核的内容完全是结果导向:各部门均围绕"利润中心"考核,同时要体现各自的主体业务,如技术服务部的售后服务满意度、职能部门的内部客户满意度、软件事业部的网站建设满意度等。各指标尽可能实现量化,有些不能量化但能反映部门中心工作且对公司有重要影响的指标,则采用打分的形式,如软件事业部的网站建设满意度。部门业绩P值考核可

[①] 崔洁. 论绩效考核指标体系设计 [J]. 能源技术经济,2010 (9).

人才考核体系与激励策略

采用第三方考核、部门互评问卷形式，部门互评问卷常包含客户意识、开放性、资源共享、工作效率等指标；对部门管理者采用问卷形式进行民主评议，民主评议问卷常包含核心文化认同、个人影响力、专业水准、管理技能、队伍形象、协调沟通能力等指标。

员工绩效Q值考核的内容分两个部分：第一部分考核内容为工作业绩结果导向，占80%。针对员工，根据直接上级与员工预先商定的目标业绩工作计划/考核表进行；针对各级管理者，则主要是围绕"管理三要素"，并分解成"目标计划、激励指导、公正考评"等管理业绩进行。第二部分考核行为表现及能力，考核内容为过程导向，共占20%。根据联想核心文化分别制定普通员工、各级管理人员的考核标准和权重。

联想集团重视组织和职责的设定，部门的职责得到了清楚的界定。同时，重视目标导向，考核结果与规划目标紧紧相扣。在考核中，强调量化细化，并且尽量与业务规划内容相呼应，能量化的就量化，不能量化的就要用细化的定性指标评价。除此之外，联想集团注重建立共同的管理理念和共同的工作习惯，以提高管理与沟通的效率。同时，重视员工的接受度和具备强有力的职能系统，保障了考核体系得到扎实有效的实施。联想的业务规划，目的不仅在策划，更在于执行。

但是也应该看到，庞大复杂的规划体系、考核体系、制度化建设等，带来大量的管理工作，干部每到年初、年中，总是整天忙于向上级写各类报告，以及审阅下级交来的各类报告。所以要尽量优化系统与系统间的关系，减少管理精力的占用。并且在建立考核体系时，应考虑这种精细的考核体系对企业综合管理水平的较高要求，只有循序渐进，才会收到良好的效果。

本章复习思考题

1. 构成人才的基本要素有哪些？如何选择和确定这些要素？
2. 如何对人才考核的维度进行量化分析？包括哪些内容？
3. 如何选择关键性指标并设定相应的考核目标？
4. 人才考核指标设计的功能有哪些？
5. 如何进行不同类型人才的考评要素设计？

第六章　人才考核内容

本章教学目标

通过本章学习，明晰不同人才考核的内容和考核方式的划分标准，了解绩效考核、能力考核和态度考核三种人才考核的内容和程序，为实施科学的人才考核奠定基础。

【导入案例】

华为的绩效考核

华为"狼性文化""床垫文化"的背后，是华为严格的绩效考核制度。华为的考核流程分为四个部分：

1. 设定绩效目标

包括：①业绩目标；②团队贡献；③个人发展规划和潜力。这个过程由主管和员工一起来设定，面谈确认后在网上进行操作，要求在本年度3月以前完成。通过绩效目标的设定，以此作为考核的依据。

2. 绩效的辅导

这是一个双向沟通的过程。主管为下属员工提供指导，使他们的行为围绕着绩效目标，尽量确保不出现偏差。当出现问题时，绩效目标要及时调整。在本年度6月至7月进行回顾和反馈。

3. 考核实施

通过考核指标，记录员工的工作表现。强调考核不能只看过去的指标，而是要关注该员工与过去相比哪些方面取得了进步，对团队贡献程度如何。在考核处理中，团队考核与个人考核既统一，又分离。根据任职职位的要求与任职资格标准进行认证，认证的重点是员工的品德、素质和目标结果完成情况。原则上由上级对下级进行考核，下级予以反馈，结合双向沟通。此过程在本年度12月前完成。

4. 评估反馈

主管对员工的全年绩效进行评估，评估结果分为三个档次：A档、B档、C档。按照员工比例来分配，A档次一般占员工总数的5%左右，B档次占45%左右，C档次占45%左右，还有5%左右的员工将被视作为待查。同时，将结果反馈给员工。把结果和激励机制挂钩。此过程在次年2月前完成。结果应用为：年终奖金的发放、人员的晋升、薪资的调整和培训发展。

华为在考核过程中将平衡计分卡和360度考核相结合。由于华为员工较多，尽管这给绩效考核工作带来了一定的难度，但还是顺利地开展了考核工作。这是由于华为在考核过程中采取了一些不同于其他公司的做法。有几个要点值得注意：①将指标量化为具体步骤。②强调客户满意度，把客户需求导向和为客户服务蕴含在绩效考核中。③反对末位淘汰。由于研发人员是和研发团队紧密联系的，如果采用末位淘汰，有的员工可能为了保住自己而想方设法让其他同事落后，却不是自己努力提高。这显然不能达到企业促进绩效的目的。

华为的绩效考核以下有几个方面值得借鉴：

1. 将绩效考核变成实现组织目标的重要手段

绩效考核是通过帮助员工使其能更出色地工作从而实现组织目标的过程，绩效考核的根本目的是实现目标而不是评价结果。因此，考核的方法是通过公司目标的制定、分解与落实，使每一位员工对公司目标都有明确的认识和理解，然后主动去实现各自的目标，从而最后实现公司的目标。

2. 将绩效管理与员工的愿景相结合

通过绩效考核赋予员工必要的知识，为员工创造更多的发展机会。在考核过程中，既考核过去，更关注将来。科学合理的绩效考核体系有赖于员工的职业发展计划，也是企业前景规划，即愿景。让员工认知自己的价值，如何发展，在何时、以何种方式发展，给自己带来什么样的前景，使自己始终处于积极向上的良好状态，最终达到自我成长的高度。

3. 沟通贯穿全过程

在华为，绩效考核都是由上级和员工共同合作来完成的。整个绩效考核的一个核心工作就是沟通。这个过程是通过员工和上级之间达成业绩目标来保证完成的。通过沟通，对员工的工作职责、工作绩效衡量、排除影响绩效的障碍等方面都有明确的要求和规定，例如，员工可以及时获得上级对自己的评价反馈，可以了解有没有培训机会，对完成工作所需的资源能否满足等。沟通是双向的，可以有效地促进员工和上级的工作效率。

第一节 人才工作绩效考核

一、人才绩效考核的基本概念

（一）绩效的概念

"绩效"一词来源于英文"Performance"，对它有多种解释。绩效的英文解释概括为以下六点：①认为"Performance"是某种结果；②认为"Performance"是某种能力；③认为"Performance"是某种方式；④认为"Performance"是发展变化的过程，而不是静止孤立的一个点；⑤认为"Performance"是一种语言表现度；⑥认为"Performance"是表演或演出。绩效应包括"结果"和"行为"两部分内容，"绩"侧重于"结果"，而"效"侧重于"行为"，"行为"与"结果"不能割裂开来进行判断，必须使二者有机融合才能达到准确评估。

绩效，是一个所有组织都不得不关注的主题。国际上对绩效的定义也是多种多样的，把绩效单纯地理解为员工工作的完成情况已经是过时的看法。大多数学者及人力资源专家更加倾向于将绩效定义为"员工对其技术、知识及技能的应用，通过其行为对工作团队目标及企业目标的贡献程度"。绩效分为个人绩效和组织绩效两部分。

绩效可以理解为员工自身各项素质在具体条件下的综合反映，是员工素质与工作对象、工作条件等相关因素相互作用的结果。因此，绩效会因时间、空间、工作任务和工作条件（环境）等相关因素的变化而不同，从而呈现出明显的多样性、多维性与动态性，这也就决定了对绩效的考核必须是多角度、多方位和多层次的。

（二）人才绩效考核的概念

绩效考核，顾名思义是在绩效基础上对员工工作结果及行为检查、评定及管理的有效方法。绩效考核是组织人力资源管理的重要内容，更是组织人力资源管理中强有力的手段之一。绩效考核的目的是通过考核提高每个个体的效率，最终实现组织的目标。

绩效考核是对特定对象行为表现的价值判断，是一个绩效信息收集、处理、沟通、使用和反馈的过程。绩效考核可以是显在的，也可以是潜在的。显在的绩效考核是正式规则下的行为，如组织对个人的绩效考核；潜在的绩效评估则表现领导者的基本能力，表现在其言行中，反映在奖惩上。

绩效考核是指考评主体对照工作目标或绩效标准，采用科学的考评方法，评定员工的工作任务完成情况、员工的工作职责履行程度和员工的发展情况，并将评定结果反馈给员工的过程。它包括三个层面的含义：首先，绩效考核是从组织目标出发对员工工作进行考评，并使考评结果与其他人力资源管理职能相结合，推动组织目标的实现；其次，绩效考核是人力资源管理系统的组成部分，它运用一套系统和一贯的制度性规范、程序和方法进行考评；最后，绩效考核是对组织成员在日常工作中所表现的能力、态度和业绩进行以事实为依据的评价。

（三）人才绩效考核的目的

绩效考核又被称作"绩效评估"（Performance Appraisal，PA），是组织对员工、部门进行日常动态管理的一个重要手段。它是根据职位说明书对任职者职责的要求，并结合每财年的组织目标，由人力资源部和各级主管共同设定目标，并在实施过程中进行指导、反馈和修正，以帮助组织和部门完成财年目标，进而对员工全年的工作绩效进行客观、合理的评价，为短期激励提供依据的管理手段[1]。

在当代管理实践中，绩效考核一直是一个敏感话题，牵动着所有相关者的神经。其实际目的不是为了考核而考核，而是希望通过绩效考核确认员工的绩效水平，通过对考核结果的合理运用来进行员工激励。由于绩效考核本身就是一门复杂的课程，本节只对以绩效为导向的人才考核的相关内容进行梳理。下面内容将简要介绍一些绩效考核的常规问题。

绩效考核的目的主要有两方面：一方面，正确评估员工的实际绩效和行

---

[1] 余泽忠. 绩效考核与薪酬管理（第一版）[M]. 武汉：武汉大学出版社，2006：23.

为，给予及时和适当的奖励或惩罚；另一方面，为员工进一步发展提供依据，即根据绩效评估的结果找到员工的不足，从而提供适当的培训帮助员工提升知识与技能，创造更高绩效。

在人力资源管理工作中，绩效考核的结果主要用于薪酬管理、绩效反馈、培训、晋升、留任或解聘、人力资源规划与研究等。其作用体现在以下几方面：

- 有助于组织达成战略性目标；
- 有助于部门完成组织交给的任务，并对部门建设提供指导；
- 在目标实现过程中，有助于改进和完善组织行为；
- 有助于正确评价个人业绩，为员工激励提供依据；
- 有助于个人获得更高的收益和更高的个人成就感[①]。

二、人才绩效考核的内容

（一）确定绩效考核主体

绩效考核的主体是组织绩效考核人，合格的绩效考核者应了解被考评者职位的性质、工作内容、要求以及绩效考核标准，熟悉被考评者的工作表现，最好有近距离观察其工作的机会，同时要公正客观。

考核主体可分为上级考核、同事考核、下属考核、自我考核还有外部专家考核。各考核主体都有其优缺点，见表6—1。

表6—1　　　　　　　　各考核主体的优缺点

考核主体	优点	缺点
上级考核	对工作性质、员工的工作表现比较熟悉，考核可与加薪、奖惩相结合，有机会与下属更好地沟通，了解其想法，发现其潜力	由于上司掌握着切实的奖惩权，考核时下属往往心理负担较重，不能保证考核的公正客观，可能会降低下属的积极性
同事考核	对被考评者了解全面、真实	由于彼此之间比较熟悉和了解，受人情关系影响，可能会使考核结果偏离实际情况

---

① 饶征，孙波．以KPI为核心的绩效管理（第一版）[M]．北京：中国人民大学出版社，2003：121—123．

续表

考核主体	优点	缺点
下属考核	可以帮助上司发展领导管理才能，也能达到权力制衡的目的，使上司受到有效监督	有可能片面、不客观，由下级进行绩效考核也可能使上司在工作中缩手缩脚，影响其工作的正常开展
自我考核	是最轻松的考核方式，不会使员工受到很大压力，增强员工的参与意识，而且自我考核结果较具建设性，会使工作绩效得到改善	自我考核倾向于高估自己的绩效，因此只适用于协助员工自我改善绩效，在其他方面（如加薪、晋升等）不足以作为评判标准
外部专家考核	外部专家有绩效考评方面的技术和经验，理论修养高，与被考评者没有瓜葛，较易做到公正客观	外部专家可能对公司的业务不熟悉，因此，必须有内部人员协助。此外，聘请外部专家的成本较高

（二）人才绩效考核的标准

绩效考核标准是考核主体通过测量或通过与被考核者约定所得到的衡量各项考核指标得分的基准。它是对员工绩效进行考核的标准和尺度。员工的绩效考核标准既要达到考核的各项目的，又要为被考核者普遍接受。在制定考核标准时，应满足以下要求：

1. 公正性与客观性。考核标准的制定及其执行，必须科学、合理，不掺入个人好恶等感情成分。

2. 明确性与具体性。考核标准不能含混不清、抽象，而应该明确，一目了然，便于使用，尽量可以直接操作，即可进行测量；同时应尽可能予以量化。

3. 一致性和可靠性。考核标准能适用一切同类型员工，即一视同仁，不能区别对待或经常变动，致使评价结果缺乏可比性，即评价不能达到必要的可信度，变得不可靠了。

4. 民主性和透明性。在制定考核标准过程中，要依靠员工，认真听取他们的意见。

绩效考核标准从不同的角度可以有不同的分类。通常的分类方法有如下几种，见表6—2。

表 6—2　　　　　　　　绩效考核标准的分类

分类方法	绩效考核标准分类
按评价的手段	定量标准、定性标准
按评价的尺度	类别标准、等级标准、等距标准、比值标准和隶属度标准
按标准的形态	静态标准（包括分段式标准、评语式标准、量表式标准、对比式标准和隶属度标准） 动态标准（行为特征标准、目标管理标准、情景评价和工作模拟标准）
按标准的属性	绝对标准、相对标准、客观标准

（三）绩效考核的周期

绩效考核周期也可以叫作绩效考核期限，是指多长时间对员工进行一次绩效考核。由于绩效考核需要耗费一定的人力、物力，因此，考核周期过短会增加企业管理成本的开支；但是，绩效考核周期过长，又会降低绩效考核的准确性，不利于员工工作绩效的改进，从而影响绩效管理的效果。因此，确定出恰当的绩效考核周期十分重要。

绩效考核周期的确定，需考虑以下几个因素：

1. 职位的性质

不同的职位，工作的内容是不同的，因此，绩效考核的周期也应当不同。一般来说，职位的工作绩效比较容易考核，考核周期相对要短一些。

2. 标准的性质

在确定考核周期时，还应当考核到绩效标准的性质，就是说考核周期的时间应当保证员工经过努力能够实现这些标准，这一点其实是和绩效标准的适度性联系在一起的。

3. 指标的性质

不同的绩效指标，其性质是不同的，考核的周期也应当不同。一般来说，性质稳定的指标，考核周期相对要长一些；相反，则考核周期相对就要短一些。

三、人才绩效考核的类型

一般来说，根据不同的考核内容，绩效考核的类型可以分为以下三种。

（一）结果导向的人才考核

结果导向型顾名思义着眼于"结果"，即"干出了什么"，而非"干了什么"。其考核的重点在于员工的行为结果（产出），而不是员工的行为过程。这种考核类型适用于员工的最终绩效表现为客观的、具体的以及可量化的指标，例如从事一线生产经营的工作人员。

以结果为导向的研究认为绩效是工作所达到的结果。这一理解是对实际情况的反映，很容易得到理解和应用。以结果为导向的定义倾向于将绩效等同于任务完成情况、目标完成情况、结果、产出等内容。Bernardin 认为"绩效"应该是：在特定的时间内，由特定的工作职能或活动产生的产出记录（Organ，1988）。但许多学者对此研究提出了质疑，他们认为许多工作结果并不完全由个体的工作行为决定，也许会受其他因素的影响，并且过分重视结果会导致忽略行为过程。

（二）行为导向的人才考核

行为导向型与结果导向型正好相反，它考核的重点在于员工的工作行为，即"干了什么"。这种考核类型比较适用于绩效难以量化的或需要以某套规范的行为来完成工作的员工，比如管理人员、服务员等。目前，这种对工作行为的考核方式也面临着一些实际操作问题，主要就是实际考核中难以开发出所有与工作行为相关的标准。

以行为为导向的研究更加关注行为的作用。CamPbell 等（1990）指出由于结果会受到系统因素的影响，因此绩效应该与结果区分开，其定义为人们所做的同组织目标相关的、可观测的事情。Motowidlo 和 Borman 等（1997）对行为、绩效和结果进行了界定，认为行为是人们工作时的表现；绩效是具有可评价要素的行为，这些行为对个人或组织效率有积极或消极的作用；而结果是因绩效而改变的人或事的状态或者条件，从而有益于或者阻碍组织目标的实现。因此，将工作绩效定义为可评估的、多维度的、连续的、与组织目标相关联的行为结构体。

（三）特性导向的人才考核

特性导向型考核主要考核员工的个性特征和个人能力等。其考核重点主要在于员工的个人能力和品质，比如主动性、创造力、忠诚度、决策能力、沟通能力、合作能力等。

Cascio（1998）把绩效定义为对个体或群体与工作有关的优缺点的系统描述。从测量的角度来看，绩效包括了非判断性测量的绩效和判断性测量的绩效。非判断性测量的绩效侧重个体行为的结果，来源于生产数据、人事数据（离职率、缺勤率等）；判断性测量的绩效则是基于行为的评价。非判断性测量的绩效受到环境因素影响容易出现失真的状况，而且一些指标也较难获取准确的衡量数据；而判断性测量的绩效依赖人来做出主观判断，也容易出现相应的误差。因此，两者需要相互结合，才能实现测量的准确性。Lee (1985)认为应该对不同作业特征的职务采用不同的评定方式和程序，这样才能为评定者提供有针对性的资料，从而提高评定的有效性。Lee按职务的手段—结果转换过程所需知识程度，把职务分为手段—结果高转换过程职务（如记者）和低转换过程职务（如营销人员），对前一种人员建议采用行为评定的方式，而对后一种人员则采用结果评定的方式。Lee认为工作绩效是指员工那些经过考评的工作行为、表现及其结果，或认为绩效是某个个体或组织在某个时间范围内以某种方式实行的某种结果，是时间、方式和结果的统一体。

四、人才绩效考核的程序

人才绩效考核的程序就是实施的具体步骤，具体包括六方面的内容。

（一）绩效诊断评估

任何管理系统的设计都有一个由初始状态到中间状态，再到理想状态的循序渐进的过程。如果管理者期望管理系统一步到位，则不仅不能将组织引向理想状态，而且还有可能会将组织引向毁灭。因此，绩效考核的首要工作是深入、系统地诊断组织管理现状，摸清组织管理水平，只有这样才能为组织设计出科学、合理的绩效考核系统。

（二）绩效目标确定

所有组织管理系统都是为实现组织战略目标服务的。因此，明确组织目标指向，将有助于实现目标、凝聚员工，使员工体验目标实现的成就。此外，管理者要意识到，没有目标、没有计划，也就谈不上绩效。

（三）绩效管理方案制定

这是一个重要的步骤，必须根据每个岗位的特点提炼出关键业绩指标（也就是KPI指标），编制规范的考核基准书，作为考核的契约。设计绩效考核的流程，对考核的程序进行明确规定，同时要对考核结果的应用做出合理的安排，主要体现与绩效奖金的挂钩，同时应用于工作改进、教育训练与职业规划、绩效管理组织建设等。

（四）绩效测评分析

这是考核的事务性工作，重点辅导绩效考核的组织管理部门学会如何进行考核的核算工作。必须培训绩效管理组织成员熟悉绩效管理工具，这是绩效考核的宣贯、试运行阶段，必须开展全员的培训工作，要每个员工深刻理解绩效考核的意义以及操作办法。在绩效考核的完善阶段，可以根据组织的实际情况和考核的实施情况，对考核的相关方案做出一定的调整，以确保考核的实效性与科学性。利用模拟实施阶段的测评核算出绩效成果，并对结果进行分析，挖掘绩效问题并组织相应的绩效面谈，以不断提升绩效。绩效测评分析的目的是帮助低绩效者找到真正影响绩效的问题并加以改善，提升个人或团队的工作绩效，促进人员或团队的发展与成长。

（五）绩效辅导改善

通过上一阶段测评分析，暴露出组织各个层面的问题，有目标问题、组织体系问题、管理工作流程问题、部门或岗位设置分工问题、员工业务能力问题。根据各方面暴露的问题，由专业咨询辅导顾问进入部门给予辅导改善。

（六）绩效考核实施

绩效管理组织运行，实施绩效管理与考核，并依据绩效管理方案周期性分析绩效考核实施过程中需要注意以下问题：评估、持续改进、完善绩效管理及企业各方面管理。

第一，选立考核实施的负责人（具备专业的绩效管理知识，在组织内有管理威望，熟悉管理流程，有丰富的沟通技巧）。

第二，试行期内广泛收集被考核人的意见和建议（让被考核人感受到被尊重，参与制定权）。

第三，分段收集考核数据，安排辅导（一个考核周期内的前期要特别关注，中期前要由实施负责人安排绩效辅导）。

第四，考核周期内的中期前采取沟通（特别是非正式沟通，缓和被考核人的考核压力）。

第五，考核期结束时，使被考核人认同考核结果（在公布前先达成共识，保留不同意见）。

第六，绩效检讨（先让被考核人自行分析不足的原因及改善方案，并提出对考核的意见和建议；然后协助分析重点缺失）。

第七，绩效办法适时修正（广泛听取意见，至少3个考核周期修正一次）。

第八，对绩效考核结果应用（薪酬、奖罚、福利、调职等）。

第二节　人才工作能力考核

一、职业能力考核的内容与方式

（一）潜质考核

人与人之间的素质有明显的差异，每个人的素质不同，素质的潜质也不相同。员工的潜质分为基本潜质以及发展潜质。

基本潜质包括人格特质、知识技能等比较稳定和外在显现的素质。人格特质指的是在不同的时间与不同的情境中保持相对一致的行为方式的一种倾向，是人才考核中范围最广的内容之一。人格具体表现为个体适应环境时在能力、气质、性格、需要、动机、价值观等方面的整合。

对于基本潜质的考核可以从工作热情与动力、学习与专业能力以及一些个性素质三个维度来进行考核。工作热情与动力维度决定了员工是否对本职工作有极大的激情，是否主动承担工作并能够高效率的完成。学习与专业能力是企业进行招聘时首先考核的因素，这是决定人岗是否匹配的首要因素和外显因素（在岗位说明书中的任职资格中体现），另外，组织也会非常注重员工的学习能力。一个人的学习能力强，也就意味着给他一个平台，他就有无限发挥与提高的可能，所以学习能力是人才考核体系中的一项必要内容。个性素质反映一个人的整体的精神面貌，个性素质不同于"人格"，两者有重合的部分，但个性范围却比较小，主要表现为人格特质中较稳定的先天的部分。本书所指的个性概念也不同于日常生活所指的"个性"。并不是说只有穿奇装异服、率真等这样的才叫个性，穿着朴素、文静、柔弱的人也有个性，只是这种个性比较不凸显，不容易给人留下深刻的印象罢了。对一个人个性素质的考核是选人、用人的重要内容，例如，一个特别文静、不善言谈的人就不适合谈判类的工作。

人才考核体系与激励策略

发展潜质是组织人才考核体系的一项必要的考核内容。对员工发展潜质的考核主要是对一些内在潜力的考核,如职业兴趣与态度、管理潜质等。

兴趣是多种多样的,不同的人有不同的兴趣,同一个人也会有不同的兴趣。有的人对天文、地理都有兴趣,通晓古今;有的人除了自己的学习和工作外,对什么事情都没有兴趣。兴趣广泛了,眼界和阅历也会非常广泛,在遇到问题时思维比较开放,能够从多角度考虑问题。同时,兴趣广泛对于职业生涯规划、职业的选择也是很有利的。职业兴趣就是自身的个性特点与职业的多样性与复杂性的一种重合。通过对职业兴趣与态度的考核,能够了解员工的职业偏好,有助于为员工提供合适的平台,令其发挥更大的潜力。最著名的职业兴趣测试为美国著名的职业指导专家霍兰德(John E. Holland)的职业偏好理论。见表6—3,霍兰德认为,理想的职业选择就是人格类型、职业兴趣与职业环境相适应。

表6—3 人格类型与职业类型的关系

类型	人格类型特点	职业类型
现实型(R)	物质的,实际的,安定的,喜欢有基本技能、有规则的具体劳动 缺乏洞察力、不善与人交往	有一定程序要求的、明确的、具体的岗位职务,运用手工工具或机械进行的操作性强的技术性工作
研究型(I)	分析的,独立的,内省的,慎重的,喜好运用智力通过分析、概括、推理的定向科学研究与技术工作 缺乏领导能力	以观察和科学分析进行的系统的创造性活动和实验工作,一般侧重于自然科学方面
艺术型(A)	想象力丰富、知觉的、冲动的、理想的、有独创力的、喜欢以表现技巧来抒发丰富的感情 缺乏事务性办事能力,不愿依赖、服从他人,不愿做循规蹈矩的工作	在文学与艺术方面,通过非系统化的自由的活动方式,擅长具有艺术表现力的职业
社会型(S)	助人的、易于合作;喜欢交往;责任感强;有说服力;愿为别人服务,关心社会问题,对教育和社会福利等事业有兴趣 缺乏动手操作能力	为社会及他人办事或服务,从事与人打交道的、说服、教育、治疗及社会福利事业方面的相关职业

续表

类型	人格类型特点	职业类型
管理型（E）	支配的；冒险的；自信；精力旺盛的；有自我表现欲的；不易被人支配，喜欢管理和控制他人，喜欢担任领导角色 缺乏科学研究能力	从事具有风险、需要胆略、承担较大责任的工作，善于管理、营销、投资与主持指派他人去做工作的职业
常规型（C）	有耐心和良好的自制力，服从的；实际的；稳定而有秩序的；思想比较保守、循规蹈矩、有条有理，喜欢系统性强的工作 缺乏创造力和艺术性	按固定程序与规则，从事重复性、习惯性的、具体的日常事务，适宜常规管理方面的工作

很多组织的管理层员工都是从一线员工中选拔晋升上来，这是很多组织节省招聘成本，更好地传承企业文化的一种普遍做法。组织决定对谁进行晋升的初步工作就是要了解员工的职业偏好，如果员工的基本素质优秀但对做管理没有兴趣，也就不能列为培养对象。

管理潜质的考核是为企业培养优秀人才的必要考核。一般来说，管理技能的提升要靠管理实践经验的积累，但是通过一些专门的培训也是可以获得的。管理者需要三种基本的技能或者素质，即技术技能、人际技能和概念技能。技术技能是指熟悉和精通某种特定专业领域的知识，这些知识通过专业的学习以及基层的工作经验很容易获得。作为管理者，人际技能至关重要，具有良好的人际技能的管理者能够激发员工的工作热情，为企业创造良好的工作氛围。概念技能是管理者对复杂情况进行抽象和概念化的技能。运用这种技能，管理者必须能够将组织看作一个整体，理解各部分之间的关系，想象组织如何适应它所处的广泛的环境。对于高层管理者来说，这种技能是非常重要的。

（二）能力胜任度考核

人才考核的最终目的就是为了人与岗之间更好的匹配，这个匹配度也就是员工的能力胜任度。能力胜任度考核依据的是"人职匹配"的思想。

专家认为，人与人之间在素质上的差异是普遍存在的，有先天因素，也有后天形成的因素。不管是性格特点、生理特征，还是能力水平和技能水平，都是有明显差异的。不同的职业岗位对任职者的性格、能力、知识、技能等的需求是不一样的,当任职者的素质与岗位需求匹配时,其产生的绩效水平明显要比人岗不匹配时要高。因此,组织选拔人才要根据岗位需求选择合适人才,以免影响工作效率及组织的长远发展。

1973年,哈佛大学的戴维·麦克兰德教授提出"胜任力"的概念,英文为"competency"。他认为将某一工作(或组织、文化)中表现优秀者与一般者区别开来的个体的态度、价值观和自我形象、动机和特质等潜在的深层次的特征为胜任力,是决定工作绩效的持久品质和特征。

就组织来说,能力胜任度体现在两个方面。一是员工对于目前岗位的胜任情况如何,主要是在员工招聘之前或是工作当中进行考核;二是员工对于更高一级的岗位的胜任度如何,如果组织为其提供更高一级的岗位,他的准备度如何,是否有资格与能力胜任组织的晋升岗位。

提到能力胜任度,不得不提的就是能力素质模型,即大家都很熟悉的"冰山模型"(本书第四章已做出详细的解读)。近些年,在国内被广泛应用和接受的能力素质模型早在20世纪70年代就被人提出了。冰山模型较小的一部分代表我们的知识与技能,而在水下的大部分就是我们的"价值观、自我定位、驱动力、人格特质"等深层次的部分。知识与技能很容易显现出来,从而被衡量与获得,但真正决定一个人成功与否的却是水下的部分。冰山上下两部分内容在潜质考核中的基本素质考核和发展潜质考核中也都有体现。

二、胜任力模型及其在考核中的应用

一般而言,评估系统都包括用于绩效讨论过程中衡量和评估一个人能力的指标。毫无疑问,给予胜任力的评估系统使考核评估更加清晰,更能针对与绩效直接相关的问题,而且更容易使各项经营目标达到平衡。

(一)基于胜任力的绩效考核指标设计

许多考评系统都存在一个缺陷,就是考核主体缺乏足够的信息来对绩效进行有效精确的监控和评价,这些系统倾向于对员工完成了什么工作进行测量,而很少关注他们如何完成工作。而胜任力模型的前提就是找到区分优秀和普通的指标,也就是对岗位分析所确定的绩效有效标准的基础上确立的绩效考核指标,提供了具体的行为事例来衡量绩效,确保员工的成就及实现成就的方式都被考察到,能真实地反映员工的综合工作表现。

基于胜任力模型所设计的绩效考核指标包括硬指标和软指标，既要设定绩效目标（硬指标），又要设定能力发展目标（软指标）。绩效目标是指和经营业绩挂钩的目标，能力发展目标是指那些和提高员工完成工作和创造绩效的能力有关的目标。在设定绩效目标时，现行一些绩效考核指标设置方法，例如关键绩效指标（KPI）方法、平衡记分卡等方法都可以广泛使用。所设定的能力发展指标更多的是从员工岗位胜任力出发。包括：员工需要什么样的能力和经验才能满足现任岗位的条件；员工管理能力和素质的优劣势；员工潜在能力及发展趋势如何等。例如，企业在对一名区域销售经理进行绩效考核时，设置如销售额、市场占有率等一些硬指标来考核他现有的绩效水平，同时设置一些软性指标，如市场分析能力、营销策划实施能力等，通过对这些软性指标的考核，更准确地判断该区域销售经理是优秀的或是普通的。

（二）胜任力在绩效考核中的应用

岗位绩效考核包括三方面内容，如图6—1所示。

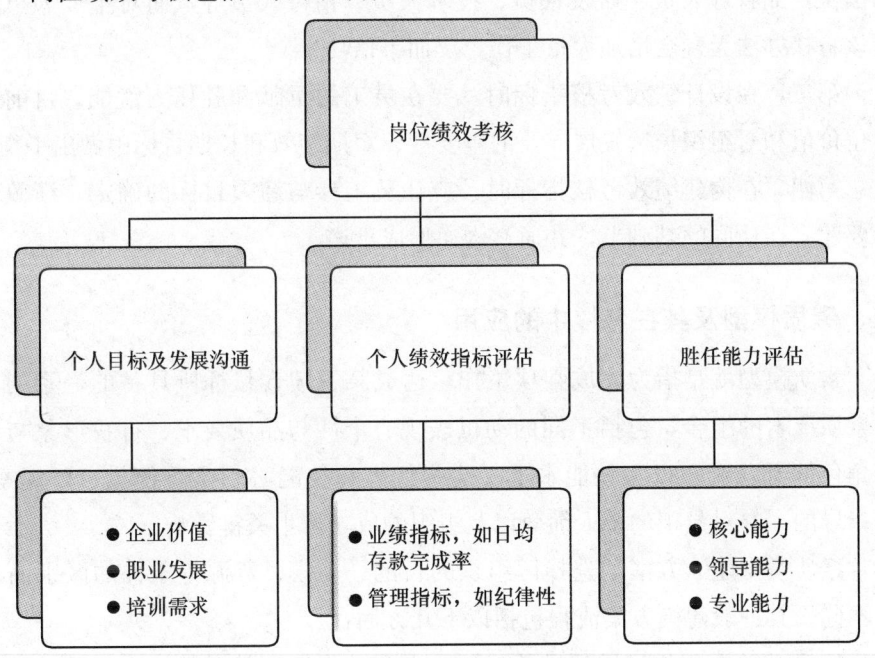

图6—1 胜任力是岗位绩效考核的重要组成部分

1. 个人目标及发展沟通：这部分管理包括确定员工个人的职业发展目标和规划，明确员工培训需求等。

2. 个人绩效指标评估：这部分指标是传统绩效考核指标，主要是一些可量化的指标，如销售额、出勤率等。

3. 胜任能力评估：这是传统绩效考核没有的模块，该部分的考核按照胜任力模型的三个模块，分别根据岗位需要的领导力、专业胜任能力、全员核心胜任能力全面考核员工的能力表现是否满足岗位胜任要求[①]。

（三）胜任力模型应用于绩效管理中的注意事项

胜任力模型在绩效考核中的应用是对传统绩效考核的一种补充和完善，但在实施过程中需要注意：

第一，由于员工的岗位胜任力在某一段时间里具有一定的稳定性，且胜任能力评估是一个持续循环的管理过程，所以基于胜任力模型的绩效考核的周期相对应该长一些，通常以一个年度为一个考核期。

第二，在适用人员的范围应主要考虑那些对胜任力特征要求比较多和深的岗位，如管理人员、研发人员、技术人员、销售人员等，而对生产人员应用该考核办法无疑会增加大量工作，反而事倍功半。

第三，在设计绩效考核指标时，要在员工的贡献和胜任力潜能、目前的岗位价值和对组织长远发展需要的重要性、短期绩效和长期目标中做出平衡。

第四，在构建绩效考核指标时，应让员工参与绩效目标的确定，绩效目标要建立在认同的基础上，并通过沟通形成承诺。

三、素质模型及其在考核中的应用

素质模型就是指为完成某项工作，达成某一绩效目标所具备的一系列不同素质要素的组合，包括不同的动机表现、个性与品质要求、自我形象与社会角色特征以及知识与技能水平。这些行为和技能必须是可衡量、可观察、可指导的，并对员工的个人绩效以及组织的成功产生关键影响。

素质模型建立方案的选择因组织的目的、规模、资源等条件的区别而有所不同，其一般建模方案流程包括以下几方面：

1. 明确当前组织高层领导关注的焦点和人力资源管理的核心问题，以及组织期望的最终结果是什么，同时，对组织目前的业务和行业特点进行深入

---

① 吴能全，许峰. 胜任能力模型设计与应用［M］. 广东：广东经济出版社，2006：177-178.

分析，明晰组织发展战略、业务策略、组织文化、核心价值观以及员工的理解和认同状况，使工作的重点能够放在核心能力和关键行为上，更好地确定关键绩效领域。

2. 选择样本和分组。根据岗位的具体要求，在从事该岗位工作的员工中，分别从高绩效和绩效普通的员工中随机抽取一定数量的员工进行分析研究。

3. 收集数据（用行为事件访谈法或其他方法）。通过对优秀人员和一般人员大量的专业访谈来获取模型岗位的第一手资料。

4. 对第三步收集到的信息数据进行分析。主要通过行为访谈报告提炼胜任特征，对行为事件访谈报告内容进行分析，归纳、统计出各种胜任特征在报告中出现的频次，并对行为表现的复杂度和广度水平进行编码、归类，得出区分优秀人员和一般人员的要素，提炼素质项目，建立素质模型。

5. 对素质模型进行评估与验证。通过面对面评估确认，到多个评估人试用，最后进行完整的心理测试，完成评估和确认素质模型。对不同性质的能力采用不同的方法评估：全员核心能力和通用能力按照员工不同行为方式的表现频率进行评估；专业技术能力由经理/专家根据专业技术能力模式评审确定。

基于素质的绩效管理与薪酬管理系统，以素质模型作为科学考评的一部分，以其为模板对组织成员所表现出来的素质进行考评，根据组织成员在各方面的行为表现是否达到预定的目标对组织成员做出较客观的评估，能够为优秀员工达成业务目标，以及将组织愿景、价值理念及组织期望的行为融入日常的工作中。当一个组织成员的行为表现与素质模型相符时，我们认为该组织成员已经达到相应的素质要求或掌握相关的素质，并以此为基础，决定其岗位的晋升、薪酬调整的幅度或其他激励措施的实施。

四、个人能力模型在绩效评估中的应用[①]

（一）个人能力模型及其应用机理

个人能力模型是组织核心竞争力的具体体现，它描述了要实现组织整体战略目标，其员工必须的行为、技能和知识配置。

[①] 朱兴佳. 个人能力模型在绩效评估中的实施与应用举例 [J]. 新人力资源，2009 (1).

人才考核体系与激励策略

每年年终,对员工开展年度考核时,个人能力评估都是不可或缺的重要内容,如果探讨其应用的机理(见图6—2),可以看出,能力素质与行为、行为与绩效结果有相当大比例的相关性。绩效好的员工一定会表现出某些与众不同的或者更为杰出的能力素质,这也是为何要运用能力素质模型的原因——为了能够通过提升员工能力素质来协助达到提升绩效的效果。

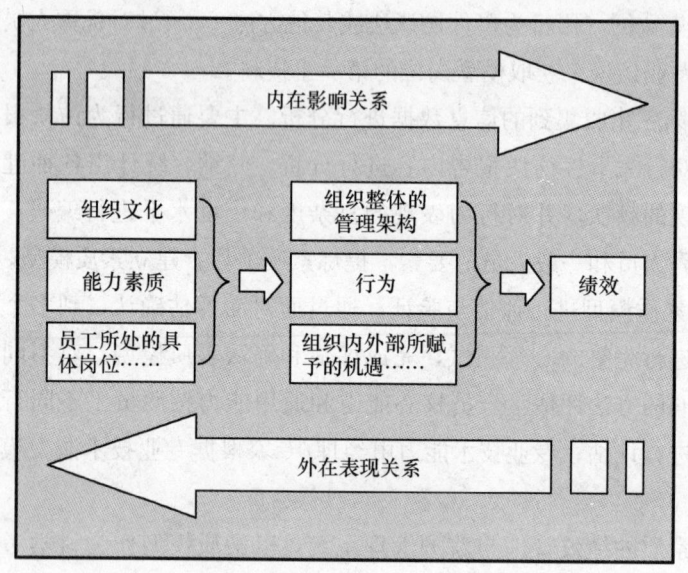

图6—2 员工绩效形成的机理

但是,仅从能力角度出发,不足以衡量员工对组织的具体贡献。因此,对每一位员工的整体绩效考评通常包括两大部分内容:一是个人能力评估;二是业绩考核,即针对每个岗位的关键绩效指标(KPI)考核。"关键绩效指标"反映的是核心竞争力、管理能力和营运能力等方面的运作情况;"个人能力评估"主要是根据员工所在岗位的"个人能力模型"设定的综合技能的目标和要求,通过对员工在考核期内的行为表现的观察,评判该员工对这些综合技能的掌握程度。明确定义的组织特有的能力模型,可以推动组织战略目标的实现,从而赢得竞争优势。

另外,需要注意的是,这两方面考评的结果需按一定的比例结合起来。结合的比例可以根据具体岗位有所不同。例如,对业务部门和人员来说,可能需要更加强调业绩考核的结果。因此,最终考评成绩可能是70%来自业绩考核，30%来自个人能力评估。而服务部门和人员的考评可能是50%和50%的组合。

（二）个人能力评估的程序及实施要点

"个人能力评估"是针对员工个人的综合能力和具体工作成绩的评价体系，其主要目的在于将员工个人的成长与组织和部门的发展结合起来，促使员工随着组织的发展而成长，从而吸引人才、留住人才，最终达成组织发展的目的。

通常，个人能力评估的整个程序包括"期望""行动""反馈"和"评估"四个步骤（见图6—3），评估以年度为一个周期。对项目人员来说，除了年度评估之外，也可以以项目为周期进行评估。

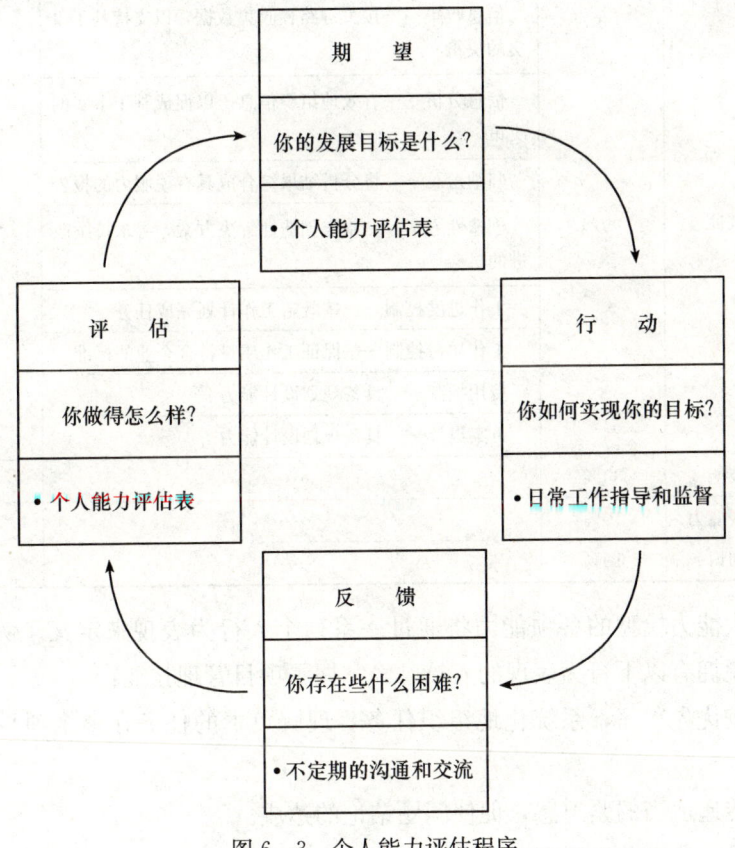

图6—3 个人能力评估程序

人才考核体系与激励策略

1. 期望

每年年初,由员工和评估者一起在总结和评价上一年度工作表现的基础上,讨论确定新的一年的发展重点和发展目标,填写新的个人能力评估表,并签字确认。这一阶段的目的是经双方讨论明确期望和意见,并制订详细的行动计划以实现期望的结果。

以 C 公司为例,其个人能力模型将员工的知识和技能分为业务技能、管理技能、业务发展技能和专门知识四大类,每个大类又进而细分为若干技能项。假设年初设定的目标如下(见表 6—4)。

表 6—4　　　　　个人能力评估表——目标设定

类别	发展重点	技能	主要目标
业务技能	50%	信息收集——按关键路径收集数据,以支持基于事实的决策	
		信息分析——有效地组织信息,以促成基于事实的决策	
		归纳汇总——将分析结果综合成具有说服力的报告	
		创造性方案——制定创造性解决方案,寻求持续改进的机会	
		工作进度控制——按既定工作计划完成任务	
		工作质量控制——保证工作质量符合企业的标准	
		费用控制——具备规划设计能力	
		方案设计——具备规划设计能力	
管理技能	30%	……	
业务发展能力	10%	……	
专门知识	10%	……	

个人能力模型的各项能力将通过一系列个人行为表现来定义。例如,我们可以说拥有以下行为表现的人员已经掌握了项目管理技能:

• 按优先次序,系统化地组织任务,理解负责的任务在整个项目中的位置。

• 传递适当的紧迫感,促使问题结论的达成。

• 及时确定并沟通资源需求。

• 有效处理障碍,确保项目的顺利进行。

另外，一种能力对不同级别的人员来说，含义也各不相同。例如，同样是项目管理能力，项目经理和项目组员的要求就有区别。因此，在个人能力模型中，将对不同岗位级别的人员制定各自的行为表现定义。就上面的行为表现描述来说，可能会区分三个岗位，即项目组员、项目经理和技术总监。

项目组员：按优先次序，系统化地组织任务；理解负责的任务在整个项目中的位置。

项目经理：传递适当的紧迫感，促使问题结论的达成；及时确定并沟通资源需求。

技术总监：有效处理障碍，确保项目的顺利进行。

2. 行动

员工根据年初制定的发展目标和行动步骤，采取积极行动提高自身工作水平和职业素养；部门领导则在日常工作中给予针对性的指导和监督。

3. 反馈

部门领导和员工、上下级之间可以不定期地就工作表现、遇到的困难、需要改进的问题进行正式或非正式的交流，及时发现过程中的困难和不足，修正行动计划或采取相应措施。

4. 评估

"评估"是整个程序的关键一环。年末，将有一个正式的评估来检查员工每个既定目标的实现程度。因为评估者与被评估者沟通充分，员工能亲身感受到评估不是和他们作对，而是齐心协力提升能力。同时员工在平时的沟通中，已就自己的情况和上级基本达成共识，因此评估结果不会出乎意料，只是对平时讨论的一个复核和总结。此时，上级已从"考核者"转变为"帮助者"和"伙伴"。另外，考核的重要用途在于明确下一周期能力需要提升的领域。评估主要侧重于员工的发展。评估结果也可作为决定薪酬、员工培训及发展方向，以及人员调配、流动或退出的依据。上例中，年末的评估结果见表6—5。

评估的满分为100分，四个技能类别的总分为设定目标时确定的权重。本例中，业务技能总分为50分，管理技能为30分，业务发展能力为10分，专门知识为10分。

表 6—5　　　　　　　个人能力评估表——表现评估

类别	技能	表现评估 M/A/P/NP/NA
业务技能	信息收集——按关键路径收集数据，以支持基于事实的决策	M
	信息分析——有效地组织信息，以促成基于事实的决策	A
	归纳汇总——将分析结果综合成具有说服力的报告	P
	创造性方案——制定创造性解决方案，寻求持续改进的机会	P
	工作进度控制——按既定工作计划完成任务	P
	工作质量控制——保证工作质量符合企业的标准	NA
	费用控制——具备规划设计能力	P
	方案设计——具备规划设计能力	S
管理技能	……	……
业务发展能力	……	……
专门知识	……	……

注：M：熟练应用，A：掌握，P：有进展，NP：无进展，NA：适用。

计算评估得分时，将每个技能类别的总分除以该类别中适用于被评估者的技能项目，即除 NA 以外所有的项目，得到的数值 X 为该项目的最高得分。对应于 M、A、P、NP 的评估等级，M 为 X，A 为 80%X，P 为 40%X，NP 为 0%X。本例的最终得分为：27.15＋14.72＋3.52＋2＝47.39（见表 6—6）。

表 6—6　　　　　　　个人能力评估表——结果汇总

类别	发展重点	适用技能数量	分值				×总分
			M100%	A80%	P40%	NP0%	
业务技能	50%	8	7.14	5.71	2.86	0	1×M＋1×A＋5×P＝27.15
管理技能	30%	9	3.34	2.67	1.34	0	2×A＋7×P＝14.72
业务发展能力	10%	8	1.25	1.02	0.5	0	1×A＋5×P＋2×NP＝3.52
专门知识	10%	2	5.00	4.00	2.00	0	1×P＋1×NP＝2.00
合计							47.39

（三）个人能力评估的责任分工

员工表现评估的负责部门通常包括人力资源部和各员工所属的部门或分

支机构。

1. 人力资源部

人力资源部是员工表现评估工作的组织者和评估标准的制定者，在整个个人能力评估的过程中主要负责以下内容：

负责整个员工表现评估工作的组织、时间及人员的安排等，包括表格的发放和回收；统一制定评估标准和具体执行办法，组织并安排部门的领导和主要评估人员参加员工评估指导培训；在评估过程中，接到员工的申述或要求重新评估的，在审核后进行专案调查，并做出最终裁决；在收到员工的个人能力评估表后，将其作为员工当年的考评结果归入人事档案；根据评估结果，计算每位员工的得分，分析总体得分后，将每位员工归入不同等级，并决定各个等级的薪酬调整制度。

2. 员工所属的部门或事业部

员工所属的部门或事业部是员工表现评估工作的主要承担者和主要责任部门，主要负责以下内容：

员工的直接上级作为该员工的评估者，对该员工进行评估和面谈；员工所属部门或事业部的领导作为审阅者，审阅该部门/事业部所有成员的评估表格、目标期望和评定，并对个人能力评估表中列出的评估分歧在调查研究或进一步与被评估者面谈后，注明部门意见。

第三节 人才工作态度考核

一般情况下，人们通常倾向于认为，能力越强的人越能够取得更好的工作业绩。但是，在现实中，很多时候能力强的人可能会由于工作态度问题而不能取得好成绩，而能力一般的人也有可能借助工作态度弥补自己某些能力水平的不足，取得较好的业绩。好的工作能力只有在好的工作态度下才可能产生良好业绩。因此，在对人才的评价中，还需要对工作态度进行评价。通过对工作态度的评价，组织可以引导员工增强工作热情，避免消极怠工现象，从而鼓励员工充分发挥现有的工作能力，最大限度地创造优异的工作业绩。

工作态度评价与能力评价的内容不同，它所关注的不是员工的职位高低以及员工的能力大小，它主要关心的是员工是否努力认真工作，在工作中是否有干劲、有热情，是否遵守组织的各种规章制度以及是否认同组织文化等。一般情况下，对工作态度的评价往往采用通过行为观察的方式来进行。然后根据组织设定的一些可量化的工作态度指标，如主动性、责任感、合作精神等，对指标进行量表化，通过自评与上级评分相结合得出最后的考核结果。由于工作态度是影响工作能力向工作业绩转化的重要中介变量，因此，组织可以通过工作态度评价来引导员工改善工作态度，促进员工达成绩效目标。

一、员工工作态度的考核

态度（Attitudes）是个体对某一对象所持有的评价和行为倾向。态度的对象是多方面的，其中有客观事物、人、事件、团体、制度及代表具体事物的观念等。态度是管理心理学的重要研究内容。人们的态度在很大程度上受到价值取向的影响。不过，态度针对具体的人或事物，而价值取向则更为广泛。态度是指个体在一定环境中对一类人或事物做出积极或消极反应的心理倾向。工作态度是对工作所持有的评价与行为倾向，包括对工作的认真度、责任度、努力程度等。由于这些因素较为抽象，因此，通常只能通过主观性评价来考核。

工作态度主要由三部分构成，一是认知成分：对一类人或事物性质和特征的认识或拥有的信息，例如，信念与价值观念；二是情感成分：对一类人或事物的具体好恶感受或评价；三是行为意向成分：根据具体的认识与感受，对一类人或事物的行为意向。

工作态度与工作绩效的关系在于工作态度作为工作的内在心理动力，影响对工作的知觉与判断、促进学习、提高工作的忍耐力等。这些功能直接关系到工作绩效的大小。一般来说，积极的工作态度对工作的知觉、判断、学习、工作的忍耐力等都能发挥积极的影响，因而能提高工作效率，取得良好的工作绩效。这表明积极的工作态度与工作绩效之间有着一致性的关系。但是，消极的工作态度由于要取得很高的工作报酬，也可能引发积极的工作行为，取得良好的工作绩效。由于中介因素的影响，使得工作态度与工作绩效的关系十分复杂。

二、员工敬业度的考核

调动员工的积极性一直是人力资源管理的核心问题。对员工敬业度的考核可用来衡量员工在情感和行为方面对组织的投入程度,体现着人本主义管理思想。敬业度对组织绩效、利润、顾客满意度等产出变量有积极的预测作用,得到了美国《劳动力杂志》《哈佛商业评论》等刊物以及盖洛普、韬睿、翰威特等咨询公司的持续关注。随着积极心理学的兴起,员工自身在工作中的积极心理体验逐渐成为研究的热点,在这一趋势下,敬业度得到了以Kahn、Schaufeli等为代表的学者的深入研究。

(一)敬业度的定义

较早对敬业度进行深入研究的学者是Kahn(1987,1990),他指出敬业度是组织成员在创造工作绩效这一情境中将自我与工作角色相结合,同时投入个人的情感、认知和体力的程度。在这一定义中,Kahn强调了敬业度是衡量员工自我与工作角色结合程度的尺度,综合了自我表达和自我投入的内容。Harter、Schmidt和Hayes(2002)认为,敬业度是个体对工作的卷入、满意以及热情程度。

Wellins和Concelman(2004)认为敬业是一种激励员工创造高绩效的看不见的力量,是承诺、忠诚和主人翁精神的混合。Robinson等(2004)认为敬业是员工对组织和工作的一种积极的态度。

Little等(2006)归纳了这些定义,认为这些定义都没有明确界定敬业究竟是态度还是行为,同时也并未区分敬业度是个体层次的概念还是群体层次的概念,在内容上也与其他相关概念有重合之处。这种概念上的不一致导致了敬业度测量工具选择以及相关实证研究结论的分歧。

此外,敬业度广泛出现在工作倦怠研究中。Maslach等(1997,2001)认为敬业是以精力、卷入和效能为特征的工作状态,在概念和测量上与工作倦怠是一个连续体的两极,两者互不独立。

(二)敬业度的维度

盖洛普公司(Gallup,2005)从敬业度概念构成角度认为员工敬业包括自信、忠诚、自豪和激情四个维度。根据敬业度不同的作用基础,韬睿公司(Towers Perrin,2003)将员工敬业分为理性敬业和感性敬业两个维度。

Kahn（1987，1990）将员工敬业分为认知、情感和体力三个维度：认知敬业是指员工认识到工作角色的使命，并感到自己掌握了完成工作所需的机遇和资源；情感敬业是指员工对同事产生信任感，对工作和职业发展产生意义感；体力敬业是指员工主动为工作奉献时间和精力。

根据员工敬业的不同表征，Maslach 和 Leiter（1997）将工作倦怠的三个维度（即枯竭、犬儒主义和低效率）的反向表达（即精力、卷入和效能）作为敬业的三个维度。

Schaufeli 和 Bakker（2004）将敬业划分为活力、奉献和专注三个维度：活力表现为乐于为工作投入精力，即使面对困难也愿意坚持；奉献表现为为工作感到骄傲和勇于面对挑战；专注表现为个体沉浸在工作中，与工作很难分离，感觉时间过得飞快。由于 Schaufeli 编制了成熟的敬业度量表，其信度和效度在实践中得到了检验，所以他的这种维度划分被广泛接受。

Schaufeli 和 Bakker 对倦怠与敬业进行的验证性因子分析显示，四维度敬业模型是最优模型，员工敬业的四个维度除了包括活力、奉献、专注外，还包含 Maslach 研究提出的交通维度，其中活力与奉献构成核心维度，但这一四维度模型并未在其他学者的研究中得到验证。

三、员工忠诚度的考核

员工的忠诚度是指员工对于组织所表现出来的行为指向和心理归属，即员工对所服务的组织尽心竭力的奉献程度。忠诚度是员工行为忠诚与态度忠诚的有机统一。行为忠诚是态度忠诚的基础和前提，态度忠诚是行为忠诚的深化和延伸。

员工忠诚度可分为主动忠诚和被动忠诚。前者是指员工主观上具有忠诚于组织的愿望，这种愿望往往是由于组织与员工目标的高度一致，组织帮助员工自我发展和自我实现等因素造成的。被动忠诚是指员工本身并不认同组织，只是由于一些被动的约束因素，如高工资、高福利、交通条件等，而不得不留在组织里，一旦这些约束因素消失，员工对组织的忠诚就会消失。

（一）员工忠诚度的作用

1. 员工忠诚决定了员工的工作绩效

员工是组织的基本成分，他们的热情代表组织的士气，他们的工作自觉性于潜移默化中体现组织的实力。员工忠诚将大大激发员工的主观能动性和创造力，使员工潜在能力得到充分发挥。忠诚是效率，员工的忠诚度提高与客户满意度的提高存在着促进的作用。组织每名员工的忠诚度提高了，组织竞争实力也就得到了提升。

2. 员工忠诚维系了员工与组织之间的稳定关系

在现代经济发展中，员工会根据自身的个人的判断不断寻找适合自己发展的空间，人才流动成为一个普遍现象。组织作为经济组织始终处于动态发展中，员工与组织之间的文字契约，并不能保证员工与组织之间的稳定关系。要想维持这种长期稳定关系，就需要构建依赖和真诚的雇佣关系，培育并提高员工的忠诚度。

3. 员工忠诚增强了组织的核心竞争力

在所有的资源中，人力资源是最具活力的资源，科学地使用人力资源能帮助组织赢得竞争优势。组织员工的创造性思维和劳动是组织发展的根本驱动力，组织的创新能力最终体现在员工的创新能力中，但是这种能力的发挥还取决于员工的忠诚度。

4. 员工忠诚减少了组织的人员置换成本

当员工的忠诚度降低时，就会对其为之服务的组织不满，甚至选择离开，从而引起员工流失。而组织为了填补员工离职的空白，又将重新招募、培训新的员工，这期间还要承担可能出现的生产率降低、新进员工无法胜任工作的风险，这样就会形成置换成本和交替成本。

(二) 员工忠诚度的影响因素

1. 工资福利制度

薪酬和福利在员工的心目中是影响其忠诚度的一大重要因素。无论是组织忠诚度还是职业忠诚度都是建立在物质基础上的，良好的薪酬制度保证了员工基本的物质需要，只有如此才会有良好的职业忠诚度、组织忠诚度。

2. 组织的发展潜力

据专家调查，组织发展潜力作为影响员工忠诚度的因素之一，获得了最高认可率，回收的有效问卷中有76%的人认为组织的发展潜力是影响员工忠诚度的因素。员工基本的物质生活需要满足以后，他们就会更加注重自己发展性需要的满足。故其对组织的发展尤为看重，并渴望自己能与组织共同发展，实现双赢。

3. 组织的人力资源管理制度

人力资源管理是每个组织必修的一门重要课程，如何安排员工在合适的岗位上工作，激励员工，培训和考察员工等，都会在一定程度上影响员工忠诚度。目前，很多组织仍然没有把对人力资源管理的制度建设提上议事日程，忽略了这项制度的重要性。即使是认识到重要性，但制定上的不科学造成组织不公平、流于形式的现象时常发生。这种不良现象影响到员工的工作表现，甚至导致员工消极怠工、抱怨增多、小道消息弥漫，人心涣散。

4. 培训机会和晋升空间

毋庸置疑，绝大多数员工都渴望在现有的基础上得到更好的发展，提升自己的工作水平和技能，更好地实现自己的价值。如果培训机会少并且晋升空间小，容易使人失去工作的激情。若组织能提供有效的培训和设计良好的晋升通道，会让员工始终感觉到自己在组织有发展空间，从而愿意长期留在组织并积极为组织发展做贡献，从而有效促进忠诚度的增强。

5. 领导的个人魅力

组织领导者的个人魅力和对组织具有忠诚度将会在很大程度上影响着员工的忠诚度。调查发现，100%的员工愿意在魅力型领导的指挥带领下积极而努力地工作。应当说员工忠诚度本身不具有可考核的效用，因为无论采用什么样的方法和借助什么样的辅助工具，都无法将员工对组织的主动忠诚和被动忠诚反映出来，员工忠诚度可以说只能通过组织的领导者和员工们一起来构建，而构建的一个关键环节就是实施情感管理，增强管理者与员工之间的情感联系。

（三）员工忠诚度的提升措施

情感管理的本质就是尊重人的尊严与价值。尊重人就意味着有效满足一定对象在特定情境中的合理要求。尊重人，不仅要求组织尊重员工的人格尊严、劳动成果和价值，还需要组织为员工创造良好的人际关系、工作环境，公平、公正的制度和待遇，良好的沟通环境给员工以光荣感和成就感等。积极实施情感管理，增强管理者与员工之间的情感联系和思想沟通，满足员工的心理需求，可以形成和谐融洽的工作氛围。

1. 认真坚持以人为本的管理理念。所谓认真，就是讲始终如一不动摇，以人为本，对组织管理而言，就是要尊重员工的劳动和尊严，努力激发员工的劳动和创造热情。因此，组织必须做员工的家，使员工有归宿感、安全感、温馨感，组织领导要像家长一样关心和爱护员工。只有这样，员工才会为这个家自觉地积极创造，努力工作。

2. 建立组织与员工共同的义务和责任制。明确组织、员工的共同目标，明确组织对员工应当承担的义务和责任，同时也规定员工对组织的义务和责任，组织和员工相互监督、相互促进。

3. 互相理解，顺畅沟通。组织管理人员与员工之间的亲密感只能建立在相互尊重、互相理解的基础上。管理者与被管理者只有设身处地接纳对方，才能理解对方的行为，沟通才可以有效，关系才会密切。有人提出管理透明化的主张，这种主张要求管理人员坚持公开、公平、公正的管理原则，坦诚地与员工沟通，最大限度地调动员工的工作积极性。

4. 开诚布公，倾听意见。管理者要认真倾听员工的意见，组织生产经营的形势是与每个职工休戚相关的，员工只有知情明理，才能立足岗位，全身心地投入到工作中去。

【阅读案例】

A企业的绩效考核方案

A企业原来是一家以出口为主的大型食品销售企业，近年开始做国内市场，未来3年的目标是做到行业前列。S市是A企业所在省的省会城市，消费潜力大、辐射能力强，而且企业特别看重本企业在省内的影响力，因此，S市自然被列为A企业的战略性市场，2004年第一个销售办事处也就在S市设立了，要统一管理除公司总部所在地区以外的所有省内市场。但一年多过去了，其他起步较晚的省份无论是销售量、销售网络，还是产品知名度都有大幅提高，甚至一些不被看好的边远省份销量都日益增长，但S市办事处却不仅销量没有上去，而且经销商换来换去，销售人员严重流失、没有信心，投入产出严重失衡。

一、A企业2004年的绩效考核方案

S市场的销售人员绩效考核政策是2004年年初制定的，由于当时市场问题比较少，管理者认为最大限度地提高销量是中心工作，要解决的主要是销售人员的积极性问题。因此，在设计绩效考核方案时偏重的是"绩"，即工作结果，考核体系要点如下（以销售人员为例，下同）：销售人员全部收入为档案工资（固定工资＋绩效考核工资）＋销售提成＋年终评奖，其中档案工资中固定工资占50%，作为底薪，只与考勤挂钩；绩效考核工资占50%；销售提成为销售收入的1%，按月兑现。

绩效考核工资的计算公式：绩效考核工资＝当月完成量÷当月任务量×当月个人得分，其中当月个人得分为上一级主管人员依据个人平时表现评定，分数范围为0.85~1.1。

二、绩效考核方案存在的问题

通过对该市销售人员的走访和实地考察，发现旧有的绩效考核方案存在一定缺陷和问题。

1. 绩效考核方案片面注重结果。该市场有三个特点：一是属于战略性市场，二是基本空白，三是属"慢热型"市场。这三个特点决定销售人员的主要精力应放在基础工作上，无论是渠道拓展、消费者认知、品牌积累、营销团队建设，还是企业信誉，都需要做得扎扎实实。而方案中50%的工资和全部的销售提成均与销量挂钩，属于明显的重结果轻过程。销售人员能做的，只能是拼命催经销商打款压货，或不分质量只重视首批进货量地开拓空白市场和渠道经销商，本市场的"慢热"特点决定不可能一蹴而就，失望之后就是换人、换经销商，最终结果只能是换一个经销商倒一个市场。

2. 打分依据不明确，随意性大。打分的出发点一是便于对下属人员进行控制，二是要求业务人员按公司规定规范操作，但由于市场问题过多，打分依据不充分，具体执行时流于形式，且容易产生很多矛盾。

3. 销售人员不控制费用支出。虽然公司规定了销售费用（指行政运作费用，如工资、差旅交通费、接待费、办公费、通信等费用）标准，但由于不与个人考核挂钩，各级人员很难主动控制；同时，市场费用（指市场投入，如广告宣传、渠道促销、消费者促销等）投入过急，投入产出失调，浪费巨大。

三、绩效考核方案的改进

针对以上问题，A企业对该市场营销策略和绩效考核方案进行了调整。

2005年在保持市场战略定位不变的前提下，追求市场健康发展，稳扎稳打，由原来片面追求销量改变为过程和结果并重，尤其是绩效考核政策做了相应调整。具体如下：销售人员全部收入：档案工资（固定工资＋绩效考核工资）＋销售提成＋单项奖＋费用奖罚，其中固定工资占50％，作为底薪，考虑到当地生活水平、行业惯例和心理承受能力，维持原方案不变；绩效考核工资占50％，其中过程考核工资为30％，结果考核工资为20％；销售提成为销售收入的0.5％；另外0.5％用来设置单项奖。

1. 绩效考核工资考核方法由结果考核为主变为过程考核为主。全部绩效考核工资50％中含过程考核30％、结果考核20％。本阶段过程考核的要点及方法：按重要性和紧急程度设六项内容，采用百分制（全部满分为110分），其中日常工作满分为28分（包括工作纪律5分，工作日志记录5分，例会表现4分，出差拜访客户计划及总结8分，制度遵守4分，其他2分）；报表系统满分为20分（周和月计划与总结报告6分，产品信息报告3分，经销商库存周报3分，销售预测及其准确性6分，其他要求的报告2分）；网络建设满分为25分（网络开发计划完成情况8分，产品铺货率6分，价格体系管理6分，工作失职造成投诉5分）；促销管理满分为15分（促销品和促销人员按规定程序报批及使用5分，促销活动方案质量及效果5分，促销方案执行质量及冲账及时性5分）；辖内遗留问题的合理、及时解决满分为10分；定性指标满分为12分（工作态度、团队合作、执行性等）。

原因及影响："欲速则不达"，既是对A企业在S市场遇到困境的真实写照，又是未来需重点吸取的教训。既然陷入困境，S市场可能比空白市场更难操作，这需要管理者和销售人员有足够的耐心去学习。上述六项指标是本市场急需完善的内容，虽然有些指标较难定量，但确属本阶段必须加强的。由于此部分在全部考核工资50％中独占30％，对销售工作可以起到相应的导向作用。

2. 原1％的销售提成一分为二。其中有50％留用设单项奖，奖励区域业务人员，由于月度评选难度大，可每季度兑现一次，每项1名，S市场年终不再评奖。设奖项目：最佳渠道建设奖（网络健全或有突破、铺货率高、基本解决遗留问题、客情关系良好）、最佳促销案例奖（有创意、效果明显、执行严格、投入产出高）、最佳工作过程奖（过程考核得分最高者）、最佳销量奖。

原因及影响：以上是"过程"中的重点，同时本市场也急需恢复信心。由于奖励力度较大，销售人员好胜心很强，会特别在意单项奖励，短时间内会补上之前做得不足的地方。

3. 新增费用奖罚项目。以S办事处为考核单位，再按级别不同分配到人，季度兑现70%，年度找平。根据2004年实际情况，经测算和压低定额，销售费用按销售收入的4%提取，如超支，则超支的20%由个人承担，如节约，则节约的40%分配给个人；市场费用按产品毛利高低不同及重要性程度进行相应比例提取，如超支，则超支的10%由个人承担，如节约，则节约的20%分配给个人。

原因及影响：处理困境需要投入，同时由于2004年费用投入的随意性养成销售人员不重视投入产出比的心理，这样做可以保证市场按既定投入计划执行。销售人员既想做大销量，又时刻注意节约费用，不仅对公司有利，销售人员在得到实惠的同时，又可以培养其责任感和归属感。

四、在绩效考核方案设计和执行中应注意的问题

1. 绩效考核政策是市场营销策略的体现和销售人员工作的向导。有什么样的市场策略就需配以相应的绩效考核政策来保证实施，否则就是不科学的政策。如果本阶段重点是提高铺货率，则铺货率是主要考核指标，如果本阶段重点工作是推广新产品，则新产品推广是主要考核指标。当然，市场策略错了，绩效考核政策也可能就煞费苦心了。

2. 将考核指标分解、明确到每个人。经营指标和财务数字（如月销售额等）明确到个人相对简单，而过程指标（如渠道建设指标）分解、明确到每个人则有较大难度，要注意不能分解或明确不细很难执行下去，或执行后不能保证效果。

3. 颁布前要充分征求意见，颁布后要充分理解吃透。征求意见的目的：一是集思广益，二是让员工容易接受。同时由于绩效考核政策是市场策略的浓缩，销售人员只有理解吃透政策，才有可能在工作中紧紧围绕政策而不偏离方向。

4. 考核结果一定及时反馈到每个人。销售人员对其考核工资不知是怎么算出来的，几个重要考核指标得分是多少也不知道，这样的例子比比皆是。这不仅容易使员工产生误解，影响其今后绩效的提高，更重要的是会大大淡化考核政策在员工心目中的地位。

本章复习思考题

1. 什么是人才绩效考核？如何设计关键绩效考核指标？
2. 在绩效考核方案设计和执行中应注意哪些问题？
3. 人才绩效考核的程序包括哪些方面的内容？
4. 职业能力包括哪些方面？职业能力考核的内容与方式有哪些？
5. 如何理解员工忠诚度？如何进行员工忠诚度的考核？

第七章 人才考核实施

本章教学目标

通过本章学习，明确不同类型人才考核的内容和考核方式，了解经济管理人才、专业技术人才和技能人才三类人才考核的内容和程序；掌握人才考核实施中的有效控制；并能够把握人才考核体系方案的设计方法。

【导入案例】

企业 A 的中国分公司最早进入中国市场的第一年使用的是"德能勤绩"考核法，但是随着公司业务的壮大和相应的组织结构的完善，指标覆盖面过于宽泛，而且无法区分多级别岗位和部门考核标准的"德能勤绩"考核法被目标管理法取代。但是使用目标管理法之后，随着中国分公司的发展，其过分追求短期目标，过于注重一个部门内部的考核弊端逐步显现。所以，企业 A 从总部角度想对中国分公司推行全球绩效考核方法：360 度绩效反馈考核法。通过中国团队针对中国国情和特色进行修改推行。实践证明，该绩效考核在企业 A 的中国分公司里取得了初步的效果，360 度绩效考核法在企业 A 的中国分公司里是迄今为止最有效的方法。

公司首先从最高管理层的直接下属到部门经理开始推行 360 度考核方法，在企业中倡导以 360 度绩效考核结果为导向的企业文化。人力资源部就总部要求的 360 度绩效考核方法和总裁安排会议，进行深入的解释和分析。因为总裁为欧洲人，很快就接受了该考核方法，并且表示这次一定会协助人力资源部开展该考核方法。接着由总裁牵头展开部门总监及经理会议，提出考核方案，各列席的管理层都表示会学习并执行该考核方案。

随即，人力资源部就召开了管理层的专题会议，对 360 度绩效考核方法做了具体的介绍和说明，这次会议内容丰富，对 360 度考核法解释得很仔细，并且配合演示用的PPT会议。当中,管理层都非常认真,并且把具体的流程也记录了下来,伴随着会议的结束,人力资源部将关于360度考核的解释材料发于各个管理者,由此开始正式实施360度绩效考核方法。在之后的管理层对于360度考核的每一个流程中,都会有人力资源部的成员列席,一般可以及时地提供必要的说明解释。在经过半年的试运行后,各个管理层级的管理者对该考核法已经有了一定的了解,也看到了该考核方法对于个人发展和企业架构优化的优点。因此,在和下属的沟通中也会潜移默化地提高,也正是因为如此,一般员工对于360度考核方法也不再是那么的陌生,同时也看到了管理层对于该考核法的肯定,对于该考核法的排斥感就会慢慢减弱。在整个的年度考核周期结束之后,总裁也对管理层的某些管理者进行了职位的调动和晋升,使有能力的人到更合适的岗位中,这样正面的信息,让员工愿意接受360度绩效考核法,由此,360度绩效考核法满足了全体企业员工内部开展推广的前提。

在全员推广之前,要有由人力资源部牵头组成的有高层管理者挂职的执行委员会,以免造成当360度考核法真正推广的时候,发生管理层以工作繁忙为借口,推给人力资源部的情况。经过两年的考核,员工对于360度考核的看法已经日趋正确,由此导致的是360度考核结果的合理化和有效性。经过此次推广,企业的管理层能够更加合理、科学地进行架构调整,而员工也能更有效地进行自身的职业规划。

由于人才具有明显的多样性、多维性与动态性,这就决定了人才考核目的的丰富化。人才会因时间、空间、工作任务和工作条件(环境)等相关因素的变化而不同,从而呈现出明显的多样性、多维性与动态性的绩效特征,这也就决定了对人才的考核必须是多角度、多方位和多层次的。因此,从组织目标出发对不同类型的员工工作进行考核评价,并使考评结果与其他人力资源管理职能相结合,推动组织目标的实现。

第一节 不同类型人才的考核实施

一、经营管理人才的考核

(一)考核种类

1. 聘(任)期考核:对实行聘(任)期制的企业经营管理人才所进行的

考核。

2. 选拔任用考核：对拟提拔使用的后备领导干部所进行的考核。

（二）考核内容

1. 对高级经营管理人才应着重考评战略开拓能力、现代化经营管理水平。如战略决策能力、驾驭全局能力、组织协调能力、市场开拓和应变能力、依法治企能力、市场盈利能力等。

2. 一般的经营管理人才应着重从经营业绩、管理水平、工作目标的完成、履行职务能力等方面进行测评与考核。

3. 党政人才作为经营管理人才中的一个特殊群体，在考评中应着重从思想政治工作参与组织经营管理的活动中发挥作用的角度去考评。

（三）考核程序民主测评

1. 聘（任）期考核

①个人述职：由个人对自己在聘（任）期的工作情况进行客观、公正的介绍。

②民主测评：召开民主测评会，对考核对象进行民主测评。

③个别谈话：与分管领导、部门负责人、一定比例的工作人员和职工代表进行个别谈话。

④汇总情况：对民主测评的结果和个别谈话进行归纳、汇总。

⑤征求意见：征求分管领导的意见、主管业务部门的意见、监督部门的意见。

⑥评价意见：根据测评结果和考核情况，形成评价意见，确定考核档次，提出聘（任）用建议。

2. 选拔任用考核

①民主推荐。通过民主推荐确定考察对象，同时确定考察内容、考察时间。

②个别谈话、发放征求意见表、民主测评、实地考察、同考察对象面谈。

③综合分析考察情况，与考察对象所在单位领导交换意见。

④向人事部门汇报考察情况，提出任用建议方案。

（四）考核周期

一般分为季度考核、半年考核、年度考核、任期末考核。

（五）考核组织

1. 党委组织、分组考核。

2. 各单位自行组织。

3. 人事处组织考核。

二、专业技术人才的考核

（一）考核内容

1. 对高级专业技术人才应着重考评创新能力、攻关能力、自主开发能力以及承担重大科研课题和项目的能力，从技术创新、管理创新、解决技术难题的业绩与能力等多项指标方面进行测评与考核。对于一些从事研发型的专业技术人才，不能仅仅从结果上进行考评，因为研发需要的周期较长、投入较大，产出存在滞后性，在考评上应有所区别。

2. 一般技术人才应着重考评业务素质、现场解决实际问题的能力。对于一些青年技术人才，应着眼于他们的长远发展，从培养、发展的角度去考评，不能"以偏概全、求全责备"。

（二）考核周期

一般实行定期考核。

（三）考核组织

一般由人事部门或业务部门主持考核。

（四）考核程序

1. 个人述职：对本人所从事的专业技术工作进行总结，并在考核会上向考核组和所在单位干部职工代表述职。

2. 民主测评：运用专业技术干部定期考核民主测评表进行测评。

3. 个别谈话：在一定范围与干部职工代表谈话，了解被考核人情况，查阅相关专业技术工作资料，以全面了解被考核人的工作情况。

4. 综合分析被考核人的工作情况，确定考核档次。

5. 回馈意见并指出工作的努力方向，听取被考核人对考核结果的意见。

（五）其他考评方法

1. 评审、任职资格考试。

2. 执业资格考试。

三、技能人才的考核

（一）考核内容

1. 对于高技能人才主要考评在操作中的一些技术改进和革新，解决关键工艺和操作、维修难题的能力，是否能带动本部门的技术进步。

考核内容：分别对工作业绩、职业道德、能力进行评价。一般操作技能、理论知识、工作业绩、职业道德、能力成绩按 3∶2∶3∶1∶1 权重进行折算，破格申报者后三项按 6∶2∶2 权重进行折算。

2. 对于一般技能人才主要考评实际的操作技能和工作业绩，技术水准是否得到技术部门和现场职工的认可，主要是对照操作流程或绩效标准进行行为测评与考核。

（二）考核途径

1. 职业技能鉴定和评审。
2. 职业技能竞赛。
3. 技术能手评选。

通过以上三种途径考核并符合规定条件，可以获得技师或高级技师职业资格。

（三）考核程序

1. 本人申请。
2. 资格审核。
3. 技能鉴定：按照《国家职业标准》要求，考核申报者的操作技能和理论知识。
4. 综合评审：对申报者的日常工作表现和实际贡献进行评审。

（四）考核组织

技师、高级技师评审委员会。

（五）考核周期

1. 年度或定期考核。
2. 由单位（站段）组织进行。

第二节　人才考核实施的控制

一、人才考核的实施过程

作为人力资源的一项重要管理活动，人才的考核评价是一个复杂的系统过程，其具体的实施工作一般包括以下几个阶段。

(一) 准备阶段

考核部门根据工作计划，与上级和下级人员广泛而持续地沟通，然后发出考评通知，并根据不同的考核类型，说明考核目的、对象、方式以及考核进度安排，并提前通知各单位人事部负责此项工作的人员提前做准备，以便考评的人员参评。在具体实施之前对全员进行一次有关考评知识的培训，以便取得职工对考评工作的理解和支持，使考评工作获得预想的效果。

(二) 具体实施

1. 对经管人才的考评

①考评时间：季度、半年、年度、任期末。

②考评实施者组成：由本人、上级主管、同事、其他部门成员等进行360°考评。

③各考评层评估信度加权系数：本人 0.10，上级主管 0.40，同事 0.20，其他相关部门成员 0.30。

2. 对专业技术人才的考评

①考评时间：每半年考评一次，分别在 6 月、12 月进行。

②考评实施者组成：由本人、上级主管、同事、其他部门成员等进行360°考评。

③各考评层评估信度加权系数：本人 0.10，上级主管 0.40，同事 0.20，其他相关部门成员 0.30。

3. 对技能人才的考评

①考评时间：每年考评一次，一般在 7 月进行。

②考评实施者组成：由本人、上级主管、同事、其他部门成员等进行360°考评，然后进行相关的技能鉴定和综合考核。

③各考评层评估信度加权系数：本人 0.10，上级主管 0.40，同事 0.20，

其他相关部门成员 0.30。

二、人才考核误差的控制

考评是对被考评对象的客观行为及其结果的主观评价，但由于参加考评的人员站在不同的角度、不同的立场上认识问题，考评结果难免会出现偏差，它会在不同程度上削弱考评的效果，因此，必须找出产生误差的原因，并采取措施来控制误差。

（一）常见的考评误差

1. 首因效应

首因效应，也称为第一印象。一般指考核人员根据开始几分钟，甚至是评判之前的资料信息中得到的印象对应试者做出评价。这样的例子，古今中外不胜枚举，就连孔圣人也不得不感叹自己识人不明。孔子说："以言取人，失之宰予；以貌取人，失之子羽。"因此，在人才考核选拔中，要积极克服主观因素，摘掉"有色眼镜"，突破人的行为的表象性，从本质上了解和识别人才，辩证地看待存在的问题和不足，用全面的观点识人察人，坚持德才兼备标准，紧扣人才构成的基本要素来识别人才，善于按照职务的要求，透过现象抓住人才的主流和实质，做到"不以一眚掩大德"。

2. 近因效应

近因效应，是指由于人们对近期发生的事情记忆深刻，而对以前的事情印象浅，这就造成考评中的近期误差。有的人才最近取得了很明显的成绩，考核人员就有可能忽略前一阶段的工作失误问题；有的人才如果最近表现很差，考核人员则可能认为其一贯表现都很差。全面准确地识别人才，一时一事当然不能忽视，但最关键的还是要看主流和大节如何。在一定时间内，有些才优德劣的人也可能干出一些实绩来，其可能通过不正当的途径和手段获取"实绩"，混淆视听。因此，考核选拔人才，必须坚持从发展上了解人、识别人，任何时候都不能把一个人看"死"、看"绝"，看得一成不变。

3. 从众效应

受从众心理驱使，不想让自己给出的评判在考核人员中太突出，而倾向于从众打分。考核中，权威专家和领导的评判往往会给其他考核人员带来从众的压力，使得打分趋同。在考核选拔中，要用好透视镜，看看哪些是可信的、哪些是可疑的，而后从人才个体实际和工作岗位需要出发，敢于提出真知灼见，善于发表不同意见，不能人云亦云。

4. 晕轮效应

晕轮效应，也叫以点代面。人本身是复杂的，人才亦是如此，有突出的地方，有一般的地方，也有不足的地方。根据人才某一方面的特点来概括人才，这就是晕轮效应。众所周知，一束白光（太阳光）通过玻璃三棱镜后可以分解成不同颜色的光。在考核中，要坚持从整体上看待人、识别人，多角度、全方位了解考核对象，不能只看一个方面却不看其他方面，不能只看优点，或只看缺点不看优点，而要看出同中之异和异中之同。

5. 类己效应

考核人员对与自己在某一方面相似的应试者往往心存偏爱，从而给予较为有利的评价，反之对与自己观点、习惯等相悖的被考核者打分则较低。以己观人，好恶由我，同类相善，惺惺相惜，容易导致"识同体之善而失异量之美"。评价一个人才，除了对人才的弱点和不足有个全面、公正的评价外，对其长处和才干也要有一个科学、具体的分析。对于考核者而言，不能一叶障目，不见泰山；不能以偏概全，不看全面；更不能攻其一点，不及其余。考核者要力求做到"三个一"：一视同仁，不搞厚此薄彼；一把尺子量长短；一个标准定是非。

（二）考核误差的控制措施

建立完善的考评体系、选择合适的考评主体、选择合适的考评方法、考评任务的分配要合理、适中。

1. 信息回馈

就各类人才的考评结果与考评对象沟通，具体指出存在的问题，并提出改进计划，同时由人事处会同各单位人事部门对人才的职业生涯做出规划并检查改进计划的执行效果，进行跟踪并给予指导。

2. 考评结果

将考评结果的大量信息、数据进行分析整理，把这些结果合理地运用到人力资源与管理工作的各个环节上去，考评结果分别存入人事处、个人档案、考评对象所在部门。

三、人才考核结果的分析评定

（一）考评结果的整理统计

计算各类人才的考评总分，对于经管人才中的聘（任）用考核，根据测评结果和考核情况，参考经营业绩、安全等各方面的因素，形成评价意见，确定考核档次，提出聘（任）用建议。对于经管人才中的选拔任用考核，应综合分析考察情况、同考察对象所在单位领导交换意见，同时向人事部门汇报考察情况、提出任用建议方案。对于专业技术人才应综合分析被考核人的工作情况，确定考核档次，看是否胜任专业技术工作。对于技能人才的考评进行综合评审，确定申报者的技术等级。

（二）考评结果的应用

对于不同类别人才的考评结果，要根据考评人才的实际得分来具体分析（见表7—1）。

表7—1　　　　　　　　考评结果分析表

评分等级（评分标准）	措　　施
优秀（86～100分）	给予激励，提供进一步发展机会
良好（71～85分）	给予表扬并找出不足，加以面谈和帮助
称职（61～70分）	根据实际情况调整绩效计划，找出存在问题的原因，提供诚实、直接的反馈
不称职（60分以下）	分析原因并采取相应措施，提供具体而直接的反馈

对三类人才考评结果的应用如下：

1. 经管人才考评结果的应用（见图7—1）

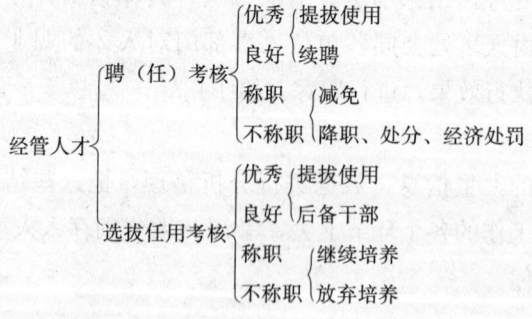

图7—1　经管人才考评结果的应用

2. 专业技术人才考评结果的应用（见图7—2）

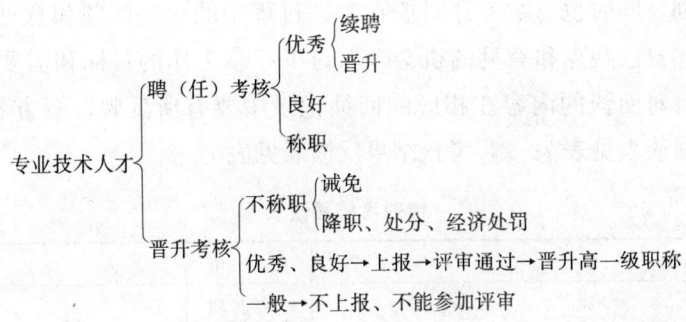

图7—2 专业技术人才考评结果的应用

3. 技能人才考评结果的应用（见图7—3）

图7—3 技能人才考评结果的应用

（三）考核后的回馈面谈

公布人才的考评结果并将其实际运用于人力资源管理的各项工作中，这并不代表人才的考评工作到此结束了，还有一项重要的工作没有做，那就是回馈面谈。对人才的考评工作不是为了考评而考评，而是一个过程，最终目的是要提高各类人才的实际工作能力，有利于各类人才的发展，使其对自己的职业生涯提出更高的标准和要求。回馈面谈的目的：一是对绩效考评的结果达成共识；二是使员工认识到自己在本阶段工作中取得的进步和存在的缺点；三是制订绩效改进计划；四是修订或协商下一个绩效目标和绩效计划。

1. 准备阶段

首先由人事处并相关单位的人事部门对参加回馈面谈的人员进行事前培训，并对各类人才的考评结果事前进行分析研究，找准谈话的目的和方向。同时，人事处并相关单位的人事部门作为主导回馈面谈的一方，应该在进行面谈的时间、地点和内容等方面做出详细、具体的计划。

2. 实施阶段

选择合适的时间、地点、人，就考评结果与考评对象面谈，双方畅所欲言、坦诚相见，互相沟通，既具体指出被考评对象的成绩及存在问题，并提出改进计划，同时也对被考评对象在考评过程中的一些问题和意见，给被考评对象阐述自己观点和意见的机会，探讨下一步工作的目标和需要得到的支持和帮助。对面谈的内容在相应的回馈记录中要有所反映，双方签字认可。绩效考核面谈表见表7—2，考核结果反馈表见表7—3。

表7—2　　　　　　　　　　绩效考核面谈表

姓　　名		职　　位	
部　　门		考核日期	
被面谈者在工作中所取得的成绩？			
被面谈者在工作中还需要改善的地方？			
被面谈者是否愿意接受公司安排的相关培训？			
被面谈者对自己的薪资、职位、工作安排是否满意？			
被面谈者对本次绩效考核是否满意？			
被面谈者对本次绩效考核有什么意见或者建议？			
被面谈者希望公司能给予自己怎样的帮助？			
被面谈者对于自己后续的工作方面有何计划？			
面 谈 者	姓名	职位	面谈日期
备　　注			

说明：

1. 本次面谈主要是了解本次绩效考核结果的反馈情况，其用意是提高本次绩效考核的成效，最终目的是促进员工的自我认识和自我反省。

2. 本次面谈将在绩效考核结果公布之前2周进行。面谈结果交由公司人力资源部备案。

表7—3　　　　　　　　　　考评结果反馈表

考评评语	主要工作成绩：
	存在不足：
考评分	主管人签字：
个人绩效改进计划	

续表

本人意见：

签章： 年 月 日

四、人才绩效考评需避免的问题

人才绩效考核评价是对人才奖励、使用的基本依据，公平、公正地进行评价才会有公平的激励，才会达到激励目标，才会让人才层出不穷。如果没有科学的人才绩效考评体系，就不能充分体现人才个体差异，也不能充分反映人才能力与实际贡献的大小。在人才绩效考评中需要重视并避免出现以下问题。

（一）人才考核评价机制激励力度不够，导向作用不明显

在人才考核评价中，由于人才考核评价环境欠佳，操作程序不够严格，实际存在着你好我好大家好，或者不负责任的现象。在部分单位考核结果不能形成差距，在奖金、晋级增资、晋升职务方面没有拉开档次，极大地削弱了优秀等次对人才的吸引力；同时，由于种种原因，不能实事求是地确认"不称职"等次，致使近80%的人员同处于"称职"一个等次，未能真正发挥考核的激励作用。为组织使用考核结果带来难度，这在一定程度上弱化了考核评价机制效果，不能产生较好的激励导向作用。

（二）人才考核评价指标体系不够科学，不能很好地运用定性和定量指标进行考核

对人才的考核评价本身就是一个比较复杂的模糊问题，定性的指标往往是印象、凭直觉，难以科学地对人进行评价；完全依靠定量指标，由于指标体系的设计比较困难，很难做到完全科学、合理和适应各个专业的不同特点，因此，完全依赖定量指标对人才进行评价也是很困难的。在评价指标体系的制定上及定性与定量指标的结合上还存在许多问题，具体表现为很多考评标准未量化，忽视了贡献与能力的考评，人才的选用不是以实绩工作绩效考核为准绳，有时还受论资排辈、迁就照顾等传统观念和习惯势力的影响。考评在很大程度上是以考核人的主观定性评价为依据，这就很难做到客观和公正，

从而造成良莠不分，甚至颠倒黑白，优劣错位，极大地挫伤了一部分人才的积极性。

（三）人才考核评价还处在粗放式的考核评价阶段，对人才考核评价的认识还比较模糊

人才考核评价还停留在粗线条、轮廓式的阶段，职位分类线条过粗，缺乏对人才全面、系统的考核评价，还未能按拟任岗位对所需人才的条件、标准、职责进行精细的设计，更缺乏对人才潜质的分析、判断，使实际考评难以操作，考评结果准确度不高，考评客观上流于形式，使考评结果与使用脱钩；对人才考核评价的认识也比较模糊，没有长远和发展的观点，认为考核评价是走过场。

（四）人才绩效考核与评价机制存在不匹配的问题

绩效考核是现代人力资源管理的核心问题。它不仅在薪酬分配和人才选拔上提供了重要的信息依据，而且对人才有较强的激励作用。但是，在目前的人才绩效考评的现状中，还存在对不同职级岗位和类别的人才的考评标准没有区分，而是笼统地用"德、能、勤、绩"这一比较抽象的、难以量化的指标加以评价；在考评的指标体系中缺少关键业绩指标（KPI 指标），未能体现组织特点的分层分类考核体系，使得人才绩效考评的结果没有成为人才的薪酬分配、职位的变动及奖惩的直接依据，人才的绩效考评往往流于形式，偏离了组织目标。

（五）对工作分析的重视度不够

工作分析本应是人力资源管理活动中第一个主要环节，在没有明确的工作分析情况下，一是失去了判断一个岗位工作完成与否的依据，从而岗位目标难以确定，导致难以进行科学考评；二是各岗位忙闲不均，存在着同一职级的不同岗位之间工作量的大小、难易程度差别较大。结果，在其他表现差不多、工作任务也都完成的情况下，往往工作量大、工作难度高的岗位上的人才没有被评为优秀，人为阻碍人才绩效评价工作的开展。

（六）人才绩效考核没有及时反馈，结果没有得到合适利用

在实施人才绩效考核中，通过各种资料、相关信息的收集、分析、判断和评价等流程，会产生各种中间考核资源和最终考核结果，这些信息本可以充分运用到人事决策、人才的职业发展、培训、薪酬管理以及人事研究等多

项工作中去,但在实际运用中,常出现两种情况:一种是考核人员将考核结果束之高阁,直接归档,没有进行分析,白白造成宝贵的绩效信息资源的巨大浪费;另一种则是滥用考核资源,凭借考核结果实施严厉惩罚,以绩效考核信息威慑,而不是利用考核信息资源来激励、引导、帮助和鼓励人才改进绩效、端正态度、提高能力。以上情况造成考核没有反馈,结果没有合适利用,成为人才绩效考核评价工作全面有效开展的"瓶颈"。

(七)人才绩效考核的评价者选择失误、信息面太窄,民主参与和监督力度不够

人们在工作过程中,会形成各种各样的工作关系,比如领导与下级的关系,同事之间的关系。由于每个人所处的位置和所担任的角色不同,那么他给别人留下的印象也不同,这就是不同层次的人对同一个人产生的知觉差异。由于知觉差异的存在,有人提出了360度考核。然而角色关系的不同,对某个人产生知觉的客观程度也不同,所以不同层次的考核者在评定个体要素时,提供信息的重要程度也有相对差别。在实际考评过程中,往往由于评价者选择错误,信息面太窄,掺杂个人好恶、以偏概全,以人际关系等其他因素来评价一个人,从而导致考评结果失真。人才考核评价工作应置于一个公开、公正的环境之下,严格按规定和程序进行。但在实际的人才考核评价中,民主参与的要素和群众监督的力度不够,有时还存在流于形式的现象,还有失察、失真、不公道的现象发生。

第三节 人才考核体系示例

一、某行政机构年度考核工作实施方案

以某规划和城市管理局2010年度考核工作实施方案为例。

根据人社局《关于做好2010年度机关事业单位工作人员年度考核的通知》文件精神,特制定本年度考核工作实施方案:

(一)考核范围、对象和目的

全局在编在岗科以下机关公务员、工勤人员、事业单位专业技术人员,为年度考核范围和对象。通过考核,客观公正,实事求是地评价机关公务员、工勤人员、事业单位专业技术人员的德才表现、履行岗位职责和完成工作任

务情况；考核结果作为奖励、晋升、聘用、辞退和调整工作待遇的依据。

（二）考核依据和内容

2010年度考核工作，严格按照《××省公务员考核实施办法（试行）》和市委组织部、市人社局《关于做好2010年度全市机关事业单位工作人员年度考核的通知》以及《××省事业单位工作人员考核实施办法（试行）》和《××省事业单位人员聘用制暂行办法》等文件的要求进行。

考核内容为德、能、勤、绩、廉五个方面（专业技术人员以岗位职责和承担的工作任务为基础）。全体考核人员应客观公正地考评自己、考核别人，客观填写国家行政机关工作人员年度考核登记表、事业单位工作人员年度考核登记表。

（三）考核评价标准和优秀等次的比例

1. 国家公务员考核结果为优秀、称职、基本称职、不称职四个等次。各等次评价的基本标准是以下几方面：

优秀：正确贯彻执行党和国家的路线、方针、政策，政治业务学习抓得紧，模范遵守各项规章制度，熟悉业务，工作勤奋，有创新精神，成绩突出。年度考核民主测评优秀的，可作为确定优秀等次范围，并经局考核领导组和局领导班子审核确定。

称职：正确贯彻执行党和国家的路线、方针、政策，政治业务学习抓得较紧，自觉遵守各项规章制度，熟悉或比较熟悉业务，工作积极，能够完成工作任务。

基本称职：思想政治素质和业务素质一般，在个别方面表现较差。

不称职：有下列情况之一者，应列为不称职等次范围，并经单位领导集体审核确定。

（1）政治业务素质差，难以适应本职工作要求。

（2）工作责任心不强，不能完成当年工作目标任务。

（3）工作失职，造成重大经济损失或严重社会影响。

（4）旷工及无正当理由请假连续达到10～15天，或一年内累计达到20～30天。

（5）年度考核民主测评不称职。

2. 事业单位工作人员年度考核结果分为优秀、合格、不合格三个等次。

各等次评价基本标准是以下几方面：

优秀：业务工作成绩突出，所做工作受上级机关表彰奖励和本年度做出突出贡献的人员，可列入优秀等次范围。

合格：民主测评没有达到合格标准的，应先以告诫，期限为3~6个月，告诫期满有明显改进，可定为合格等次；仍表现不好的定为不合格等次。

不合格：有下列情况之一者，应列为不合格等次范围。

(1) 年度受党内严重警告以上党纪处分。

(2) 工作失职，造成重大经济损失或严重社会影响。

(3) 旷工及无正当理由超假，连续达到10~15天，或一年内累计达20~30天。

(4) 年度考核民主测评不合格。

(四) 优秀等次比例

机关工作人员和事业单位工作人员中考核优秀等次人员数比例控制在本单位实际参加考核人数的15%以内。

在2010年获得目标任务绩效先进单位奖励的，优秀等次比例可提高到20%，但实施考核前须将优秀等次比例和相关依据报考核主管部门审核。

年度考核实行分级分层民主测评，以民主测评得分作为确定考核结果的重要依据。采取局领导班子成员和群众两个层次进行测评，按照5：5的比例测评。

(五) 考核程序和时间安排

1. 准备阶段（2010年12月28日至2011年1月4日）。召开考核领导组会议，制定考核实施方案，进行考核动员。

2. 考核阶段（2011年1月5日至1月15日）

(1) 个人总结。被考核人员按照考核内容和标准，对岗位职责履行情况和工作任务完成情况撰写个人总结或述职报告，并填写考核登记表于1月10日前报送局办公室。

(2) 述职。根据局实际情况，组织被考核人在一定范围内述职。各局属单位、科室主要负责人由局党委统一安排，由局派考评小组负责监督考评，其他人员在本单位自行组织述职，先由个人述职，再互相评议。

(3) 测评。按照考核评价标准，无记名填写年度考核民主测评表后，当天投入局测评箱内,由考核组密封和开箱,及时汇总考核得分。

(4) 评鉴。主管部门领导根据个人总结及平时考核情况,实事求是地提出评鉴意见。

(5) 考核小组审核。考核小组依据被考核人员量化考核得分情况,排出位次,提出考核等次意见。

(6) 局领导集体研究确定考核等次。

(7) 公示优秀等次人选。对拟确定考核优秀等次人选,在局内进行公示,时间为3天,接受群众监督。公示无异议后,正式确定为优秀等次。

3. 总结上报阶段(2011年2月1日至2月28日)

对年度考核工作进行总结,向县委组织部、县人社局报送审核材料;向个人通知考核结果,由被考核人员签署意见。

(六) 考核要求

1. 要提高对年度考核工作的认识,增强自觉性。通过动员、学习讨论,提高认识,端正态度,每个考核对象都要严肃对待,自觉参与。

2. 坚持标准,实事求是。要净化考核环境,营造公正、公平的考核氛围。个人的总结、述职、测评表要客观公正。本着对组织和个人高度负责的态度,尊重事实,出于公心,实事求是地评价自己和测评别人。坚持考核标准,不弄虚作假,不徇私舞弊。

3. 规范程序,认真操作。年度考核工作要按照规定的程序进行,各单位要按《实施方案》要求,认真抓好落实。防止形式主义,走过场,保质、保量、按时完成任务。

二、某集团公司人才考核体系方案

第一章 总则

第一条 设立目的

为增强公司市场竞争力,留住、用好关键人才,最大程度地激发出人才的积极性和创造力,从而进一步增强企业的人才吸引力,特制定本考核办法。

第二条 考核对象

考核对象包括适用于房地产行业的关键性高级专业人才和管理人才,具体包括:

（一）关键业务岗位：房地产业价值链中关键环节岗位，如产品规划设计、营销策划人才等。

（二）外部市场稀缺人才：房地产行业市场上普遍稀缺的管理和技术人才，如前期可行性研究、投融资管理人才等。

（三）企业阶段性急需人才：依据发展战略重点，目前企业需要提升的业务短板方面的人才，如高层管理人才、项目运作人才等。

第三条　考核原则

（一）外部公平原则：企业可以根据总体战略和阶段发展任务及企业目前发展短板选择适合自己的特殊人才，特殊人才的薪酬水平原则上与市场水平保持一致，并随市场水平的变化而变化。

（二）长短期激励原则：特殊人才是企业发展的关键人才，是企业价值链的关键价值增长点，他们价值的发挥往往要在较长的时间内才能显现出来。因此，考核既要注重对短期绩效的激励，更要注重对长期绩效的激励，也只有这样才能留住特殊人才，在较长时间内发挥出更大的价值。

（三）动态转换原则：特殊人才不是终身制，一旦特殊人才在外部市场不再稀缺，或经过考核不符合特殊人才标准，便退出特殊人才行列，而企业内部的普通人才一旦达到特殊人才标准，也可成为特殊人才，享受特殊人才待遇。

第四条　考核组织

特殊人才考核由薪酬考核领导小组组织实施，人力资源部负责考核的具体工作。

第五条　考核周期

考核周期包括试用期考核和年度考核，特殊人才在试用期间，以试用期为考核周期进行考核。

第二章　业绩合同的制定

第六条　考核依据

对特殊人才的主要考核依据为特殊人才业绩合同，每年年初（新招特殊人才在试用期满）根据公司战略发展目标、市场前景和上年度经营状况，并结合特殊人才具体特点由薪酬考核领导小组与特殊人才本人共同协商签订特殊人才业绩合同，作为特殊人才月度、年度考核的依据。具体格式见附件1。

第七条 业绩合同考核的作用

业绩合同作为对特殊人才绩效管理的有效手段，有助于：提高公司内部管理的透明度；有利于对特殊人才的业绩进行及时监督和及时反馈；将个人对业绩负责的做法制度化。

第八条 业绩合同的效力

业绩合同一旦被签署就具有约束效力，在有效期内不得擅自更改。如遇到对业务影响重大、不可抗拒的情况（如自然灾害或外部环境的巨大改变），造成业绩目标无法完成时，经双方协商，由薪酬考核领导小组讨论批准后予以调整。

第九条 业绩合同考核指标

分为定量指标和定性指标。

年度工作目标完成情况考核为定性指标，年度工作目标是指已列入公司高层领导或各部门当年年度工作计划，但尚未纳入关键业绩指标中的重要工作任务和突发性的由上级领导临时交办的重要工作任务，该工作目标是特殊人才在考核年度内必须完成的主要工作任务。

关键业绩指标（KPI）考核为定量指标，它是按照特殊人才岗位特点，根据业务进展的不同阶段来选择当年适用的关键业绩指标以体现当年的工作重点和主要价值驱动因素。例如，对产品规划人才应主要考核规划方案的先进性、适用性指标；对营销策划人才应主要考核产品的销售完成、产品的市场美誉度指标；对投融资管理人才应主要考核投资收益率、资金融通效率、融资完成率指标；对高级管理人才应主要考核职能履行、费用控制等指标；对项目运作人才应主要考核项目运作效率、项目成本、进度、预算控制等指标。

第三章 业绩合同考核办法

第十条 业绩合同过程控制：设立目的是及时督促特殊人才完成阶段工作目标，为人力资源部年度对特殊人才的考核积累资料。

特殊人才每季度末根据工作任务完成情况填写业绩合同自评表，人力资源部负责季度跟踪、分析、汇总特殊人才业绩合同完成情况。若有特殊人才实际业绩低于业绩合同阶段性分解目标时，人力资源部应督促该特殊人才向总经理或分管领导递交述职报告，在报告中应说明原因并提出下一季度如何改善业绩的具体行动方案。

第十一条　年度业绩合同考核分值计算

（一）目标设定指标得分＝（∑每项年度重点工作目标评分×权重）×在总业绩指标体系中所占权重

（二）关键业绩指标得分＝（∑每项关键业绩指标得分×权重）×在总业绩指标体系中所占权重

（三）分数合计＝目标设定指标得分＋关键业绩指标得分

每项重点工作目标和关键业绩指标的评分规则及标准、所占权重和目标值在设定业绩目标时确定。

第十二条　业绩合同考核数据收集

人力资源部负责收集、核实各特殊人才全年重点工作目标完成情况及关键业绩指标的数据，根据年初确定的评分办法对各特殊人才的业绩目标完成情况进行评分，作为计算各特殊人才年度考核总分值的依据。

第十三条　若业绩合同受约人在合同期内调离原职或担任新职，则应将其在任期间的实际业绩与该期间的业绩合同目标进行衡量比较，分析得出阶段性结果，为考核新到任者将承担的任务提供连续性的数据支持。

第十四条　当实际业绩超过业绩合同目标时，应对实际业绩进行综合性分析，核定实际业绩是否成为该受约人下一年度的业绩目标，以确保受约人持续保持良好的进取动力。

第十五条　特殊人才考核结果的应用

业绩合同得分在60分以上的，以业绩合同考核得分除以100作为考核系数计算实际应发绩效年薪。

业绩合同得分小于等于60分的，绩效年薪为0。

受约人总分大于或等于90分，且在外部市场仍属于特殊人才的，次年薪酬总额给予一定比例上浮。

受约人总分低于70分，且在外部市场仍属于特殊人才的，次年薪酬总额给予一定比例下浮。

受约人总分低于60分，经总经理办公会讨论通过后予以解聘。

第十六条　业绩合同考核结果的反馈

分管领导应通过面谈形式，把业绩考核结果以及考核的评定内容与过程通知各特殊人才，指出过去一年所取得的成绩与不足，并指明今后努力方向、改进方法和发展的要点，以及相应的期待、目标等。

第十七条　业绩合同考核结果的保管

特殊人才考核结果由人力资源部存档，作为下一年考核对比依据，以及人力资源管理的基础数据。

第四章　附则

第十八条　本制度由人力资源管理部门负责解释。

第十九条　本制度实施细则由人力资源管理部门制定和修改。

第二十条　本制度报总经理批准后执行，修改须经同样的程序。本制度自公布之日起实施。

附件1：　　　　　　　　　　特殊人才业绩合同

受约人职位		发约人职位		合同期限	
受约人姓名		发约人姓名		年度薪酬基数	
主要岗位职责：					

KPI	权重（%）	目标值	评分规则及标准	实际值	得分	数据来源
工作目标完成情况评价			见业绩合同附件			
分数合计						
指标分配签字确认	发约人		时间		受约人	时间
结果沟通签字确认	发约人		时间		受约人	时间

附件2： 重点工作目标完成情况表

受约人姓名				受约人职位		
上级主管人员 （考核评价人）职位				上级主管人员 （考核评价人）姓名		
年度重点 工作目标设定	评估标准及 时间	权重		实际完成情况		得分
1						
2						
3						
4						
得分合计						

【案例分析】

第五设计院是一个大型综合设计单位，建院很早，兵强马壮，专门承包资金系统各公司的大、中型项目设计，以一贯的高质量设计博得本行业务界的普遍赞誉和尊敬。

高级工程师马凯宁是该院现任第一设计室主任，担任现职已有7年之久，业务能力强，管理经验颇丰富，被视为本院骨干，前程不可限量。本室内的第七课题组由八名男工程师组成，他们共同在该组工作多年，彼此感情融洽，关系密切。该组原组长数月前调升另一设计室任副主任，组长一职暂告缺，目前由组内资历最深的贾可乐工程师代理。不久前，七组承担了某矿山机修厂扩建工程设计工作，同时参与这项任务的还有同组另外三位男工程师：代理组长贾可乐（38岁，在本院工作了15年）、萨本柱（40岁，来本院也有10年之久）和蓝狄承（32岁，来本院已8年）。

该组分配来一位新人苏黛微，是刚从一所名牌工科大学毕业的研究生，是本院首批分来的硕士生，26岁，出身高级知识分子家庭，朝气蓬勃，大方直爽。小苏初来乍到，但为能分到五院工作感到很高兴。她很喜欢分配给她的设计任务，觉得担子虽不轻，但却是很好的锻炼机会。她在工作中埋头苦干，充分运用她刚从学校学来的新知识，全身心都投到设计任务中。跟同组同事们的关系是友好的，不过无论上班还是下班，她都很少跟他们有工作以外的非正式交往。

人才考核体系与激励策略

小苏工作很认真,碰到困难问题,她会自动加班到深夜,查文献,翻资料,上计算室,总要尽快搞个水落石出。因为她这样坚忍不拔,再加上基础扎实,所学的知识又新,所以总是比别的同事早几天就完成了分派给她承担的那部分设计任务。她是闲不住的,总说"我有使不完的劲"。任务一结束,就坐立不安,总是又去找主任要新任务干。有时,她就问贾工、萨工和蓝工,能不能把手头的活分给她,好帮他们加快速度,但每回都被他们断然拒绝了。

她来院工作五个月后,有一回老贾来找马主任,说是谈谈组里的一件事。他们的对话如下:

马:有啥事?请坐下来谈谈。

贾:好,马主任。我本来不想打扰您,可组里好几位同志都非让我来找您谈谈小苏的事不可。小苏,苏黛微,就是才来不久的那个什么硕士,她把咱组的人全得罪遍了,总是一副狂妄自大,不可一世的样子,好像她就是"万能博士",啥事都懂。我们可不爱跟这种人共事。

马:老贾,这我可有点不懂了。她干得不错嘛,设计任务总是完成得很好,没出啥差错啊。布置的活全都干了,还要她咋的?

贾:可谁也没布置过她搞乱组里的气氛啊?谁许她有权指手画脚来教导我们该怎么干活来的?我大小也是个代组长,也没这么干过。组里的怨气挺大,再这么下去,我看全组的工作都要受影响。反正你看着办吧!

马:那好,我看这样吧。下星期她就干满半年了,我正要找她谈一谈,给她讲评一下她这半年来的表现。我一定记住你刚才讲的,可我不敢保证你们说的她那种目空一切的态度能改得了。现在的年轻人,难呀!

贾:我们也没指望她全改,可是她当众去指点别人该这样干那样干,真叫人受不了。人家还以为她是在做什么高级报告,用上那么大一堆什么高阶高次多变量方程,全是吓唬人的废话,有啥用!她最好收敛点,不然真有人要打报告调走了。

事后,老马该怎么跟小苏谈,仔细地琢磨了一下。他知道,这老贾虽说是代组长,实际上他早就是大伙的"头",这是代表组里其他人来谈的。到了下礼拜四下午,老马把小苏叫到自己办公室来了。下面一段话就是他俩的谈话后半段:

马:关于你这半年来的表现,还有一方面我得提醒你一下。我刚才已经说了，你在技术方面的工作，领导很满意，不过你跟组内其他同事的关系可有点问题。

苏：我不明白，您这指的是什么问题？

马：好嘛，说具体点，你们设计组里有些人，对你那种"万事通"的态度和总想告诉人家该怎么去干自己的活方面，很有意见。你对人家得克制点，别公开去评论人家的工作。这一组的工程师们都挺强的，多年来的工作一直属于优秀一类。我可不愿意你把他们搅得不能安心，影响工作质量。

苏：主任，听我说几句行不行？首先，我从来没公开批评过他们的工作，也没向您汇报过。最初，我把工作干完了，总要求帮他们干一点，这本是好心嘛，是不是？可次次都叫我"少管闲事"，以后我就光埋头干自己的活了，"休管他人瓦上霜"嘛。

马：这对嘛！这我明白。

苏：您不明白的是，在这个组干了几个月了，我看得出来，他们明明在磨洋工嘛。这些工程师故意定一种很慢的工作节奏，远远低于他们的能力，明明是"力争下游"！他们感兴趣的是上班听老萨的半导体放的音乐，谈足球比赛，商量着"谢天谢地又是礼拜天"了，该怎么一起去看电影逛商店；尽谈那些庸俗不堪的香港爱情电影、连续剧。我很遗憾，让我跟他们一起混日子，没门！我从家里到学校，可不是接受这样的教育的。还有一点，他们压根儿就没正眼瞧过我，以为我不过是来破坏他们那个"快乐的俱乐部"的黄毛丫头。

马：你别胡说！给工程师做鉴定、写评语是领导的事。你的任务就是做好本职设计工作，别干扰人家的工作方式。你要好好干下去在这儿还是很有前途的，可你得光管你的技术活，管理方面是我的职责。

小苏离开老马办公室时，觉得很伤心，也挺寒心。她知道自己一直干得很不错，而那些工程师们却远未发挥他们的潜力，这是明摆着的。她不知道该怎么办？有点想哭，但马上忍住了，她把头一抬，又挺胸阔步地朝设计室走去。

问题：
1. 小苏和大伙产生矛盾的原因是什么？
2. 小苏应如何处理好与同事之间的人际冲突？

3. 老马作为领导应如何对部门人员进行客观合理的评价?

本章复习思考题

1. 什么是人才绩效考核?如何设计关键绩效考核指标?
2. 在绩效考核方案设计和执行中应注意哪些问题?
3. 人才绩效考核的程序包括哪些方面的内容?
4. 年度考核工作实施方案包括哪些方面的项目和内容?
5. 如何进行组织人才考核体系的方案设计?

第八章 人才激励理论

本章教学目标

通过本章的学习，了解激励的概念和激励理论的主要观点，掌握激励模式运用的类型和运行效果，掌握组织主要的激励运行模式。

【导入案例】

"雷尼尔效应"与非货币薪酬[①]

位于美国西雅图的华盛顿大学曾经选择了一处地点，决定修建一座体育馆。消息一经传出，立即引起教授们的强烈反对。于是校方顺从教授们的意愿，取消了这一计划。

教授们为什么会反对校方修建体育馆呢？原因是这个拟建的体育馆选址是在校园内的华盛顿湖畔。一旦建成，恰好挡住了从教职工餐厅可以欣赏到的窗外美丽的湖光山色。为什么校方又会如此尊重教授们的意见呢？这与薪酬水平有直接的关系。

与美国平均水平相比，华盛顿大学教授们的工资水平要低20%左右。在美国，教授这种职业在地区间是不存在劳动力流动障碍的，为何教授们自愿接受较低的工资而不到其他大学去寻找更高薪酬的教职呢？原来，很多教授之所以接受华盛顿大学较低的工资，完全是出于留恋西雅图的湖光山色：西雅图位于北太平洋沿岸，华盛顿等大大小小的水域星罗棋布；天气晴朗时可以看到美洲最美的雪山之一——雷尼尔山峰；此外，还有一座一息尚存的火山——圣海伦火山。为了美好的景色而牺牲更高的收入机会，被华盛顿大学

---

① 改编于《企业留人的雷尼尔效应》，百度文库 http://wenku.baidu.com.

经济系的教授们戏称为"雷尼尔效应"。

换句话说，华盛顿大学教授的工资，80%是以货币形式支付的，20%是由美好的自然环境来补偿的。如果因为修建体育馆而破坏了这种景观，就意味着教授们的工资降低了，于是他们就可能流向其他大学。对华盛顿大学来说，要想继续留住这些教授，办法无非是：一是在原定的位置建体育馆，同时将教授工资提高20%；二是放弃修建体育馆的计划，或另选地点修建体育馆。最后经过权衡，校方选择了后者。

"雷尼尔效应"对于人力资源管理来说具有重要的借鉴意义。不只是自然风光，一切非货币形式表现出来的报酬都可以起到吸引人和留住人的作用，成为组织的"雷尼尔"。对许多有抱负的员工而言，高薪职位只是他们前来投效的诱因，薪资单纯的量的变化不一定能提高员工的积极性。管理者要综合考虑薪资结构的变化，包括对个人自我需求最优化的考虑，以及考虑如何提高个人的舒适度、个人自我实现度。要寻求薪资量的变化中的替代品，如用职位的变动来替代薪水的变化，用企业文化的认同来替代单纯的薪酬变化。只有这样，才能最大限度地吸引和留住人才。

第一节 激励理论

一、激励的简述

（一）激励的概念

激励是现代管理中最重要、最基本，也是最困难的职能之一。对"什么是激励？"也存在着各种不同的看法，在理论界也有多种定义和解释。

"激励"一词译自英文 Motivation。它含有激发动机、鼓励行为、形成动力的意思。激励作为一个心理学概念，指激发人的动机，使人有一股内在动力，朝着所期望的目标前进的心理过程。在人力资源管理中，激励就是指管理者采取某种有计划、有目的的措施，激发、鼓励工作人员的动机，以有效实现组织目标的活动过程。

在我国最早出现"激励"一词的文献是《史记·范雎·蔡泽列传》："欲以激励应侯"，这里的意思是激发士气振作。从激励的中英文含义中可以看出，激励既包括激发、鼓励、以利益来诱导之意，也包括约束和归化之意。

人才激励理论

Atkinson（1964）将"激励"定义为"对行动的方向、活力和持久性的即时影响[①]"。Vroom（1964）则认为"激励"是"控制人们在多种可选自愿行为中做出选择的过程[②]"。在管理理论中，绝大多数学者都认为，激励的目的是调动员工的积极性、激发员工的主动性和创造性，以提高组织的效率和效益。

美国著名管理学家斯蒂芬·罗宾斯在《组织行为学》一书中为"激励"一词给出了权威的定义。罗宾斯认为激励是"个人向一个可达到目标努力的过程，它包括努力的强度、方向和持续性"。"我们把激励定义为通过高水准的努力实现组织目标的意愿，而这种努力以能够满足个体的某些需要为条件"。在该定义中有三个因素，它们分别是努力、组织目标和需要。努力是强度指标，不仅要考虑努力的强度，还必须考虑努力的质量；组织目标是努力的方向和目的；需要是一种内驱力，它会产生寻求行为，去寻找能满足需要的特定目标。

激励是影响一个人自愿行动的方向、强烈程度和持久程度的内在力量[③]。激励的主要目的是尽量满足组织和员工的各种外在、内在需求，从而达到组织目标与员工目标的和谐统一，力争实现组织与员工的双赢。心理学认为，行动由动机决定，动机来自于需要。"激励在人的智力、技巧和对任务的理解程度以及环境中所存在的各种制约条件都保持恒定不变的条件下，能说明一个人的行为的方向、幅度和持续性。"（J. P. Campbell & R. D. Pirtchard, 1976）因此，对人的激励也就是如何把人的需要转化成动机，并使所期望的动机尽可能强烈化，达到预期的目的。

从上面的定义可以看出，激励总是和需要、动机、积极性和满意度相关联。在心理学中，需要被看作是有机体内部的某种缺乏或不平衡状态，它表现出有机体的生存和发展对于客观条件的依赖性，是有机体活动的积极性源泉[④]。综述之，激励，就是组织通过设计适当的外部奖酬形式和工作环境，以一定的行为规范和惩罚性措施，借助信息沟通来激发、引导、保持和归化组

[①②] 雷蒙德·A. 诺伊等. 人力资源管理：赢得竞争优势 [M]. 北京：中国人民大学出版社，2001：35—37.

[③] 麦克沙恩，格里诺. 组织行为学（第三版） [M]. 井润田等译. 北京：机械工业出版社，2007：99—138.

[④] 黄希庭. 心理学导论 [M]. 北京：人民教育出版社，2000.

织成员的行为，以有效地实现组织及其成员个人目标的系统活动。

在管理工作中，激励被定义为一个为了特定的目的而对人们的内在需要或动机施加影响，从而强化、引导或改变人们行为的反复过程[①]。激励所涉及的是"行为是怎样发端，怎样被赋予活力，怎样延续，怎样导向，怎样终止，以及在所有这一切进行的过程中，该有机体是呈现出何种主观反应的"（M. R. Jones, 1955），"这个过程主宰着人们或较低等的有机体在多种自愿活动的备选形式中所做出的抉择"（V. H. Vroom, 1964）。

（二）激励的作用

在知识经济汹涌澎湃、全球化势头强劲的今天，国内外企业组织的竞争日趋激烈，为了生存与发展就必须高效地组织并充分地利用组织中的人力、物力与财力资源。有效利用和合理分配这些资源来调动员工的积极性，离不开对员工行为的有效激励。可以毫不夸张地说，激励的有效与否与组织的兴衰成败是息息相关的。

科学的激励政策至少有三个方面的作用：

1. 有效的激励可以使组织吸引并留住真正的人才。

2. 有效的激励可以开发员工的潜在能力，进一步激发创造力和革新精神，促进员工充分地发挥其才能和智慧。

3. 有效的激励能够造就良性的竞争环境，进而形成良性的竞争机制，促使员工努力工作。

二、激励理论

人是组成组织的最小单元，也是组织活动的具体执行者和组织活动的基础。因此，研究人的行为是构建组织模式的基础，这样对人的行为动机的研究就成为找出激励人的积极性的基本原理。个体的动机与激励的程度不同，人的工作成绩也是不同的，学术界通过对个体的研究已经取得了一系列具有代表性的理论。

激励理论是试图解释和预测一个人在组织中的行为表现，并为组织确保员工行为与组织目标的一致性提供理论依据。自20世纪初开始，泰勒的"差

---

① 宗莉苹. 企业人员激励措施的创新研究 [J]. 现代经济信息，2008：3-15.

别计件工资制"等为代表的强调"经济人"和单纯通过金钱刺激进行激励的观点,拉开了激励理论研究的序幕,心理学家、经济学家、管理学家和社会学家们从不同的角度研究了应怎样激励人的问题,并提出了种种激励理论。按其所研究的激励侧面的不同及其与行为的关系不同,可把各种激励理论归纳和划分为内容型、过程型、行为矫正型、综合型四大类。

(一) 内容型激励理论

内容型激励理论认为,需要是激励过程的起点。激励问题主要是激发需要,使需要转化为工作动机的问题。因此,内容型激励理论主要是从人的需要出发,以人的需要、动机等心理内容为研究重点,来探讨工作动机激励的规律性,旨在找出促使员工努力工作的具体因素。内容型激励理论主要有:需要层次理论、ERG 理论、双因素理论和成就激励理论。

1. 马斯洛的需要层次论

需要是个体和社会的客观需求在人脑中的反映,是个体或群体对其生存与发展条件所表现出来的依赖状态,是个人的心理活动与行为的基本动力。美国人本主义心理学家马斯洛认为,需要是人类行为的积极的动因和源泉,需要引起动机,动机驱动行为。因此,弄清了人类的基本需求结构或层次,就能很好地说明、解释、预测和控制人类的行为。1943 年,马斯洛在其《人的动机理论》中,提出了"需要层次论"。1954 年对这个理论做了进一步的发展和完善,阐述了人的基本需要按重要性和发生的先后顺序分为五大类:生理、安全、社交、尊重和自我实现,认为由于人的五类需要驱动了人的各种行为。这是提出最早、影响最大、在研究组织激励时应用最广泛的一种激励理论。

(1) 生理需要。这是人类维持自身存在的最基本需要,如衣、食、住、行等。当一个人受某种生理需要支配时,他的理想的境界可能会变化。例如,长期处于极端饥饿状态的人,他的追求目标首先是食物,为此,生活的目的被看成是为了填饱肚子,但是,一旦这种需要被满足了,就不再是一种需要了。生理需要是属于最低层次的人类的基本需要,是推动人们行动的强大动力。

(2) 安全需要。人们喜欢一个安全的、有秩序的、可以预测的、有组织的世界。在那里有所依靠,不会发生意外的、难以控制的或其他危险的事情。

安全需要的含义是广泛的。从世界和平、社会安定直至个人的安全，人们希望有一个和平、安全、良好的社会，在这个社会中，健康、正常、幸运的人的安全需要基本上可以得到满足。人们不希望受到犯罪、谋杀、专制等不安全因素的威胁。这是为了保障人类自身的安全，保障个体没有失业和失去财产的担心，保障个体能够依赖组织获得一种安全的机制。

（3）社交的需要。社交的需要包括与人交往、友谊、爱情、归属以及被接纳。个人在生活中感到需要朋友、爱人、孩子，渴望与同事之间有着深厚情谊。在现实生活中，要搞好人际关系，不能简单地就事论事、组织服从，而应该包含有感情与爱的因素。

（4）尊重需要。社会上所有的人都希望自己有稳定、牢固的地位，希望得到别人的高度评价，需要包括自尊与尊重他人。尊重需要分为两类，一类是希望有实力、有成就、能胜任、有信心，以及要求独立和自由；另一类是要求有名誉或威望，受到别人的赏识、关心、重视或高度评价。

（5）自我实现的需要。是指促使人的能力得以实现的趋势，希望自己越来越成为所期望的人物，完成与自己能力相称的事情，使自己的潜能现实化，成为有完美人性的人，成就能够成就的一切。自我实现包括心理健康、自主性、创造性等。

马斯洛的需求理论揭示了人的需求本质，在一定程度上反映了人类行为和心理活动的共同规律，对激励理论和激励管理产生了积极的影响，但是实践证明，人的需求常常是复杂的、模糊的，这包括以下几个方面：

（1）这五种需要像阶梯一样从低到高，但这种次序不是完全固定的，它可以变化，也有种种例外情况。

（2）一个层次的需要相对地满足了，就会向高一层次发展。这五种需要不可能同时满足，越到上层，满足的百分比越少。如果最低级的需求得不到满足，其他更高级的需求就不会发生作用。

（3）同一时期内，个体可以同时存在几种需要。因为人的行为是受多种需要支配的。但是，每一时期内总有一种需要是占支配地位，这种最强烈并制约其他需要的因素就叫作"优势需要"。

（4）满足了的需要就不再是一种激励力量。

需要层次论与管理措施的相互关系见表8—1。

表 8—1　　　　需要层次论与管理措施的相互关系

序号	需要的层次	诱因（追求的目标）	激励（追求的目标）	管理措施
1	生理的需要	薪水、健康的工作环境、各种福利	工资和奖金、住宅设施、福利设备、健康的工作环境	工资和奖金制度、医疗保健制度、工作时间、住宅和福利设备、健康的工作环境
2	安全的需要	职位的保障、意外的防止	职业职位保障、人身安全	安全生产生活条件、用工制度、退休养老制度、人身保险制度
3	归属与相爱的需要	友谊（良好的人群关系）、团体的接纳、与组织的一致	友谊、团体接纳、组织认同	建立和谐工作小组和良好的人际关系，建立协调和对话制度、团体活动制度、互助金制度、娱乐制度、教育训练制度等
4	尊重的需要	地位、名分、权力、责任、与他人薪水的相对高低	名誉、地位、权力、被人尊重与自尊、与他人收入的比较	人事考核制度、晋升制度、表彰制度、奖金制度、选拔进修制度、责任制度、参与制度和提合理化建议等
5	自我实现的需要	能发展个人特长的组织环境、具有挑战性的工作	能发挥自己特长的组织环境、承担有挑战性的工作	建立决策参与制度、提案制度、个人职业发展制度、委以挑战性工作；建立破格晋升制度；研究发展计划

因此，需要层次理论是一种递进式需求，具有直观性和简易性，考虑了个体的心理特征与需求差异，在一定程度上反映了人类的行为和心理活动的共同规律，指出了人从低到高的基本需要的满足对个体及组织行为的影响，对管理者如何有效地调动人的积极性有启发作用。借鉴马斯洛需要层次理论的积极方面，就应该注意研究和掌握员工的需要结构，把握其共性与个性，了解员工的需要差异，分析哪些是优势需要，哪些是一般性的需要，对于科学地实施激励是很重要的。应当注意的是，马斯洛的需要层次论也有一定的局限性。它侧重于个人的心理因素，忽视了人的需要的社会性，缺乏实证资料的支持，不具有普遍适用性，未满足的需要不一定就有激励作用，已满足的需要不一定没有激励作用。

2. 奥尔德弗的 ERG 理论

美国心理学家奥尔德弗（C. P. Alderfer）于1969年提出了ERG理论，他认为人的需要只有生存需要、关系需要和成长需要三种核心需要。

（1）生存需要。指人在衣、食、住、行方面的基本需要。

（2）关系需要。指与他人和睦相处、建立友谊、寻找归属的需要。

（3）成长需要。类似于马斯洛的某些自尊和自我实现的需要。

ERG理论认为，各个层次的需要得到的满足越少，则这种需要越为人们渴望。较低层次的需要越是能够得到较多的满足，对较高层次的需要就越渴望；较高层次的需要满足的越少，则转向对较低层次的需要渴求也越多。

ERG理论与马斯洛的层次需要理论的区别在于：①层次需要理论是建立在满足上升的基础上，也就是说一旦较低层需要已经得到满足，人们将选择更高一级的需要。而ERG理论不仅提出了需要层次的"满足—上升趋势"，而且也提出了"挫折—倒退模式"。挫折倒退说明较高的需要未满足或受到挫折时，人就会将更强烈的欲望放在一个较低层的需要上，比如成长需要受到挫折，就会下降到对人与人关系的需要，从而产生更大的希望。②需要层次理论认为每一个时期只有一种突出的需要。而ERG理论认为，在任何一个时间内可以有一个或一个以上的需要同时发生。③需要层次理论认为，人的需要是严格地按低到高逐级上升的，不存在越级，也不存在由高到低的下降。ERG理论则认为人的需要可以有越级的发展顺序，一旦遇到挫折也存在由高到低的下降，某种需要在得到基本满足以后，其强烈程度不仅不会减弱，还可能会增强。

国外很多人认为，奥尔德弗的ERG理论强调了人的生存关系和发展，认为人们可以同时去追求各种层次的需要，或在某种限制下在各种需要之间进行转化，修正了马斯洛的层次需要理论的不足之处，更切合现实情况，对劳动人事管理和现代组织激励管理都有深刻的启迪意义，如"职业生涯发展计划"就源于此理论。

但是，ERG理论在需要的分类上并不比需要层次理论更完善，对需要的解释也并未超出需要层次理论的范围。但ERG理论比需要层次理论更能符合人们关于对个体差异的认识，ERG理论支持那些由于教育、家庭背景和文化背景不同的人们需要种类排列顺序的差异。例如，美国人是将生存需要排在关系需要之前，而日本人则是将关系需要排在生存需要的前面。所以说，如果认为马斯洛的需要层次理论是带有普遍意义的一般规律，那么，ERG理论则偏重于带有特殊性的个体差异，这表现在ERG理论对不同需要之间联系的限制较少。

3. 赫茨伯格的双因素理论

20世纪60年代，美国心理学家赫茨伯格在他的《工作与人性》一书中提出了影响员工绩效的双因素理论。他认为，人类有两种不同类型的需要，它们是彼此独立的，且能以不同的方式影响人们的行为，这两类因素：一类是保健因素，又称非本质因素或情境因素，即与工作外部环境和条件相关的因素，这些因素没有激励人的作用，但却有预防、保持人的积极性，维持工作现状，消除员工的不满的作用，例如，工作本身、社会承认、责任、成就、发展、进步等；另一类是激励因素，又称本质因素或内容因素，即影响人们工作的内在因素，其本质为注重工作本身的内容和性质，以此可以提高工作效率，促进人们的进取心，激励人们做出最好的表现，例如，组织政策与行政管理、工资、工作条件、与上级关系、与同事关系、与下级关系、安全、地位、工作保障、监督等。该理论认为，满意和不满意并非共存于单一的连续体中，而是截然分开的，这种双重的连续体意味着一个人可以同时感到满意和不满意。

把赫兹伯格的理论用到管理工作中，可以取得在管理人力资源方面的两种重要激励思想。首先，激励因素一般属于心理成长因素，与工作本身关系密切，如工作内容本身、责任、进步等，应不断予以强化，使员工保持高昂的工作热情。对不同的人来说，激励因素和保健因素也不同，有些人的保健因素可能是另外一些人的激励因素。其次，保健因素与工作环境有关，例如，创造良好的工作外部环境和条件、给员工多一些主人翁责任感、多安排挑战性的工作、扩大工作范围、增强成就需要，让工作本身成为一种强有力的激励因素。

赫茨柏格的双因素理论和马斯洛的需要层次理论是相吻合的，但比需要层次理论更进了一步。他认为并不是所有需要层次的满足都能激励员工的积极性，有的需要的满足只会使人感受到外在的、有限的激励作用，而有些需要的满足则可以极大地激发人的工作动机，调动员工的积极性。这就为管理者更好地激发员工的职业动机提供了新思路。赫茨伯格重视和强调内在激励，是一个重要的有时代意义的观点，但赫茨伯格把工资奖金这类因素归为保健因素，这是基于西方国家企业员工的情况，在我国员工生活还不够富裕的情况下，工资、奖金还是重要的激励因素。同时，赫茨伯格的研究方法受到方法论的限制，其提问方式有可能误导被提问者，没有对满意度进行整体的测量，忽视了环境变量的作用等。因此，在进行需要的分析时，还要结合我国实际情况，对保健因素和激励因素进行科学的划分。

4. 麦克利兰的成就激励理论

1966年，美国哈佛大学心理学家戴维·麦克利兰在其《促使取得成就的事物》一书中提出了成就激励理论，他认为在人的生存需要基本满足的前提下，人的激励需求有三种：成就需要、权力需要和社交需要，其中成就需要是其理论的核心概念。

（1）权力需要，指人有借助权力控制他人的欲望。

（2）社交需要，指负有全局责任的管理者把社交看得比权力更为重要。

（3）成就需要，是一种内化了的优越标准的成功需要，是人对挑战性工作及事业成就的追求，会引发人的快感，增加奋斗的精神，它是一个人完成自己所设置的目标的需要，对行为起主要影响作用。麦克利兰认为有高成就需求的人是人类的精华。

麦克利兰认为，有两个主要因素决定和影响着一个人的成就需要，这两个因素就是环境和个性，可用公式表示为：成就需要＝f（环境×个性）。具有强烈成就需要的人，把个人对成就的追求看得比金钱更重要，从成就中得到的鼓励超过物质鼓励的作用，把报酬看作是衡量成就大小的工具。他们有强烈的事业心和独立性，勇于克服困难和担当一定的风险，比较实际，大多是进取的现实主义者。三种需要排列的层次和重要性对不同的人是不同的，个人行为主要决定于其中被环境激活的需要。管理者可以通过员工的需要类型，施以不同的激励措施（见表8—2）。

表8—2　　　　　　不同类型员工的特点及适用的激励措施

员工类型	员工特点	适用的激励措施
成就主导型员工	1. 渴望得到管理者明确的工作评价 2. 喜欢进行有意义的、适度的冒险 3. 善于制定适当的、可操作的目标 4. 善于解决具体问题	1. 为他们布置具有挑战性但通过努力可以完成的工作任务 2. 及时正确地对他们的工作业绩进行评价和反馈

续表

员工类型	员工特点	适用的激励措施
权利主导型员工	1. 喜欢与他人比较 2. 渴望控制别人 3. 希望能控制整个局势 4. 喜欢参加能够获胜的比赛 5. 不喜欢通过团队协作来完成工作 6. 害怕失败，不愿承认错误	1. 让他们做完整的工作，避免让他们做协调性的工作 2. 尽量让他们参加工作讨论，并参与决策的制定 3. 使他们有权力控制他们自身的工作
社交主导型员工	1. 喜欢与他人交流 2. 渴望被别人喜欢 3. 希望能加入一个小团体 4. 喜欢参加大型的社会活动	1. 让他们在团队中工作 2. 尽量对他们的工作进行表扬和认可 3. 让他们做协调性工作

麦克利兰的理论丰富了马斯洛自我实现的观点，强调通过教育可以造就出高成就需要的人。管理者的一项主要职责，就是发现和培养具有高成就需要的人才，把他们放在最能发挥他们潜力和作用的岗位上去。麦克利兰的成就需要理论对于管理者把握人才的高层次需要，具有积极的参考意义。但是，在不同国家、不同文化背景下，成就需要的特征和表现不尽相同，需要具体分析和把握。

（二）过程型激励理论

过程型激励理论和内容型激励理论有所不同，内容型激励理论侧重于人的需要，研究人的需要的组成和结构，如何使这些需要激活起来成为工作动机。而过程型激励理论侧重于由需要到动机，由主观需要到客观行为的中间过程，研究人是如何确定行为目标，如何选择行为方式，以及需要是如何转化为行为的动机。过程型激励理论主要有：期望理论、公平理论、目标设置理论。

1. 期望理论

美国心理学家弗鲁姆1964年在其《工作与激励》一书中提出了工作激励期望理论。他认为"激励就是掌管选择过程"，其理论基础是：人之所以能够从事某项工作并达成目标，是因为这些工作和组织目标会帮助他们达成自己的目标，满足自己某方面的需要，目标是一种刺激。这种理论假设认为，人都是决策者，人们要在各种可供选择的行动方案中选择最有利的行为，才会被充分激励起来，从而采取行动以达到这一预期目标。例如，奖金就是一种诱因，职工为了获得奖金而努力工作，最后获得了奖金，这就是一个激励过程，其中奖金作为一种目标、诱因，对职工的积极性起着强烈的激励作用。

弗鲁姆的期望理论是围绕着激励水平、效价、期望值这三个概念建立起来的，它是一种通过考察人们的努力行为与其所获得奖酬之间的因果关系，来说明激励过程的理论。

这一理论可用公式来表示：$M = V \times E$。

M 为激励水平，指调动一个人的积极性、激发人的内部潜力的强度。

V 为效价，指个人对某种结果效用价值的判断，指某种目标、某种结果对于满足个人需要的价值，或者说是某种结果对个人的吸引力。

E 为期望值，指根据一个人的经验判断一定行为能导致某种结果和满足需要的概率，即被激励者对实现目标可能性的估计。

根据这个公式，当一个人对某种目标（行为的结果）的价值估价越高，同时他判断自己获得这一成果的改良概率时，则这一成果对他的行为的激励力量也越大，对调动他的积极性的作用也越大。降低 V 和 E 中的任何一个，都将导致激励水平下降。显然，一个对自己没有多少价值的目标，虽然达到目标的可能性很大，人们也不会有太强烈的愿望去实现它；同样，对一个很有价值的目标，虽然人们有很强烈的愿望实现这个目标，但要成功几乎是不可能的，理性人也不会去做无用功。

可见，人的动机强度或激励力量，既决定于个体对实现预期目标或成果的可能性大小的判断（即期望值），也决定于目标价值，即个体对实现预期目标重要性满足需要程度的评价。

期望理论的公式告诉我们，一种激励因素的激励作用的大小取决于其效价和期望值，这两者共同决定着激励作用的大小，通常有四种情形：一是效价很高，同时实现目标的概率也很高，那么这种激励因素就有极大的激励作用，可谓强激励；二是效价高，期望概率低，则激励作用很小，可谓弱激励；三是效价低，期望概率高，激励作用也很小，可谓弱激励；四是效价低，期望概率也低，激励作用极小，可谓极弱激励。因此，管理者采用某种激励目标时，要使下属对其效价和期望概率都有较高的评价，这种目标才真正有激励作用。

这种理论的贡献：阐述了个人目标以及努力与工作绩效、绩效与奖励、奖励与个人目标满足之间的关系，指出不存在一种普遍的原则能够解释所有人的个体行为，为进行奖励并评估组织的奖励政策提供了基础。

这种理论的局限：所提出的期望模型看似正确，但却难以检验，个人是否有能力像该理论所描述的那样有意识地做出各种理性的选择，做出的各种假设限制了该理论的应用范围。

2. 公平理论

美国心理学家亚当斯（J. S. Adams）于1965年提出了自己的公平理论。该理论是在社会比较中探讨个人所做的贡献与他们得到的报酬之间如何平衡的一种理论，侧重于研究工资报酬的合理性、公平性对个人积极性的影响，所以公平理论又叫社会比较理论。这种理论认为，人们的行为动机不仅受到绝对报酬的影响，而且受其所得相对报酬的影响。亚当斯把公平理论系统地引入到工作激励理论中来，提出了一个简易的公式：$O_p/I_p=O_r/I_r$，式中大写字母O和I，分别表示有关人物所获"结果"（即收益）和他们所付出的工作"投入"（即贡献）这两种变量；小写字母p与r则是脚注，分别代表"当事者"与"参照者"。亚当斯指出，当公式成立时，当事者感受公平，认为分配是公平合理的、令人满意的；当公式中两端不等时，当事者会产生不公平感，这种公平感或不公平感是由客观刺激作用于个体而在个体心理上产生的一种主观判断，对人的积极性和工作态度产生很大影响。

公平理论中，一般有两种比较方法：一种是纵向比较，即自己现在得到的报酬与自己过去得到的报酬相比，如果现在比过去所得报酬低了，就会产生不满情绪，从而影响工作的积极性；另一种是横向比较，即自己与他人的所得报酬相比，通常是用自己所得报酬与投入的比与他人所得报酬与投入的比来衡量。公平是平衡稳定状态，报酬过高或过低都会使当事人感到心理上的紧张和不安，从而会被激励而采取行动来消除和减少不公平感，主要采取以下几种策略：谋求增加自己的报酬；谋求降低他人的报酬；设法降低自己的贡献；设法增加他人的贡献；另换一个报酬与贡献比值较低者做比较。

公平理论为认识员工的激励问题提供了又一思路，在研究缺勤和流动行为时最有效，但它也具有局限性：首先，在大多数工作环境中，人们更能容忍甚至喜欢报酬过高带来的不公平；其次，并不是所有的人都对公平敏感。

3. 目标设置理论

美国行为科学家洛克1968年首先提出了目标设置理论，强调了研究目标的重要性，它是组织行为学中理论与实际相结合的一个典型范例。目标设置是通过为个人、部门、群体和组织确定所期望的努力来增进组织效率的过程，而目标则是个人、群体和组织要努力达到的未来结果。目标设置理论认为，目标设置是管理领域中最有效的激励方法之一，员工的绩效目标是工作行为最直接的推动力。该理论致力于实现目标是工作的最直接的动机，人们追求目标是为了满足自己的情绪和愿望。目标会使人的行为具有方向性，引导人们去达到某种特定的结果，而不是其他的结果。因此，目标设置的过程是一种有效的激励措施，目标设置理论从开始着重设置个人目标的一个方面，发展到包括根据经营环境设置组织和个人目标两个方面。

对个人来说，目标设置是个人发展、谈判和制定对之负责的目标的过程。目标必须具有一定的难度，能激发人的工作行为，进而达到更好的工作绩效；同时，目标要明确，目标导向必须是具体的、可测定的、能以具体数字说明的。目标与绩效之间要有及时的反馈，绩效就是目标的效果，而且这种绩效是在目标导向行为与目标完成行为循环交替的运行中取得的。

目标设置理论有几点实际应用价值。第一，它为管理者诊断职员的低水平和一般水平绩效表现提供了一个分析框架，可用于发现潜在的问题：目标是怎样被定下来的？目标具有挑战性吗？哪些因素影响着职工对目标的承诺？职工知道他什么时候做得比较好吗？第二，为管理者营造带来高绩效的工作环境提出了简明的建议。第三，描绘了影响高绩效的几个关键因素之间的关系，例如，目标的难度、目标承诺、反馈、奖酬等。

目标管理的优点在于：目标管理通过制定个人具体的、富有挑战性的目标，对职工具有激励效应，从而提高了工作绩效；由于目标是以可测量的标准制定的，因此，易于对职工的工作绩效进行考核和评价；在目标管理中，每个职工都明确他该做什么，也知道要想得到高度评价该怎样做，有助于职工自我管理和自我激励；由于组织了解职工的目标，因此，可以进行全面规划和协调；目标管理中，考核的标准比较全面，易于实施控制。

目标管理的缺点在于：由于过分强调结果，往往忽视了职工实现目标的过程，可能会导致职工采取不正当的手段来达到目标；由于每个人只注重自己的既定目标，不利于相互协作；实行目标管理，需要训练有素的管理人员。

（三）行为矫正型激励理论

与前两类激励理论不同的是，行为矫正型激励理论重点是研究如何改造和转化个体的行为，变消极为积极的一种理论。因此，该类激励理论通常又称为行为改造型激励理论。目前，相关的研究成果主要有：强化理论、归因理论和学习型组织理论、挫折理论。

1. 强化理论

美国新行为主义心理学家斯金纳于20世纪70年代提出了强化理论，它是以操作性条件反射论为基础的，这种理论强调研究个人的外在行为，侧重于研究个人行为结果对行为的作用。所谓强化，是指在条件反射形成以后，为了防止条件反射消退，必须不时伴随以无条件刺激物，也就是对某一行为肯定或否定的后果（即奖励或惩罚）在一定程度上决定了该行为是否重复，只要控制行为的后果（奖励与惩罚），就可以达到控制和预测人的行为的目的。因而强化就是行为与影响行为的环境之间的关系，也就是通过不断改变环境的刺激因素来达到增强、减弱或使某种行为消失的过程。强化理论的基本观点是：人的行为受到正强化会趋于重复发生，受到负强化会趋向于减少发生；激励人们按一定要求和方式去工作，以达到预定的目的，激励往往比惩罚更有效；反馈是强化的一种重要方式，应该让人们通过某种形式或途径及时了解行为的结果；为了使某种行为得到加强，奖赏应在行为发生以后尽快提供，延缓奖赏会降低强化作用。

斯金纳认为强化手段通常有三种形式：①正强化。即用某种有吸引力的结果或奖酬，如认可、赞赏、奖金、提升等，表示对某一行为的肯定，使其重视和加强这一行为。②负强化。即用惩罚、制裁和批评等手段，使人们消除或减弱不良行为。③自然消退。即取消正强化，对某种行为不予理睬，以表示对该行为的轻视或某种程度的否定，研究表明，一种行为长期得不到正强化，会逐渐减弱和消失。

强化理论为分析控制行为的因素提供了有力的分析工具，但它忽视了人的内部状态以及情感、态度、期望和其他已知的会对人的行为产生影响的认知变量。

2. 归因理论

归因理论是说明和推论人们活动的因果关系的理论，是由美国心理学家海德、罗斯和澳大利亚心理学家安德鲁斯等人提出并发展的。人们用这种理论来理解、预测和控制所处环境以及随这种环境而出现的行为，因此，也有人把归因理论叫作认知理论，即通过改变人的自我认识来达到改变人的行为的目的。归因理论是由行为的结果来推断行为的原因的过程，通过已成为定局的成功或失败的结果，找出最佳激励的途径。

一般来说，任何行为的发生，究其原因可以分为外部原因与内部原因两种。外部原因又可称为情境归因，这种情况下，判断一个人的行为，其原因主要来自于外界环境，如社会条件、社会舆论等。内部原因又可称为个人倾向归因，这种情况下，判断一个人的行为，其原因是决定于主观条件，如个人本身的特点，像兴趣、信仰、态度、性格等。不同的归因会直接影响人们的工作态度和积极性，进而影响随之而来的行为和工作绩效，对现在和过去成功或失败的归因会影响将来的期望和坚持努力的行为。一般人可做出四种归因，即努力程度、能力大小、任务难度、运气机会。

归因理论认为，坚持是成就行为的主要特征，对于前一段行为的因果关系的分析推论将直接影响和决定着以后的行为。因而，该理论在激发成就动机、促进继续努力的行为方面有重要作用，成就的获得有赖于对过去工作是成功或失败的不同归因。罗斯和安德鲁斯等人认为，把以往的工作或学习的失败归因于内外因中的稳定还是不稳定因素是影响今后工作或学习的成功期望和坚持努力行为的关键。把失败归因于自己脑子笨、能力低这样一类稳定的内因，则不会增强今后的努力与坚持性行为；把失败归因于自己不够努力，则可能增强今后的努力与坚持性行为；把行为失败归因于工作（学习）任务重、工作难度大等稳定性的外因，则会降低行为者的自信心、成就动机、努力和坚持性；把失败归因于偶然生病或其他事故等不稳定的外因，则不一定会降低人的行为积极性，会出现努力或坚持性行为。

总之，把失败归因于稳定因素，则会降低成功的期望，失去信心，出现不再坚持、努力的行为；把失败归因于不稳定的因素，就会增强人的自信心，增强努力与坚持性行为，争取成功的机会。

3. 学习型组织理论

学习型组织理论是彼得·圣吉在《第五项修炼：学习型组织的艺术与实

务》一书中提出的一种全新的企业管理理论。该理论被视为新的企业组织创新理论，它的研究目标是如何创造一个真正出色的企业，即一个能够设法使企业所有成员全心投入，并有能力不断学习的组织。

圣吉所希望建立的学习型组织，"是一种不同凡响、更适合人性的组织模式，由伟大的学习团体形成社群，有着崇高而正确的核心价值、信念与使命，具有强劲的生命力与实现梦想的共同力量，不断创造，持续蜕变。在其中，人们胸怀大志，心手相连，相互反省求真，脚踏实地，勇于挑战极限及过去的成功模式。不为眼前近利所诱。同时有令成员振奋的远大共同愿景，以及与整体动态搭配的政策与行动，充分发挥生命的潜能，创造超乎寻常的成果。从而在真正的学习中体悟工作的意义，追求心灵的成长与自我实现，并与周围世界产生一体感。"五项修炼说是学习型组织理论的精华所在，其具体内容包括：自我超越、改善心智模式、建立共同愿景、团队学习和系统思考。

学习型组织理论虽然是一种企业组织行为理论，但从员工激励的角度来看，它为员工的自我激励，为企业创造一种激励型组织提供了新的理论和方法，也提供了新的技术和手段。企业通过学习型组织建设可以在企业内部建立起激励型组织，为员工的自我激励创造良好的环境，达成激励工作的最佳状态。

4. 挫折理论

挫折是指个体遭受阻碍后所引起的情绪状态，是指个体在从事有目的的活动时，在环境中遇到障碍或干扰，使其需要和动机不能获得满足时的情绪状态，是一种社会心理现象。自然环境、物质环境、社会环境等客观因素，或者是人的动机间的冲突、生理条件、能力与期望的矛盾、对工作环境了解不足等主观因素，都可能是使人产生挫折的原因。挫折理论所注重的不是挫折本身，而是挫折感。因为挫折的产生往往是不以人的意志为转移的，然而由此导致的挫折感及其对行为的影响却是因人、因情景而异的，挫折既能产生积极的效应，引导个体产生创造性的变迁，增长解决问题的能力，也能产生消极的效应，个体会因挫折太大，导致心理痛苦，产生行为偏差。

人的个体差异性决定人们遭遇挫折后在情绪和行为上会有不同的反应，在情绪上常会有愤怒、焦虑、沮丧，甚至退化（即回归），在行为上常会有攻击、防卫、逆反、固执等反应。作为管理者，应采取适当的措施，例如，给予其发泄的机会，对其攻击行为要容忍，改变其工作环境，对其进行心理治疗等。根据挫折理论，在管理工作中，一方面，应尽量消除引起职工挫折的环境，避免使职工遇到不应有的挫折；另一方面，当职工受到挫折时，应尽量减低挫折所带来的不良影响，如采取心理咨询、心理治疗等方法，提高职工对挫折的容忍力。

（四）综合型激励理论

1. 勒温（Kurt. Lewin）的场动力论

德国心理学家勒温提出一个函数关系式：$B=F(P \cdot E)$，其中，B 指个人行为，P 为个人的内部动力，E 为环境。公式表明，个人行为的向量取决于环境刺激和个人内部动力的乘积。该理论说明，任何外部刺激要成为激励因素的话，还要看内部动力的强度，两者的乘积才能决定人的行为方向和强度高低。

2. 波特和劳勒的综合激励模式

波特（Porter）和劳勒（Lawler）的综合激励模式，是 1968 年提出的，它含有努力、绩效、能力、环境、认识、奖酬和满足等变量。在绩效和内在性奖酬之间，如能使工作的设计达到一个人只要他工作得出色，其内心就有自我满足感的话，那么，在这种绩效和内在性奖酬之间就有一种直接的关系。在绩效和当事人自认为应得的奖酬之间有一条虚线，表示当事人的绩效将影响他们自认为应得的奖酬。绩效、奖酬和满足三者的关系是：绩效→奖酬→满足。

3. 罗伯特·豪斯的综合激励模式

豪斯激励模式用公式表示为：激励力量＝内在激励＋完成激励＋结果激励。即某项工作任务的激励力量等于该项任务所提供的内在奖酬的效价、完成任务内在的期望值和内在效价、完成任务而获得外酬的期望值和外酬效价三部分之和。三部分激励力量各自发挥自己的作用，相辅相成，相得益彰。但并非缺一不可，若全俱有，无疑激发的力量就会更大。

第二节　激励模型

激励模型是应用激励因素、选择相关行为进行激励的一种方式。

一、激励因素的类型

激励因素的类型可以按照其来源和对应的需求层次分为外在因素和内在因素两大类。

（一）外在激励因素

外在激励因素是指能满足外在性需要的奖酬资源，这些奖酬资源是由组织掌握和分配的。对于寻求外在性需要满足的员工来说，他的注意力只在于这些外在性激励因素。外在性激励因素，按其资源性质来区分，可分为物质性激励因素和社会性激励因素。

1. 物质性激励因素。物质性激励因素是指由组织掌握和分配的物质性资源，如工资、奖金、住房、其他的各种福利待遇等，如果这些物质性资源的分配可以实行货币化，这些物质性激励因素又可称为货币化激励因素。

2. 社会性激励因素。社会性激励因素是指用来满足人才外在性需要的社会感情性资源。它包括友谊、亲密的关系、信任、认可、表扬、尊重、荣誉等。与物质性激励因素相比，社会性激励因素能满足人才较高层次的需要。

（二）内在激励因素

内在激励因素是指能满足内在性需要的奖励资源，这些资源存在于工作之中。对于寻求内在性需要满足的人才来说，他的注意力会集中放在工作本身。

内在性激励因素都是与工作本身有关的，它们对受激励者的满足取决于受激励者本人的体验、偏好、判断和评价。它对应的需求层次主要是内部尊重和自我实现的层次，具体包括自我肯定、心理体验、超我体验以及主导体验。内在性激励因素，按其作用发生在工作过程之中还是在工作完成以后，可以分为过程型激励因素和成果型激励因素。

二、激励因素的应用模型

激励模型是对激励因素的应用，此时可以进行激励模型的选择和设计。首先来看一下经典的激励模型。

（一）多重动机模型

这是从激励的公平角度来进行的一种模型设计。亚当斯于 1963 年正式提出公平理论，描述了日常生活中常见的现象：人们通常都有一种要求受到公平对待的感觉。职工不仅会把自己的努力与所得报酬做比较，而且还会把自己和其他人或群体做比较，并通过增减自己付出的努力或投入的代价，来取得他们所认为的公平与平衡。亚当斯认为，人们是通过寻求人与人之间的社会公平（即他们所拿到的报酬与其绩效是否相称）而被激励的。这里所谓的公平是指人们相信相对于他人的待遇，自己也受到了公正的对待。在此评估中，参照对象起了十分关键的作用。这里的参照对象通常是指个人所在单位里的某些群体或单位外的人们，通过对个人认为的参照对象所发生的事情的认识，通常可以预测个人的行为方式。

根据公平理论，从工作中得到的结果包括薪酬、领导的赏识、晋升、人际社会关系的变化，以及内在心理上的报酬。得到这些报酬个人所付出的代价包括对工作的各种投入，诸如贡献出自己的时间、经验、努力、知识和负责精神等。人们往往把自己的结果与投入之比与他人（参照对象）的情形相比较，这种比较可能是非定量和主观的，比较产生的结果有三种可能：感到报酬公平；感到报酬不足；感到报酬多了。

当个人感受到等式两边的比率相等，就容易平衡。在比较中，当人们发现自己的报酬相对较低，就会设法去消除不公，并有可能采取以下的措施来求得平衡：①通过减少努力来降低投入；②要求加薪来增加报酬；③理性地曲解原先的比率；④使他人改变产出的结果或投入；⑤离开或调走；⑥变换比较目标。

（二）行为结果预期模型

这是弗洛姆期望理论的应用。期望理论是另一种解释激励的重要观点，弗洛姆的这一理论于1964年在《工作与激励》一书中提出。弗洛姆认为，人们能够决定自己所喜爱的成果，并能现实地估计取得成果的机会。期望理论可用下述公式表示：动力（激励力量）＝效价×期望值。在上述公式中，当个人对某目标的达成毫无兴趣时，其效价为零；当他不希望此目标实现时，则效价为负数，这样不仅没有动力，还有反作用；当期望值很小或为零时，人们对目标的达成同样不会有什么积极性。高度的激励取决于高的效价和高的期望值。

莱曼·W. 波特和埃德华·E. 劳勒的激励模型更为完善。一个人的努力程度取决于效价和期望值。工作的实际绩效又主要取决于所做的努力,但它也受到个人从事该项工作的能力和他对所做工作的理解以及环境因素的影响。对于如何应用期望理论来促进对下属的激励,内德勒和劳勒提出了以下几个步骤:

(1) 判断出每个职工可能想要得到的成果。
(2) 确定实现组织目标需要怎样的业绩表现。
(3) 确保所要求的业绩可以达到。
(4) 把职工想要的结果和所需的工作表现相联系。
(5) 对各种冲突、矛盾的期望情形做全面的分析。
(6) 确保报酬优厚。
(7) 确保整个制度的公平。

在这个模型中,需要是被预期所影响的,而情绪和习惯两个动机因素则是跨过了理性的预期,直接指向动机和行为,这说明人的行为并不是理性的。

(三) 受环境影响的激励模型

激励因素受外部的和内部的环境影响。外部环境的影响反映在内部的环境因素之中,比如文化、制度。在内部环境方面,主要考虑了四个子环境:物质环境、制度环境、群体环境和文化环境。这些对行为都起着关键的作用,每一个环节都直接或间接地受到了环境的影响。物质环境提供活动的范围、材料或工具;制度环境约束着人们的行为,并且分配着资源,分配着权利义务;群体环境使个人的行为必须融入到群体中去,并且与周围的人产生相互作用,受到角色、规范、地位等因素的制约;在所有的因素中,文化因素是最根本的因素,文化对人的影响是十分巨大的,并且它还影响物质环境的方式,决定着制度环境和群体环境的最终面貌。长期以来,激励只是被当作一种考核方式,这样对于组织的发展是很不利的。

(四) 综合激励模型

这是一个更为完备的激励模型。模型不再对动机路径做逻辑的探讨,引进了四个起决定性作用的要素:个人行为、群体活动、制度、文化。具体内容如下:

1. 个人行为的管理。包括情绪管理、习惯模式和动机升华。情绪管理是指积极地观察和影响被激励者的情绪,使其情绪化的动机能够有利于组织目标的实现。情绪管理的主要手段包括充分的沟通、建立个人感情、消除过度的压力、保持积极乐观的组织气氛、关心职工生活和个人生存状态等。

2. 制度建设。制度必须要达到公平合理和充分有效的要求。其中公平合理保证着充分有效。而公平与合理相比，公平在现阶段更为重要。制度激励涉及的主要是组织人力资源管理领域的工作，包括绩效管理、工作设计、职业生涯、授权、培训发展。在这些措施中，绩效管理尤为重要。

3. 群体活动。包括群体动力与非正式组织、竞争、关心、群体结构等几个方面。

4. 建立核心的文化。无论是个人行为管理、制度建设，还是群体活动，其背景都是文化，没有文化就没有深层次的激励。

通过对这些模型的介绍，我们认为组织比较理想的模型是：以外部物质因素激励为主，兼顾差异，开展针对性的内部激励，既抓眼前，也看长远。

（五）强调制度的激励模型

这个模型主要是将与物质激励最直接相关的制度环节进行了放大，作为重点，而核心的文化环节向其倾斜，提供文化上的充分支持。其他两个环节也倾斜过来，提供针对性的支持。在制度激励框架内，主要做好绩效管理工作。突出强调制度的公平合理和充分有效。由于物质激励是需要制度来实现的，所以这个模型是向制度方向倾斜的一个钝角三角形。在制度设计中，首要的是公平合理，而在公平与合理之间，公平更加重要。在制度方面，最重要的激励手段是绩效管理，同时要进行工作设计和职业生涯规划，并且对人才要进行授权，关心他们的发展，提供有效的培训。

第三节　激励类型

一、激励的分类

激励一般可分为物质激励和精神激励[①]。

（一）物质激励

其性质可归属于经济性激励，也一般呈现为外部激励。物质需要是人的

---

① 贾蔚，卢立秋，张红方. 物质激励与精神激励相结合的企业激励机制研究 [J]. 中国商贸，2010（22）.

第一需要，是人类从事所有社会活动的基本动因。因此，物质激励依然是激励的主要形式，例如薪酬、福利、股票、期权、奖金等。伴随着市场化生存的要求，金钱相对于激励而言已是绝对的条件。

（二）非物质激励

关于非物质激励，国内外管理学家分别从各自的角度出发，提出过不同的定义。组织行为学认为"非物质激励是激发人的内在动机，朝向所期望的目标前进的心理活动过程"。一般而言，非物质激励就是利用金钱以外的非物质手段，激发人的内在潜力，发挥人的积极性和创造性，使每个人都切实感到才有所用、力有所展、劳有所得、功有所赏，自觉地努力工作。可见非物质激励的典型特征是作用于人的心理和精神层面，旨在持久地把握和影响人的内在需求和动机，从而反复地强化、引导和改变人的行为。

相对于经济性激励而言，精神激励则属非经济性激励。精神激励也是内在激励，是指通过一系列非物质方式来满足个体心理需要，改变其意识形态，激发其工作主动性与积极性。人们除了有在物质上的需求之外，也有精神需求和自我价值实现的意愿，例如，权力、工作、地位、荣誉、情感等。精神激励较物质激励来说，层次更高，它能调动员工的主动意愿去完成工作。精神激励比前者更有深度，其激励效果维持时间更长。物质激励与精神激励具有不同的激励效果，它们相互作用，互相补充，构成一个完整的激励体系。

二、激励需求分析

（一）人才激励的需求分析

基于马斯洛的需求层次和赫茨伯格的双因素理论，研究者提出了人才的潜在需求和隐性需求。潜在需求既包括意识到的而未被利用的部分，也包括存在于利用者潜意识中没有利用要求的部分。显性需求是人们自己已经意识到的、能够明确清楚表达出来的、有明确的抽象或者具体需要满足物的一种内在要求，而隐性需求是人们尚未意识到的、朦胧的、没有明确抽象满足物的内在要求，是介于基本需要和欲望满足之间的一种中间状态。

关于隐性需求的界定主要是相对于显性需求而言，所谓显性需求是指人们为保证基本生存和发展需要或现时有具体满足物的、已经意识到的、能够明确表达出来的、用以达到基本期望的一种内在要求和行为状态。而隐性需求是指人们为获取高层次的精神满足产生的或客观事务与刺激通过人体感官作用于人脑所引起的一种潜意识、未明确表述的并能够实现或超越消费者期望的一种心理要求和行为状态。需求可以划分为显性需求、结构半隐性需求、意识半隐性需求和完全隐性需求。

人才的需求包括以下几个方面。

1. 经济需求

经济方面的需求是人才需求中最为重要的内容。根据赫茨伯格的双因素理论，经济因素主要与工作内容有关，经济方面的激励被归为保健因素。受劳动者文化、教育与生活水平等的影响，一些保健因素像薪酬会起到非常重要的激励作用，组织要更好、更充分地激发员工的能力和才干，首先要注重像薪酬、福利等保健因素的影响。人才通过自己的努力和付出，为组织做出了巨大的业绩贡献，相应的业绩需要组织支付相应的经济报酬，用以肯定人员的工作成就。组织给予的这种业绩报酬可以从经济收入上来满足人才的高成就感的需要。

2. 关系需求

在生存需求得到保障的基础上，人才要求得到交流机会。"关系"之于管理者，是其有效实现绩效的一种手段，这种关系常以经济关系为纽带；普通劳动者的"关系"需求表现在一种对组织，特别是非正式组织的一种归属感，归属的结果是一种趋同。人才的"关系"需求主要表现为一种以知识交流为载体的关系。更为重要的是，不同于普通劳动者趋同的归属结果，人才对组织的归属往往走向趋同的另一极，即在知识或者思想的层次上"求异"，人才往往更加为自己思想的"异"而惊喜不已。所以，人才对"关系"的需求是对知识和技能交流的一种求异需求。在这种求异的心理作用下，人才为保护自己的专有技术和才能，往往在人际关系处理中采取回避的态度。因此，人才由于求异心理而不注重人际关系的需求。

3. 尊重需求

从社会对人才的认知情况看，人才受到更多、更广、更深入的教育，他们的受尊重的需要也得到更多强化。可以说人才的最终需求是多层面的，主要体现在社会身份、工作重要性、上级的器重、个人声望等方面，这是人才所追求的高层面的精神需求。基于这种需要，人才将从工作环境的改善中感受尊重和激励。

4. 权力需求

对人才而言，对"权力"的需求并非是对管理意义上的"权力"的追求，后者只是企业家或高层管理者行使管理职能，获得管理绩效的一种途径与手段，因而是组织管理者的重要激励因素。而对于人才来说，管理权力对其绩效目标的实现并无裨益，有时甚至会带来负面效果，因此，它不具备较强的激励作用。

这里的"权力"主要是指对资源的控制权。对资源特别是关键资源的掌控，能够为高技能人才绩效目标的实现带来一定的正面效应，人才自然对此不会排斥。例如"项目管理权"，它不同于管理中的"控制权"，它可以为权力所有者带来一定范围内的经费使用权、资源使用权。同时，项目管理权可以为权力所有者带来一定的优越感以及由优越感带来的满足感。因此，当"权力"的概念被泛化为"对资源的控制权"时，人才对它仍然有一定的需求，并希望通过职位晋升满足其对权力的需求。因此，科学合理的晋升体系是对人才的重要激励要素。

5. 成就需求

人才进行知识和技能交流的目的就是渴望能力的提高。他们通过技术创新成果的获得以及成果的被认可，从而使自身的成就需求得到满足。技术成果的获得有赖于人才个体能力的大小以及个人的努力程度。因此，具有较高理性的人才，一方面认识到成就与能力之间的正相关关系，将对成就的需要转化为对自身能力提高的需求；另一方面更倾向于以自己更大的努力，获取由高标准的坚持与高目标的实现所带来的满足感。这种满足感本身也是对人才的一种奖励，具有很大的转移价值。

6. 自我发展需求

人才还具有对知识、技能不断学习、更新，对新技术不断探索追求并促进自我完善的意识和自觉性。这种自愿"充电"的动力是自我发展欲望的自我暗示和激励的结果。期望理论认为人们总是被期望所激励，人们总是用对未来某种良好结果的期望来激励现在的行为。人才自我发展欲望的目标绝非仅仅满足于对现有职务或现有工作的胜任，其目标是为未来职业发展打下基础。人才追求成就、自我发展体现为人才对自身发展前景的一种预测和认可。

因此，人才自我发展、工作前景等对人才是一种极大的激励。

7. 创造需求

创造需求是人类活动不同于动物活动的本质体现，动物生存要通过改变自己的机体去适应生存环境，人类却通过创造性劳动来改变和发展环境。对新知识的探索、对新事物的创造，本身就充满了挑战性、新鲜感和乐趣，这种源自人才本能的欲望所产生的动力是任何外界的激励因素都不可能超越的。

8. 荣誉需求

由于人才的受教育程度、社会关系、工作性质、价值观念与普通员工不尽相同，使得他们更加具有荣誉感，包括集体荣誉感和个人荣誉感，这方面的心理需求是他们事业进取心的强大内动力。因此，企业在确定激励因素时，还应充分考虑高技能人才这方面的心理诉求。

（二）人才激励的因素分析

传统激励着眼于"努力程度"的提高，是建立在"激励导致努力程度的提高，它可以在一定程度上提高产出（工作绩效）"的假设前提下的。波特—劳勒综合激励模式表明，激励的最终目标是获得"绩效"，而不是被激励对象的"努力程度"，努力程度的提高只是增大"产出（绩效）"的一种手段，一种中间性（工具性）目标。但是，人才努力程度的提高并不能必然导致工作绩效的提高。因此，对人才的激励不能仅仅着眼于"努力程度"这一个因素，应将激励的重点从传统理论中的"努力程度"因素，转移到激励系统中的"绩效"因素上来。围绕"如何帮助高技能人才提高工作绩效"，最终使他们获得满意，从而使他们能够维持较高的工作努力水平，并将这样的努力水平带入到下一轮的系统反馈中，形成良好的系统反馈。为此，人才因素激励模型（见表8—3）促进实现从"努力程度"到"绩效"的有效对接。

表8—3　　　　　　　　　人才激励因素

激励因素	子因素	对应人才的需求
报酬因素	薪酬	生存需求
	福利	
成就因素	业务成就	成就需求
	认可度	
	参与决策	荣誉需求

续表

激励因素	子因素	对应人才的需求
能力因素	学习交流机会	关系需求
	个人成长	自我发展需求
环境因素	工作自主性	创造需求
	工作条件	尊重需求
	工作环境	
权力因素	对资源的控制	权利需求
压力因素	市场竞争	发展需求
	标尺竞争	

（三）激励的过程分析

激励的过程就是人的需求满足的过程，它以未能得到满足的需求开始，以得到满足的需求而告终。由于人的需求是多种多样、无穷无尽的，所以激励的过程也是循环往复、持续不断的。当人的一种需求得到满足之后，新的需求将会反馈到下一个激励循环过程中去[1]。由于人的需求具有多样性、层次性和持续性，这就决定了必须持续不断地采取一种或多种能在一定程度上导致组织绩效提高的激励方式来满足人的心理需求，才能达到不断地激发人的工作动机，调动人的工作积极性，鼓励人员更有效地完成组织目标的目的[2]。

激励的过程可以解释为一系列由心理到行为的循环过程。激励在行为产生过程前的两个阶段发挥着重要作用。第一个阶段是诱导需要转化为动机，这个阶段激励针对的是个体的内部因素；第二个阶段是促使动机产生行为，这个阶段激励针对的是个体的外部因素，也就是要创造一个良好的环境。激励的过程从未得到满足的需要开始，使用一定的方法、手段和运作方式来诱导出期望的行为，以得到需要满足的整个过程。因为个体不同、环境不同，激励的过程也有所不同。

---

[1] 高洋. 企业知识型员工激励机制研究 [D]. 中国海洋大学硕士学位论文，2006-06-01.
[2] 程国平. 经营者激励——理论、方法与机制 [M]. 北京：经济管理出版社，2002：155—276.

三、激励理论的应用

（一）人才激励理论的应用要求

将多样化的激励理论运用到其所面临的实际问题中，应在分析组织激励现状的基础上，结合自身特点不断完善人才激励机制，创新人才激励方式，使人才激励的效能得到最大程度的体现。在实际的激励模式应用中，应注重以下几个方面的要求。

1. 重视非物质激励

从传统的工业社会过渡到新兴的知识社会，员工素质的提高、教育背景和生活环境的多元化呼吁建立内涵丰富的激励模式，尤其是不以物质作为唯一衡量标准的激励方式。对人才群体而言，物质激励是基础，非物质激励是根本，在两者结合的基础上，要逐步过渡到以非物质激励为主。

2. 重视目标激励

适当的目标设置可以激发员工的工作热情，调动其工作的积极性、创造性。这种体现成员需要的目标就是一种促使员工更有效工作的驱动力，促使他们的行为朝着这一目标努力的同时，不断将结果与目标对照，寻找差距、查找原因，从而实现目标。目标激励可以是自我管理的一种体现，客观科学的目标设置代替了人的主观因素，组织成员通过目标实现个人的发展，培养自我的能力。

3. 重视沟通激励

通过向其成员提出正确的指导、保证而产生激励的方式。成功的沟通能向组织成员提出正确的指导、保证，而其成员也能向管理者反映内心深处的焦虑和问题，集思广益，使得管理者在做出决策前不至于盲目，而下达的政策和命令也能得到成员的理解和支持，减少了实施中的障碍。一个健康良性的沟通机制会给组织带来活力和凝聚力。随着企业经营的全球化，不同国家地区和民族的跨文化沟通也逐渐引起人们的关注，沟通的重要性也越来越明显。

4. 注重差别化激励

这是激励组织成员的有效途径，不仅可以在核心成员和普通成员间施行差别对待，而且也能在核心成员内部实行差别激励。通过给予组织成员以个人发展空间、宽松的工作环境、物质保障和参与管理的机会的同时，根据性别和年龄，对不同的人进行不同的激励。差别激励采取不同模式的机制或手段，采取公平激励与隐形激励相结合、物质激励与精神激励相结合、当前短效激励与未来发展激励相结合的办法，最大限度地调动员工的工作热情和积极性，促使其产生对需求动机与需要满足的有效行为驱动。

激励的起点是满足工作者的需要，但需要因人而异、因时而异，并且只有满足最迫切的需要的措施，其效价才能高，激励强度才大。要保持人才的工作满意度，组织必须提出富于创造性的机制来激励员工。因此，管理者在制定激励机制时，一定要深入地进行调查研究，充分考虑到员工的个体差异，不断地了解其需要层次和结构的变化趋势，不可千篇一律，有针对性地采取激励措施才能收到实效。可以考虑根据工作差异、年龄差异、性别差异等进行针对性的激励设计，既体现了对人才的尊重，也使得人适其需，激励得当。

（二）人才激励的应用方式

1. 工作激励

工作激励就是要尽可能地让人才尽其所用，充分发挥人才的特长和爱好，把适合的人放到适合的岗位中，让普通成员参与到管理中来，让他们有主人翁的意识，并能主动思考企业的发展，为今后的发展献计献策。工作激励要起到应有的效果，势必要突出工作的重要性、全程性、丰富性、透明性、自主性和参与性。因此，可以说工作激励就是通过分配恰当的工作，满足职工自我实现和尊重的需要，从而激发职工的内在的工作热情的方法。

2. 薪酬激励

薪酬激励主要是岗薪结合或能绩结合的薪酬激励，是指员工薪酬水平的高低增减取决于员工的工作岗位、工作能力和业绩表现等因素，当员工胜任工作、能力提升并取得突出业绩时，员工的薪酬就可能得到应有的回报和提升，这样实现了员工薪酬与岗位能绩的有效结合。员工的职位、能力和绩效水平高，薪资及福利待遇也随之提高；反之则降低。企业以这种方式为员工定制薪酬，称之为岗能绩型的薪酬文化。在这样一种文化氛围下，员工要不断学习并努力工作，才能胜任工作、提升能力和绩效，才能获得薪酬福利水平的提高。因此，这是促使员工追求进步，积极提升业绩，努力奋斗的有效激励措施。

3. 培训与职业发展激励

培训激励主要是通过激发受训者的学习热情，挖掘受训者的潜能，以起到激励员工的一种手段。这种激励有利于提高组织成员培训的效果，在组织成员基本学习能力基础上调动他们学习的积极性；这种激励也有利于培训工作的持续开展，促使组织成员产生学习的欲望，培养他们学习的理念；通过培训激励构建学习型组织，形成企业的核心竞争力。培训激励也已成为当今中国众多组织实施激励和构建和谐组织的重要途径和方式。

职业发展激励是指员工在组织中工作并需要进步，从自我价值实现的需求来看，员工需要得以成长，组织应根据经营发展的状况和员工的意愿为员工提供培训和成长的机会，以及多元化的职务晋升通道，使其有意愿并且有能力接受更高层次的工作并承担更多的责任。使员工从内心激发出工作的积极性，为今后美好的职业愿景而努力。

4. 尊重和情感激励

尊重和情感激励主要是指将组织成员视为具有各种人际关系的"社会人"，通过对组织成员生存关系的改善来激励员工。应该承认的是，组织成员是具有社会性需求的，他们之间的关系和对组织的依赖性，往往比物质上的报酬更加激励他们工作的积极性。组织成员在追求经济报酬的同时，迫切想得到其所在的社会组织的尊重和认可，以期获得友谊、安全、归属和成就等。组织管理者通过与其成员进行深入的交流，坦诚布公的对话，力图与成员之间建立起一种平等、尊重的工作氛围，在情感上打动他们，满足他们的社会需求，形成良好互动的工作机制，以进一步激发他们工作的能动性、创造性。

5. 目标激励

适当的目标设置可以激发员工的工作热情，调动其工作的积极性、创造性，所以称作目标激励。目标的设置要符合相关利益群体的切身利益，而且还应尽量做到科学客观，长远目标和短期目标要相适应。企业的目标代表着企业今后发展的趋势，要让员工参与到企业目标的制定中来，一方面可以体现企业的民主性，另一方面有利于企业目标的实现，因为目标是员工参与制定的，是员工自己给自己设定的目标。这种体现员工需要的目标就是一种促使员工更有效工作的驱动力，使员工的行为朝着这一目标努力的同时，不断将结果与目标对照，寻找差距，查找原因，从而实现目标。目标激励是自我管理的一种体现，客观科学的目标设置代替了人的主观因素，员工通过目标实现个人的发展，培养自我的能力。

6. 沟通激励

沟通是指一个组织成员向另一个成员传递决策前提的过程。没有信息沟通，显然就不可能有组织。成功的沟通可以使管理者向雇员进行正确的指导，而员工也能向管理者反映内心深处的焦虑和问题，集思广益，使得管理者在做出决策前不至于盲目，而下达的政策和命令也能得到员工的理解和支持，减少了实施中的障碍。一个健康良性的沟通机制会给组织带来活力和凝聚力。随着经济社会发展的全球化，不同国家、不同地区和不同民族的跨文化沟通也逐渐引起人们的关注，沟通的重要性也越来越明显。

7. 授权激励

授权激励是指通过授予下属一定的职权，给其一定的发挥空间，让其承担一定的责任以激励下属工作的积极性。管理者的授权意味着对受权者的信任。授权于下属能给管理者腾出一些时间来考虑组织整体的发展、战略规划等重大的事务，节省了管理者的时间、精力。这种机动灵活的授权能锻炼和培养下属的能力，可以为今后管理层的接班人做铺垫。授权即给组织成员以信任，使他们和管理者之间更加亲密，促使他们发挥主观能动性，使组织发展获得强大的动力。授权激励也是让下属参与到管理中的一种方式，给予其自我实现的一种途径，使其在实现自我成就的同时，对组织产生归属感和认同感。

8. 压力激励

压力激励是指管理者利用每个人的竞争心理，给个人或团队施加压力，以促使其努力工作的激励方法。这种激励机制通过重新点燃组织成员心中的竞争意识，激发成员的斗志，从而激活整个组织的氛围。为了实现这一目标，管理者就要刻意的给其成员塑造一个竞争对手，让其他成员与之进行较量和竞争，从而调动成员的工作热情，提高组织的工作效率。

人才考核体系与激励策略

【阅读案例】

异质人才的异常激励[①]

利用激励来不断提升员工的满意度与敬业度,这是组织永恒的话题。对于很多组织而言,利用物质和金钱作为奖励是常用的激励手段之一。这种激励手段可以达到一定的效果,但是效果的持续时间却很难长久,原因在于人的欲望无止境,组织不可能无限制地提高物质奖励。同时,正如著名心理学家马斯洛关于人的需求层次论的分析,当人的生理、安全和归属需要得到满足之后,精神的需要就会产生并支配着人的生活。显然,如果组织在提供相当甚至高于社会平均水平的报酬同时,也能不断满足员工对精神、成就和发展的需要,这种软性激励将比物质上的激励来得更持久有效。

首都经贸大学教授文魁、吴冬梅以北京市高科技产业的两类典型企业——软件企业和生物制药企业,以及这些企业的典型知识员工——经营管理人员和科技人员为主要研究对象,了解高科技企业人才需求及其满足情况,发现高科技企业知识员工的主要激励因素以及这些企业现行激励机制中存在的问题,并为进一步完善高科技企业的人才激励机制提出了相关的建议。

该研究参考著名知识管理专家玛汉·坦姆仆的知识工作者激励模型,以个体成长、工作自主、业务成就、金钱财富、人际关系为主要因素设计企业人才激励机制问卷(其中,人际关系这个因素是根据中国国情尝试着加进去的第五个因素),从而研究高新技术企业中员工对上述各种需求重要程度的看法及其实际满足程度。通过调查来发现高科技企业知识员工的主要激励因素,以及现行人才激励机制的不足和存在的问题。

该研究的调查对象为北京市软件企业和生物制药企业。共向27家企业的29位高层管理人员和520位员工发出问卷。高层管理人员的问卷全部有效。员工调查问卷中有效问卷为397份。其中软件企业占68.8%,生物制药企业占31.2%;男性占56.2%,女性占43.8%;93%以上的员工接受了本科及本科以上教育;约65%的员工拥有技术背景。

---

① 改编于文魁,吴冬梅. 适应北京高新技术产业发展的人才机制研究[J]. 管理世界,2003(1).

该研究将高科技人才的上述五因素按需求度次序和满意度次序列表（见表8—4）。对比分析高科技企业人才对以上五大激励因素的需求程度和满意程度，得出以下研究结论。

表8—4　　　　　　　　五大因素需求度与满意度排序

排序	五因素满意度	五因素需求度	个体成长重要性	对自主权迫切性	业务成就重要性	金钱财富需求次序
1	业务成就	个体成长	发展机会	完成任务方法	领导认可	现金收入
2	工作自主	业务成就	工作兴趣	工作时间决定	自己认可	未来收入
3	个体成长	金钱财富	专业知识	工作任务决定	同事认可	实物消费
4	人际关系	工作自主	承担挑战	合作伙伴决定	同行认可	在职消费
5	金钱财富	人际关系				

注：表中的"1"表示最重要或者最满意，"2"表示程度其次，其余以此类推。

由上述分析，该研究向高科技企业建议采用以下六个方面的人才激励机制。

第一，在加大物质激励力度的同时，建立多元化的报酬体系，使员工在物质财富上得到与自己工作成果相适应的满足。

第二，承认人才的人力资本的特质，建立高科技企业货币资本与人力资本的合作伙伴关系，让高科技人才更多地分享企业运行的最终成果并承担相应的风险。通过授予股票期权，使员工的利益与企业未来长期发展紧密结合。

第三，在一定的企业发展战略和人力资源规划支持下，结合员工个体的职业潜能、职业兴趣、职业价值取向等精心打造员工职业生涯计划，给员工在企业内更多的职业发展空间，并相应地制定和实施个性化培训方案。

第四，对高科技人才的管理不能类同于一般员工的监控。在这里更多的是给予员工工作自主权，员工对自己的工作内容、工作环境选择应该具有一定的发言权，特别是在工作方法和工作时间两个方面要给予相当的自主权。

第五，造就学习型组织，鼓励员工不断学习，不断追求业务成就，并采取360度绩效考核体系，使员工的业务成就能得到科学公正的体现。

第六，培养和造就良好的企业文化，营造宽松的人际关系环境，使员工能心情放松地投入工作。高科技企业的文化应该能体现知识员工所具有的自主性、创造性和责任感的特点，这种文化应该具有鼓励创新、允许失败、敢于负责的特征。只有在这样的文化环境中，高科技企业的知识员工才能放开手脚开拓工作，才能使员工的潜力得到最大限度的发挥。

本章复习思考题

1. 什么是激励？它的核心内涵包括哪些方面？
2. 激励理论中弗罗姆的"期望理论"的三个重要变量是什么？解读其具体内涵。
3. 何为激励模式？如何设计激励机制的作用模型？
4. 激励机制的运行原则包括哪几个方面？
5. 人才激励的基本模式各有什么应用意义？

第九章 人才激励机制

本章教学目标

通过本章学习，了解人才激励机制的含义和内容，掌握人才激励机制的作用模型；理解激励机制的运行要求、运行过程和运行效果；掌握人才激励机制的完善与改进措施。

【导入案例】

三星的人才激励机制[①]

韩国三星集团是世界著名的企业集团，它始于贸易公司，进而以电子产品，特别是电子高科技领域的新产品开发能力而闻名世界。距今已有六十年历史，现有职工近16万人，年销售额近1 000亿美元，1994年曾在美国《幸福》杂志"世界500家大企业"中排名第十四位。其发展速度之快、市场份额之广远远超出人们的想象。对于一个现代企业，其生存和发展的根本不只是资金、生产设备和技术，而主要是人。三星的成功发展与其科学合理的人才激励机制是分不开的。

一、危机激励

危机激励是一种很好的信息激励方法，它的实质内涵是刺激人的"安全需要"，让人"居安思危"，不要"盲目自信"，让人们在安全需要上常怀有"饥饿感"。早在20世纪90年代初，三星集团会长李健熙就在三星内部引入危机意识，提出了"三星是一流企业吗"这个问题，让全体员工进行大讨论。在讨论中，三星人才意识到自身与世界一流企业的差距还很远，从而及时消

[①] 闫彩琴，安应民."三星"的人才激励机制[J].改革与开放，2001.

除了当时三星人心中已滋生的骄傲自满的情绪。不久，李健熙又组织了全体员工展开"企业是永存的吗"大讨论。在讨论中，李健熙提出了要有创业意识，破除守业意识，消极防守的态度必须在三星内部扫除干净。同时主张搞"第二次创业""再飞跃""创世界一流企业""创面向21世纪的超一流企业"。通过学习和引导，三星人明白只有不断地拼搏和奋进，才能迈向超一流的企业，才能真正做到以办好企业来报答祖国人民。

另外，在技术吸收和创新管理方面，采用了危机管理的方法。三星电子给相关人员下达一个完成任务的最后期限，要求有关的工作小组必须在这个期限内完成任务。虽然公司规定的期限对三星电子的工程师们来说相当紧迫，但他们充分发扬了韩国的民族精神，经过艰苦努力，按时完成了任务。此外，三星电子还在国内和美国的硅谷同时设立了两个工作小组，他们既相互竞争又相互合作，大大加快了三星电子对引进技术的消化和吸引制度，同时也保证了危机管理的成功。

二、早勤早退制度

李健熙认为，过度的劳累会萎缩工人的创造力与进取精神，尤其是在电子部门。从1993年起，三星集团实行了早勤早退制度，即上午七点上班，下午四点下班，这在当时的韩国是绝无仅有的。韩国的企业大都早上九点上班，晚上七至八点下班，三星该制度的实行不仅可以使职员更有效地利用工作时间，而且也为职员提供了更多的休息和业余时间，以便有更充沛的精力投入工作。另外，三星研究开发中心率先实行的弹性工作时间制度，更是一个比较特殊的做法。这个制度的实施，改善了研究工作的环境，激励了员工，大大提高了工作效率。后来，欧美一些发达国家也渐渐引入了这一制度。李健熙说："我们深知，只有把个人的生活与工作有效地协调起来，才能提高工作效率，才能生产出高质量的产品，并赢得顾客的信赖。"

三、班组管理

三星公司的班组管理的核心是生动活泼，具有民主性，注重实际效果，注重人的自觉性、主动性与创造性的发挥。班组开展的各类管理活动，都与企业的方针、目标及重点工作相联系，充分体现了人人爱岗位，人人爱企业的精神。由于班组开展的各项管理活动中形式多样又非常灵活，给人们一种浓厚的、真切的、充满生机和活力的感受，从而激发了员工的积极性。

班组管理重在目标管理。目标管理是以表格的形式开展。先将班组的目标（主要是经济指标）确立在历史最好的水平上，每天进行检查，每月进行综合评定，使班组在取得成绩后，能及时得到领导的鼓励，以激励班组向更高的目标奋斗。开展全员降低成本活动。韩国经济的不景气，对三星公司产生了较大的冲击。三星公司为此普遍在班组开展了"降低成本费用活动"。在生产现场可以看到班组绘制的成本控制图。在这个图中，有控制成本费用的主要项目，有每个人的实施目标，有具体的目标值，班组开展的这项活动在组与组之间是公开的，员工与员工之间也是公开的，这样做使奔跑的人、走路的人、坐着的人都要相互尊重，并给予鼓励，最后使所有的人都成为奔跑的人。

第一节 激励机制的含义和内容

一、激励机制的含义

所谓激励机制，是通过一套理论化的制度来反映激励主体与激励客体相互作用的方式，其内涵就是构成这套制度的几个方面的要素。

管理学范畴的"激励机制"，其含义可由"激励"与"机制"的含义推出。激励是以人本理论为基础的以人为中心的管理活动，它追求管理活动的人性化；机制则是以对系统内各要素之间内在关系的认识为基础，强调人的行为的理性层面，它追求管理活动的制度化。这样，激励机制可定义为在组织系统中，激励主体系统运用多种激励手段并使之规范化和相对固定化，与激励客体相互作用、相互制约的结构、方式、关系及演变规律的总和。经济学范畴的"激励机制"的研究基础是将企业组织看作是一组契约的有机组合。

二、激励机制的内容

根据激励的定义，激励机制包含五个方面内容[1]：

1. 诱导因素集合

诱导因素就是用于调动员工积极性的各种奖酬激励资源。

---

[1] 周三多. 管理学原理与方法（第三版）[M]. 上海：复旦大学出版社，1999：61—76.

2. 行为导向制度

行为导向一般强调全局观念、长远观念和集体观念，这些观念都是服务于实现组织的各种目标。

3. 行为幅度制度

根据弗雷姆的期望理论公式（$M=V\times E$），对个人行为幅度的控制是通过改变一定的奖酬与一定的绩效之间的关联性以及奖酬本身的价值来实现。

4. 行为时空制度

包括特定的外在性奖酬和特点的绩效相关联的时间限制、员工与一定的工作相结合的时间限制以及有效行为的空间限制。

5. 行为归化制度

行为归化是指对成员进行组织同化和违反行为规范或达不到要求的处罚和教育。

这五个方面的制度和规定都是激励机制的构成要素，激励机制是五个方面的总和。诱导因素起到发起行为的作用，后四者起导向、规范和制约行为的作用。

三、激励机制的作用模型

激励机制一旦形成，它就会内在的作用于组织系统本身，使组织机能处于一定的状态并进一步影响组织的生存和发展。激励机制对组织的作用有两种性质，即助长性和致弱性。

激励制度对于激励机制的正常运行十分重要，一旦激励制度出了故障，组织发展就会受到阻碍。激励制度的重要性体现在：吸引外来人才、留住优秀人才、激励有用人才、提高组织效率。激励制度与员工的工作满意感和工作价值有关，激励制度的作用模型如图9—1所示。

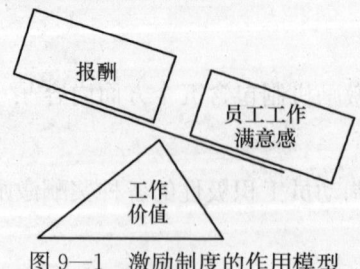

图9—1 激励制度的作用模型

第二节 激励机制的设计

一、激励机制的设计原则

激励机制设计的过程就是一个关于如何实施激励的过程，激励机制设计的好坏，直接影响着激励的执行效果，因此，设计一个好的激励机制必须遵循一定的原则。主要包括两个方面的原则，即激励方案设计原则和激励目标设计的原则。

（一）激励方案设计原则

1. 民主原则

管理者在制定激励方案时，不要独断专行，要多听听工作者的意见和心声，真正弄明白工作者需要什么样的激励，才能制定符合实际需要的激励方案。

为此，管理者在制定激励方案时可以让工作者参与到方案的制定过程中来，以及通过加强工作者间的沟通等方法，充分体现组织管理的民主性原则，同时也有助于工作者对制定的激励方案的认可。

2. 认可原则

如果组织制定的激励方案不能得到广大工作者的认可和接受，那么无论他在工作方面有多大的潜力，会表现得有多么出色，他也不会努力工作和奋斗，激励是不会取得任何成效的。

3. 系统原则

激励作为一种极为复杂的心理和行为现象，不仅直接决定于工作者的需要内容、动机强度、目标期望、公平心理等多种激励机制的作用，而且受到工作者个性差异、文化背景、组织环境等因素的影响和制约。因此，激励方案要考虑到激励的系统原则。使激励策略优化组合，在空间上相辅相成，在时间上相互衔接，形成综合激励的格局及积极性的良性循环。人的积极性运动机制的复杂性，影响因素的众多和交叉性，决定了激励必须采用综合系统的激励方式。所谓综合系统的激励方式就是根据各个影响因素的相互联系、相互制约的特点及系统理论，使若干项激励措施同步配套实施。

4. 公平原则

激励是否公平会极大地影响工作者的工作绩效和工作积极性。在制定激励方案时要充分地考虑到公平的原则。具体来说要做到"三个公平",即外部公平、内部公平和自我公平。所谓外部公平是指组织实施的激励措施与其他组织来比较是否是公平合理的。因为其他所有组织的激励水平代表着市场水平,是由价值规律起调节作用的激励水平。如果组织不考虑外部公平,就很难留住人才,要做到外部公平,首先要做行业调查,然后再制定激励措施。而内部公平反映的是在组织内部人员与人员之间的比较上是否是合理的。内部公平的问题影响到人员的工作态度,影响人员之间的合作以及人员对组织的忠诚;自我公平就是工作者自己将自身的绩效与激励力度的一种纵向比较,看激励力度是否与其所做的贡献大小相适应。自我公平的问题对工作者的积极性也有很大的影响。

5. 激励原则

激励方案一定要体现激励的原则。激励的目的就是要激励工作者,调动其工作的动机,提高工作绩效。如果所制定的激励方案缺乏足够的激励性,那么就是一个失败的方案。

6. 可操作原则

激励方案中所规定的激励措施应具有可操作性。一个缺乏实际实行可能的方案无疑是一座漂亮的"空中楼阁",制作得再精美也是枉然。因而,方案制定者应充分考虑、分析方案在实际实施过程中可能遇到的阻力,可能受什么样的因素影响,在现实条件下是否具备实施的可能性等问题,要千方百计地确保所制定的方案在实际操作中能够顺利实施。

(二)激励目标设计原则

1. 稳定性原则

激励目标要具有稳定性。不能"朝令夕改",使激励目标变化不定,让工作者感到无所适从,失去努力和奋斗的方向。频繁变动的激励目标还会使工作者的辛勤劳动付诸东流,不仅浪费工作者的时间和精力,而且容易使人员产生厌烦、抵触的心理。不利于工作者对组织向心力、凝聚力的形成,导致激励失去作用。

2. 权变原则

制定的激励目标要保持一定的灵活性,建立一个动态的、灵活的激励机制。激励目标能否顺利实施受很多因素的制约，如组织外部的环境条件、组织内部的因素以及被激励对象自身的因素等。组织外部的环境包括政治、经济、文化、社会、法律等宏观环境的影响，也包括同行业组织环境的影响；组织的内部因素包括为实现激励目标提供的工作环境、工作条件以及一些其他因素的影响。除了这些内外环境对激励目标的实现起着影响作用以外，被激励的主体对象对激励目标的期望值、效价的评价及主体自身能力、个性等特征都会对激励目标的实现产生制约作用。因此，管理者在确定激励目标时要保持激励方案一定的灵活性，要允许工作者根据具体的环境条件对目标进行可能的修正，以期更有效地完成激励任务。

3. 长短结合原则

所谓长短结合就是要将激励的长、中、短期目标有效地结合起来。偏重任何一方都会对组织的发展不利。激励目标的确立要以组织远景目标为依据、为导向，勾画出组织自身发展光明的前景，让工作者看到自身发展的机会和空间，以及自身价值实现的可能性，激励工作者为满足自己的成就欲而努力工作；同时，激励目标的确定也要适当地规划一些近期目标，这样会对激励主体起更大的激励作用。如果长、短期目标配置失调，要么会使个人目标实现的困难太大，实现的期限过长而产生消极、懈怠的心理；要么使工作者觉得组织的发展前景黯淡造成人才的流失。所以，激励目标的设置必须进行中、长期目标和短期目标的有效结合，永远保持组织目标对人员的吸引力，促进个体能动性和创造力的发挥。

4. 公私结合原则

公私结合就是要将组织目标这一公共目标同个人追求这一私人目标有机结合起来。满足需要是制定激励方案和目标的起点，西方经典激励理论也都是以分析人的需要为切入点的。中国古代也有这样一句话："私者，人心也。"人都是有个人追求和需要的，组织激励目标需要靠工作职责的遵循和追求来实现。如果组织目标不能很好地满足、吸引和约束个人目标，那么组织目标将是毫无意义的。

5. 恰当原则

所谓激励目标的恰当性原则主要包括两个方面的内容：一方面，激励目标必须是要经过努力才能完成的，而且必须是具有挑战性的目标；另一方面，目标制定既不能过高,也不能过低。目标过高或过低,都不利于激励目标的完成。把握了激励机制的设计原则,我们就可以自如地进行激励机制的设计了。

二、激励机制的设计要求

激励机制是一个组织为了某种激励目的所采取的体系和制度。激励是激发鼓励,以调动人的积极性、主动性和创造性,激发人的动机,使之产生指向需要目标的动力的心理过程。激励是组织人力资源管理的核心,反映着人力资源管理从"以物为本"向"以人为本"的价值观转向。

(一)构建动态性、全过程的激励系统

传统的人事管理把人当成是被动的客体,以完成组织任务为中心,以工作者工作目的为纯粹追求经济利益和行为素质低下的"经济人"和"X理论"(Douglas M. McGregor,1957)的人性假设理论及高度集权的管理体制为基础,并把激励体系设计局限在HRM职能系统中的激励与薪酬管理环节,并且这一环节上也是管理者想当然、没有让工作者参与和真正理解员工内心需要的外在激励。

组织HRM系统中,工作者有条件、有能力、有意愿参与从组织战略到HR支持体系的全过程,这种过程激励才是符合工作者特征的真正激励。有条件是指在信息社会里,员工可以与管理者同步掌握与组织经营相关的外界和内部信息;有能力是指工作者具有对其承担的工作负责的能力;有意愿是指工作者具有追求参与组织决策、工作自主性和独立性等要求。主要做法有:

其一,改变过去由管理者单独制定人力资源规划和进行工作设计与分析的现状,让工作者参与其中,让其参与制定与岗位相关的资格要求和职责,这能使工作本身成为内在激励因素。

其二,让从事相似工作且有经验的工作者做出相应决策,能产生一个以合作性、平等为基础的自我管理团队。

其三,让员工自己从自身兴趣、特长、职业核心价值观及组织目标要求出发,制订其自身培训与发展计划并进行其职业生涯设计与管理,能使培训与开发产生更好效益且满足工作者追求自身进步、终身学习、实现自我价值的需求。

其四，从全方位角度尤其从同事、自身而不仅从上级管理者角度来进行业绩考核，能减少工作者对绩效考核的抵触情绪，通过考核达到完善自我、促使工作者业绩提升与组织组织发展的目的等。

（二）寻求新的激励方式和手段

传统的基于官僚体制所设计的，以职务提升、短期的物质报酬激励为主，提供稳定甚至终身就业岗位等为特征的激励方式与手段，其组织基础正在销蚀，影响力正在下降。为此，组织需要新的、更加有效的激励手段来鼓励出色的绩效表现，并获得工作者的忠诚和承诺。新的激励手段包括使命、控制权、学习、分享价值创造（如平等享有项目的回报）、声誉等。

新的激励方式的特点：

第一，新的激励方式不是基于地位，而是基于贡献的。

第二，不是由按部就班的职位晋升和自动工资增长构成的，而是在于使命所带来的激动人心的感觉和分享成功的荣誉与收获。

第三，新的安全性不是雇佣安全性（不论何种情况都确保工作岗位），而是可雇佣能力的安全性——增加在内部和外部就业市场的价值。

第四，工作者新的忠诚不是针对组织的，而是针对能够实现使命并提供挑战、个人成长机会和最终荣誉的项目的。

三、激励机制的设计程序与方法

从人力资源管理（HRM）的角度，对组织工作者的激励不能仅体现在狭义的激励与薪酬体系这一阶段，而应体现在从组织战略开始一直到人力资源管理支持体系全过程上；组织面临环境的复杂多变性导致组织战略及相应的人力资源管理体制与制度也随之发生变化，这就要求组织工作者的激励系统应具有动态性。

（一）综合激励模式

美国心理学家波特和劳勒提出综合激励模式。在这个模式中含有努力、绩效、能力、环境、认识、奖酬和满意等变量，这些变量间的关系如图9—2所示。

图9—2显示出激励机制作用于组织工作者的几个基本点：

其一，工作者个人是否努力工作以及努力程度不仅取决于奖酬对个人的

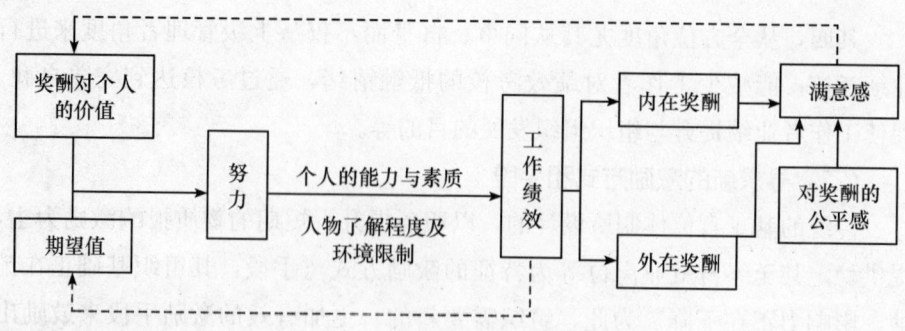

图 9—2　波特和劳勒提出综合激励模式

价值,而且还受到改革者对达到既定绩效的期望值的影响。这里,奖酬对个人的价值即激励价值,指工作者对自己所从事工作和他们对自己努力工作所获得的奖酬的价值看得多重。期望值,即期望概率,指工作者个人期望做出努力后可能获得奖酬的概率,即主观上估计达到目标、得到奖酬的可能性,这种主观概率要受每个人的个性、情感、动机的影响。

其二,工作者实际所达到的绩效不仅取决于其努力程度和工作者的个人能力与素质,还受其他诸多因素影响,如对所承担任务的认识程度、环境的限制等。

其三,工作者所应得到的奖酬应以其实际达到的工作绩效为价值估计标准,尽量剔除主观评估因素。其中,奖酬包括两个方面:①内在奖酬,即满足工作者的自我实现需要或其他较高层次成长需要的奖酬;②外在奖酬,即由组织控制的奖酬,如工资、提升等,这类奖酬常用来满足低层次需要。

其四,工作者对所受的奖酬是否满意及满意程度如何,取决于他对所获得奖酬的公平感,如果工作者感到不公平,则会导致不满意。

其五,工作者的满意程度反过来影响以后的奖酬对个人的价值,即满意程度越高,奖酬对个人的价值就越大。同样,工作绩效也会影响今后做这件工作的期望值,即经过努力达到一定绩效,则会使期望值增大;反之,则期望值降低。

其六,新的激励价值(奖酬对个人的价值)和期望值又会重新调整工作者的努力程度。工作者的行为是在多因素相互联系又相互影响中循环往复进行的。实际所达到的绩效不仅取决于其努力程度和工作者的个人能力与素质,还受其他诸多因素影响,如对所承担任务的认识程度、环境的限制等。

(二) 激励方法和途径

根据波特—劳勒激励模式，建立和完善激励机制，通过采取适当的激励方法和途径，对工作者进行有效激励。

1. 通过提高奖酬对个人的价值，从而提高激励水平

工作和奖酬对个人的价值越大，其吸引力就越大，这时激励工作者积极性的作用就越大。为解决这些具体问题，至少可从两个方面入手：一方面，提高内在奖酬的吸收力，如通过工作本身来满足工作者自我实现的需要或其他较高层次成长的需要；另一方面，提高外在奖酬如工资、提升等由组织控制的奖酬的吸引力，增加工作者的满意感。

2. 通过树立目标，激发期望心理，从而提高激励水平

具体而言，可采取目标激励法。所谓目标激励，是运用激励目标，刺激人的需要，激发人的动机，诱导人的行为，使其发挥内在潜力，为实现所追求的目标而努力的过程。

3. 通过提高期望值，从而提高激励水平

可以采取以下措施：其一，提高完成任务、达成一定绩效的期望值。一方面，组织每年可有计划地选送一批安心于本职工作的人员进修、培训，提高他们胜任工作的能力；另一方面，注意尽可能地给工作者创造良好的工作条件、自然环境等，为人员顺利完成工作任务扫除障碍。其二，提高从绩效到奖酬的期望值。如果工作者相信良好的绩效确实可以带来诸如加薪、晋升等好处的话，那么他就会付出努力。因此，要提高期望值，关键是严格履行按绩给酬的原则，绩效评定要客观，尽量剔除主观因素，而且，各项奖酬制度务必兑现，做到言而有信、行而必果。

4. 通过提高工作者公平感，从而提高激励水平

人们生活在社会中，总是在与别人进行比较并在社会比较中产生公平与不公平感，工作者也不例外。人员能否得到激励，不仅取决于他们所得到的报酬的绝对数量，同时取决于他们认为自己所得到的报酬与别人所得到的报酬是否公平。因此，组织管理者在对人员管理中应特别注意坚持公平原则。

第一，要有公平客观的评价标准。组织管理者要避免人员评价不公现象及其引发的负面效应，在评价中首先要按标准行事。人员评价的公平与否取决于评价体系是否科学，其中最主要的又莫过于评价标准是否客观与全面。

领导者不能凭主观制定评价标准,应在事先进行周密的思考,不能把评价当作一种选拔的工具,造成攀比的行为。

第二,要保证评价过程的科学性。评价标准的合理、评价过程的科学以及评价结果的及时公开是不可缺少的,这样才能保证公平的竞争和产生巨大的激励功能。

第三,待遇跟成绩挂钩,奖罚要公平合理。管理者可引入干部聘用竞争上岗、职务聘任制、专业技术职务阶段确认制度及分配制度上的绩效浮动工资等竞争机制,使人在公平竞争中求生存和发展,从而激励其奋发进取;在处理工作任务的分配、总结评比、工资调整、奖励和晋升等实际问题时,应做到公平合理。同时坚持按劳付酬、多劳多得的分配原则。

5. 工作者参与决策是对其最大的激励

工作者参与决策是发扬民主,参加决策,发表意见,从而满足人们受尊重和信任的需要。同时,增进领导和工作者之间的了解,创造出一种相互信任的心理氛围,人员会产生满意感、归属感。

工作者参与决策,是组织管理决策正确、合理的必要条件,同时正确合理的决策本身就是一个激励源。现代管理心理学的调查表明,在一个团体中,通过民主的方法讨论决定问题,总比少数人无视团体的存在,独断专行地做出决定,能更多地获得该团体成员的关心和支持。工作者参与决策,证明他们不仅仅是执行组织任务的工具,而且也可以是影响组织全局的主人,从而更激发他们的工作热情。

第三节 人才激励机制的改进

一、激励机制的运行

(一)激励机制的运行要求

1. 以绩效评估为基础

通过绩效评估产生有关员工工作表现的准确信息,这些信息有助于衡量和评价个人的工作表现,刺激组织成员的个人发展,为制定人力资源计划、政策和发展战略提供依据(见表9—1)。

表 9—1　　　　　　　　　绩效评估方法的功能比较①

用途	百分比（%）
工资	85.6
绩效反馈	65.1
培训	64.3
晋升	45.3
人力资源规划	43.1
解聘	30.3
研究	17.2

2. 符合员工的目标期待

期望理论认为，一种行为倾向的强度取决于个体对这种行为可能带来的结果的期望强度以及这种结果对行为者的吸引力。玛汉·坦姆仆通过大量的调研，总结了知识工作的主要特点，并提出了知识型员工的主要激励因素，最后在此基础上建立了知识工作者激励模型。他认为，知识工作者注重的四个主要激励因素及其所占比重依次为：个体成长 33.74%、工作自主 30.51%、业务成就 28.69%、金钱财富 7.06%。对知识型员工的激励，不能以金钱刺激为主，更应注重他们的个体发展、工作自主和业务成就为主②。当员工认为努力能够导致良好的绩效评价时，他就会努力工作，从而进一步产生绩效，受到奖励，实现个人目标。不同的人员对奖励的重要程度的评价不同③，见表 9—2。

表 9—2　　　　　　　　　不同人员对奖酬的不同评价

排名	管理者	专业人员	事务性人员	钟点工
1	工资与收益	晋升	工资与收益	工资与收益
2	晋升	工资与收益	晋升	稳定
3	权威	挑战性	管理	尊重
4	成就	新技能	尊重	管理
5	挑战性	管理	稳定	晋升

① 斯蒂芬·P. 罗宾斯. 管理学 [M]. 北京：中国人民大学出版社，1997：77—79.
② 刘卫民. 基于玛汉·坦姆仆理论探讨知识型员工的激励措施 [J]. 商场现代化，2006 (12).
③ 蒋春燕等. 知识型员工流动的特点、原因与对策 [J]. 中国软科学，2001：41—55.

3. 体现激励的公平性

从公平理论的角度分析，员工的工作动机不仅受其所得绝对报酬的影响，而且受其相对报酬的影响，一个人不仅关心自己的实际收入，而且关心自己同过去和他人收入的比较。当员工发现自己的收入比他人或自己过去的收入少时，就会产生不公平感[①]。管理者必须做好岗位与能力测评，量化工作指标，把领导测评、集体测评与个人测评结合起来，增强可比性和透明度，奖酬决定参考模型见表9—3。

表9—3　　　　　　　　　　　奖酬决定模型

奖酬政策	政策的内容	奖酬政策的目标
外部竞争力	市场定位、市场调查、政策界限、奖酬结构	有效性（绩效驱动、全面质量、客户导向、成本控制）、公平、合法
内部一致性	工作分析、工作描述、工作评价、工作结构	
员工贡献	资历基础、绩效基础、提薪指导、激励计划	
管理工作	计划、预算、沟通、评价	

4. 实现外在激励与内在激励的统一

根据双因素理论，保健因素（如薪水、物质条件等）的满足并不能使员工满意，但这些因素的不满足又会使员工不满意。只有激励因素（如成就感、认同感等）的满足才能产生全面的、持久的、有效的激励作用。因此，奖酬制度必须把这两方面统一起来，才能起到应有的激励作用。

（二）激励机制的运行策略

激励机制的运行过程就是激励主体与激励客体之间互动的过程，也就是激励工作的过程。激励机制一旦形成，它就会内在的作用于组织系统本身，使组织机能处于一定的状态并进一步影响组织的生存和发展。激励机制应用于管理实践中的策略应用将在下一章详细介绍。

（三）激励机制的运行效果

由于组织给员工提供的各种激励往往不是独立实施的，而是以组合的方式同时发挥作用。几乎所有组织的激励策略都包括各种形式的物质激励、不同形式的发展激励以及不同形式的精神激励。这三种激励在组织中有时并行，有时侧重于一个方面，通过对其有机组合往往能够收到良好的激励效果。

---

① 乔晓虎等. 浅谈西部地区科技创新人才开发［J］. 科技进步与对策，2001：16—26.

组织激励机制运行的效果至少体现在工作绩效和工作态度两个方面。工作绩效可以分为任务绩效和非任务绩效（即组织公民行为或关联绩效）两个方面。在态度方面，组织承诺比满意感更能体现员工行为的持久性，因为组织承诺体现了员工和组织之间关系的一种心理状态，隐含了员工对于是否继续留在该组织或以怎样的方式留在该组织的决定。

因此，组织激励策略的有效性可以从三个方面衡量：

（1）高效率高品质地完成工作任务，即表现出较好的任务绩效。

（2）表现出的与工作任务不直接相关的有利于组织的行为，即表现出较多的组织公民行为。

（3）表现出对组织的归属感或承诺感，愿与单位同舟共济，不轻易离职。

二、完善和创新评价和激励机制

人才考核评价机制上的良莠不分，就可能带来激励效能的谬以千里，其对事业的负面影响，比之"平均主义大锅饭"造成的"激励效果钝化"尤甚。因此，应按照"改革、创新、效能、实绩"的原则，建立健全公平、公正、科学量化、以业绩贡献为核心，按科研、技术、管理、技能等不同职业类别，以定量指标量化数据得分为主、定性评价为辅，科学合理的考核评价体系。那种到年底凭印象和关系画勾，难以全面准确地评价人才素质和胜任岗位能力，易导致类似经济学上"劣币驱逐良币"的考评办法，会极大挫伤干部工作积极性，应坚决予以改革。

（一）科学评价与薪酬激励

这里所指的薪酬包括基本工资和各种较为稳定的经济收入，如岗位津贴、绩效补贴、浮动工资等。工资是劳动报酬的主要部分，是职工关注的重点。从组织的角度看，工资是吸引、稳定核心职工的一个重要因素，设计一个具有导向激励作用和可操作性的工资制度对组织来说具有十分重要的意义。

在职工基本生活得到保障后，按照亚当斯的公平理论和赫兹伯格的双因素激励理论，人才将工资报酬等待遇水平更看作与工作成就、组织信任、领导肯定、得到尊重、成长进步等高层面激励因素密切相关，而不仅仅是"金钱"数量的多少。

绩效补贴发放的依据是绩效考核，目前，组织中的绩效考核还没有完全采用量化指标和取得业绩的实效成果作为评价依据，习惯于年底兴师动众，让工作互不熟悉、关联不大的部门、单位干部职工间，仅仅凭印象拍脑袋甚至是无印象凭揣测互相画"√"打分。其结果，常常"感觉"失准，评判失衡，在相当程度上有失客观、真实和公允，与如实考核评价，出成果、出效益、出人才的考核评价激励工作的本意相去甚远，挫伤了部分真正愿意干事、能够干事、勇于创新性开展工作、善于创造实际业绩的干部职工的积极性。显而易见，此种考核评价方法在导向上存在一定问题，使干部职工的关注点往往在于"人情"，而不能关注于"工作绩效"。

（二）个人职业发展激励

行为科学研究和现实调查表明：每个人都有自我发展的愿望，每个人都有不可替代的作用[①]。但是，在现实工作中，不少组织可能局限于种种主客观原因，往往难以给职工提供完全满意的发展机会，在成长阶梯、平台、路径不充分的情况下，使职工特别是骨干在成长过程中会遭遇到所谓的"职业天花板"现象，因为看不到前进方向而迷惘、失意、彷徨，长此以往可能会因此黯然辞职或者成为低绩效职工。因此，组织应在制定科技创新发展规划的同时，下功夫制定较为详细的各类人才职业生涯规划，尽力加强对广大职工成才的正面引导，帮助设计成长的阶梯和路径，使之选择适合自己特点的发展方向，努力工作，尽早成才。

（三）专业技术职务晋升激励

专业技术职务晋升是职工在技术系统阶梯上的升迁，这对技术人员来说是一项非常重要的激励。在专业技术职务晋升激励中要特别注意处理以下几个问题，以达到激励专业技术人员为组织做出更大贡献的积极作用。第一，同等级各个系统阶梯、平台之间必须保证平等。第二，推行评聘分开，职务的聘任由工作单位在岗位设置的基础上，按照岗位的要求聘任，动态管理。第三，让高层次科技人才和学科带头人、技术专家参与组织的发展决策。第四，大多数体系都允许在管理和技术系统之间转换，但该机制更鼓励向各系统的更高层进步发展，而不是频繁地进行不同系统之间的转换。

（四）多阶梯晋升激励

"多阶梯晋升激励"就是给专业技术人员提供一种或多种不同于行政管理

---

① 周文霞. 职业生涯管理[M]. 上海：复旦大学出版社，2004：13—15.

阶梯的进步成长机会，为专业技术人员提供多条平行的进步成长阶梯。一条是原行政管理系统路径的，另外几条是技术系统同管理系统的地位对应平等，各类人才"人尽其才，才尽其用，平等发展，各得其所"。随着组织新的人事制度改革的推进，岗位管理改革也在不断推进，走技术系列比走管理系列档次要高，可以鼓励技术人员专心从事技术工作，对于消除官本位非常有益。

除了职位系列，还可以进一步推进管理人员职业化评聘制度，可以通过建立一整套管理人员培训、考核与资格认证体系，逐步将管理人才的培训和使用纳入规范化和社会化管理的轨道上来，建立一整套有利于管理人才培训和成长的机制，逐步实行管理工作的职业化、专业化、科学化管理，加快培养具有创新能力的高素质、复合型管理人才，通过科学选聘、多岗锻炼、进修培训、职业化评聘认证等途径，提高管理人才的管理水平和推动创新发展的能力，真正实现组织"管理出效益"的目标。

三、人才激励机制的保障措施

人才是立业之基，兴邦之本。培养和造就一支高素质的人才队伍，是实现组织持续健康发展的必然要求。必须始终坚持人才战略，以人为本，创新人才工作机制，营造良好的人才环境，为组织发展提供人才保障。

（一）建设良好环境增强凝聚力和影响力

1. 构建各类人才的培养、使用的良好环境

要积极打造人才成长的硬件环境和软件环境。硬件环境包括办公环境、待遇环境和生活环境；软件环境包括发展环境、政策环境、制度环境、文化环境和舆论环境。人才的活力取决于机制和环境，人才的成长关键取决于软件环境，而硬件环境则是青年人才成长的必要保障。

2. 创造宽松、和谐的工作环境

营造尊重知识、尊重人才、有利于人才脱颖而出和健康成长的氛围，是组织人才培养的重要内涵。为此，应不断提高组织的办事效率，为人才安心干事业做好服务工作；注重加强各类人才的团队建设，努力形成人与人之间的良好协调、交流和互补的和谐工作氛围；大力加强办公环境建设，创造良好的工作环境，以不断增强组织的凝聚力和对外影响力。

3. 优化人才发展环境，留住和用好人才

培养、引进、使用人才，使用是关键。因此，必须营造有利于人才成长、发展和优秀人才脱颖而出的环境。应该把创新型人才的培养作为组织人才培养的重点，可以探索采取强化培养与鼓励探索相结合、国内锻炼与国际交流相结合、梯队建设与团队建设相结合等方式，加快培养高层次创新型人才。在强调集中统一管理的组织和单位，更应注意尊重和保护人才，把不同个性、特点的人才都引领到组织发展目标上来，使人才都有展现自身才能的机会和舞台。

（二）搭建人才成长和职业发展阶梯

为引导各类人才树立与组织目标相适应的个人职业生涯发展目标，就要根据组织需要和人才成长的规律实施职工的职业生涯管理：首先是确定职工的职业性质及其基本要求，帮助职工认清职业发展方向；其次是为职工提供制订个人职业发展计划所需要的职业发展模型、信息、条件，并给予相应指导；再次是为职工提供培训进修、学习深造、多岗位锻炼的机会，为他们提供发展的良好职业通路和基本条件；最后是建立组织目标与个人发展目标相结合的良性协调评价激励机制。

在实施职工的职业生涯管理上应重点关注以下两个方面：

一是积极搭建人才的学习平台。对待不同的人才要及时搭建不同层次的学习平台，并形成完善的学习制度，并通过物质投入和制度规范两个方面来加强。利用各种条件使各类人才不断充电；可以设计、建立各种跨部门和功能的学习型团队，通过网络化、虚拟团队、实践社群、头脑风暴小组、创新论坛、俱乐部、学习实验室、管理教练室、休假聚会制（在专门的休假期间研讨问题）、周末社交制（周末组织各种非官方组织的联谊活动）等新的组织设计手段和方法，消除和改变传统组织结构对于知识分享的阻碍，加快知识在组织中的流通和使用。

二是了解人才的人格性情，努力营造和谐环境。在进行岗位设置时，除了上述提到的一些因素外，可能还有一项因素也是非常重要的，那就是每个人都是不同的个体，除了专业学识和业务能力，都具有不同的性格特点、行为方式，需要认真了解并给予足够重视，再依据相应的原则、方法在岗位管理实践中给予统筹考虑。一个人属于什么性格，是可以通过一些科学评价体系进行综合判断的，如通过招聘时的性格测试和工作中的长期观察，结合多种科学测试工具，对人才进行综合测评，应当能够提供较为准确的人格性情方面的测试结果,如果能够再将其综合统计汇入人才数据库中,将为岗位设置和团队组成提供较为合理的性格依据。

(三)核心业务梯队的建设和人才的储备

能够适应市场化的激励机制和考核系统是一个组织必须深刻认识到的严峻问题。组织的未来在于人才,组织竞争的未来也在于吸引核心人才,并且能够从组织的角度给他们搭建施展才华的平台。对于一个组织的发展而言,核心人才的激励直接关系着人力资本的价值实现,组织必须从资本投入的角度将组织盈利与要素价值实现放在同一高度,依靠高素质、高质量、高要求的人才成为保证盈利模式和竞争优势的核心。

【案例分析】

海尔集团的激励策略

海尔认为:人力资源是企业最宝贵的资源,如果每个人的潜能发挥出来,每个人都是一个太平洋,都是一座喜马拉雅山,要多大有多大,要多深有多深,要多高有多高。所以盘活企业,首先是盘活人。盘活人重要的是激励和约束,只有机制到位,才能充分发挥人的积极性和潜能。

一、海尔的"斜坡球理论"

海尔集团提出了著名的"斜坡球理论"。海尔集团从斜坡上流动的小球这一极普通的生活现象中,悟出了企业人才发展的规律——斜坡球发展理论:斜坡上的球体好比一个员工个体,球周围代表员工发展的舞台,斜坡代表着企业发展规模和商场竞争程度。根据斜坡球发展理念,海尔的用人机制是"人人是人才,赛马不相马"。相马是将命运交给别人,而赛马则是将命运掌握在自己手中。具体来说,斜坡球理论表现在以下几个方面:"三工"并存,动态转换。"三工"即优秀工人、合格工人、试用员工。海尔用工改革的思路是,干得好可以成为优秀工人,干得不好,可随时转为合格工人或试用人员。这种做法有效地解决了"铁饭碗"的问题,使企业不断激发出新的活力。

由此可见,海尔非常重视在企业内部为员工创造竞争的环境。"生于忧患,死于安乐",这是海尔总裁张瑞敏经常告诫员工的一句话,也是海尔文化的核心内容之一。在海尔企业内部传阅着两幅主题为"适者生存"的漫画。

一幅是老鹰喂食的故事：老鹰是所有鸟类中最强壮的种族，根据动物学家所做的研究，这可能与老鹰的喂食习惯有关。老鹰一次生下四五只小鹰，由于它们的巢穴很高，所以猎捕回来的食物一次只能喂食一只小鹰，而老鹰的喂食方式并不是依平等的原则，而是哪个小鹰抢得最凶就给谁吃，在此情况下，瘦弱的小鹰吃不到食物都死了，最凶狠的存活下来，代代相传，老鹰一族越来越强壮。另一幅是狮子与鹿对话的漫画，狮子说：我非常强壮，但如果我不奔跑捕食，明天就会和鹿一样软弱无力。鹿则对狮子说：由于有了你，才使我的生命遇到了威胁，为了不让你追上我，我必须不停奔跑。这两幅漫画告诫所有员工：当今社会就是一个适者生存的社会，如果没有强烈的危机感和竞争意识，必将成为失败者；倘若一个企业无适当的竞争制度，常因小仁小义而耽误了进化，在竞争的环境中将会遭到自然淘汰。不管是强者还是弱者，都要努力工作。

二、奖罚相结合的激励措施

在海尔的企业内部，将激励手段分为正激励（奖）和负激励（罚）两种。正激励是对员工符合组织目标期望的行为而进行的奖励，使这种积极向上的行为更多地出现，即更好地调动员工的积极性。

例如，在海尔的奖励制度中有一项叫"命名工具"，这些被改革后的新工具的发明者都是在一线的普通工人。如工人李启明发明的焊枪被命名为"启明焊枪"，杨晓玲发明的扳手被命名为"晓玲扳手"。张瑞敏看到了普通工人创新改革的深远意义，并想出了一个激励员工创新的好措施，即用工人的名字来命名他所改革的创新工具。这一措施大大激发了普通员工在本岗位创新的激情，后来不断有新的命名工具出现，员工以此为自豪！最初海尔开始宣传"人人是人才"时，员工反应平淡。他们想：我又没受过高等教育，当个小工人算什么人才？但是当海尔把一个普通工人发明的一项技术革新成果，以这位工人的名字命名，并且由企业文化中心把这件事作为一个故事登在《海尔人》报上，在所有员工中传开之后，工人中很快就兴起了技术革新之风。对员工创造价值的认可，是对他们最好的激励，及时的激励和更大的上升空间，能让员工觉得工作起来有盼头，有奔头，进而也能让员工创造更大的价值。

通过对海尔正激励手段的分析，我们总结了正激励在企业激励管理中所要把握的七项原则：①把物质奖励与精神奖励相结合。②创造良好奖励的心理气氛，即有"好的使人羡慕，坏的使人厌恶"之气氛。③奖励要及时，不能都等到年终养总结再奖励。④奖励要考虑员工的需求差异。⑤奖励程度要与贡献相当。⑥奖励的方式要有变化，不能年年老一套，千篇一律。⑦奖励不要过于频繁。

负激励就是对员工违背组织目标非期望的行为而进行的惩罚，以使这种负面行为不再出现。处罚使人产生内疚感，使人头脑清醒，认识到自己的错误或不足，从而修正自己的行为，使错误的倾向朝正确的方向转移。为了发挥处罚的作用，必须注意以下几点：①要实事求是。惩罚一定要实事求是，不能捕风捉影、道听途说，更不能无中生有。惩罚要以事实为依据，是一就是一，是二就是二，不夸张，不随便"上纲上线"。这样，才能使受罚者服气。②要给出路，不能一棍子打死，不要使被惩罚者丧失信心。要以思想教育工作为主。③要有依据，不能凭主观意志决定处罚。④要选择适当时机。惩罚一定要弄清事实之后进行，既不能操之过急，又不能久拖不决。太急了容易发生偏差，太迟了人们对此已经淡漠，起不到教育作用。⑤惩罚不是目的，目的是惩前毖后，治病救人。所以，惩罚后要对被惩罚者予以关心和指导，教育他们在自己跌倒的地方爬起来，化消极为积极。

海尔对干部每月进行考评，考评档次分表扬与批评。表扬得1分，批评减1分，年底二者相抵，达到负3分的就要淘汰。同时，通过制定制度使干部在多个岗位轮换，全面增长其才能，根据轮岗表现决定升迁。一正一负，一奖一罚的激励机制，树立了正反两方面的典型，从而产生无形的压力，在组织内部形成良好的风气，使群体和组织的行为更积极，更富有生气。激励的这两种手段，性质不同，但效果是一样的。从管理的整体看，奖（正激励）惩（负激励）必须兼用，不可偏废。只奖不惩，就降低了奖励的价值，影响奖励的效果；只惩不奖，动辄得咎，就会使人不知所措，人们仅知道不该做什么，却不知道应该做什么，甚至还可能由于人们的逆反心理而产生反作用。所以，必须坚持奖惩结合。

三、富有特色的分配制度

薪酬是重要的调节杠杆，起着重要的导向作用。海尔的薪酬原则是，对内具公平性，对外具竞争性。高素质、高技能获得高报酬，人才的价值在分配中得到体现。

四、强化培训，创造机会

海尔认为：没有培训过的员工，是负债；唯有培训过的员工，才是资产。为此，海尔为员工创造各种学习机会，进行以市场拓展为目标的各种形式的培训，以提高员工的能力和素质。

通过培训，能够使员工在思想上和行为上与公司的战略发展高度统一，通过培训，让员工认同企业文化，处处以企业的核心价值观为导向。例如，部队的军事化训练从行为入手，新兵入伍后，一切生活方式和行为都要按照部队的标准，当行为达到高度统一，思想上潜移默化地就形成了统一。而企业的培训是先让员工在思想上与企业的思想达成统一，进而实现工作行为与企业的战略目标相一致。以往的一些企业只注重员工专业技能的培训，这充其量只能把员工培养成在一线生产的技术工人，而在当今这个以知识为标志的经济时代，企业更需要的是复合型的人才。所以，企业不但要为员工提供专业知识的培训，还要告诉员工今天的时代发生了什么样的变化，要时刻有危机感，要时刻有"永远战战兢兢，永远如履薄冰"的心态。

通过对海尔激励模式的分析，使我们意识到，一个企业纵然有雄厚的资金做后盾，有具备市场竞争力的高新技术，但如果不能充分地调动员工的积极性和创造性，把员工看作只会工作不会思考创新的机器，在管理过程中对员工进行"高压式管理"，从而使得员工一味的机械化、被动式地为了完成工作而工作，是根本不可能实现效益最大化的。企业唯有通过为员工营造积极向上、富有激情的工作环境，并且设立具有实际意义的激励机制，才能使员工在工作过程中变被动的服从为主动创新，摆脱旧有观念的"干活都是给企业干的"，转变为"在企业所做的所有工作都是为自己干的"，员工就是企业个体经营的老板。

除此之外，企业要让团队有激情，只在企业内部设立激励机制，创造激情的工作氛围是不够的，还要有愿意接受挑战，对工作满腔热忱、富有激情的员工。这需要企业在选人时，就要从员工自身品质出发，选到富有激情的优秀人才。否则，即使公司文化氛围再浓，如果一个员工本身不具备这样的性格，再培养也是徒劳无功。因为从本质上讲，员工的激情更多是天生的综合素质的一种体现，是自身品质、精神状态和对事物认知程度的一种外化表现,如果没有这些做后盾和基础因子,仅凭企业对该员工的培训,肯定是不行的。以西游记中的猪八戒为例加以说明:唐僧师徒四人所组成的"团队",愿景可谓非常明确,就是要抵达西天取得真经立地成佛。猪八戒好吃懒做、天生愚钝、贪恋美色、遇到困难就要求散伙,他在取经这个"战略"上没有任何激情可言,哪怕唐僧天天口中诵经,对"团队"进行时时提醒、不断教诲(培训),亦对八戒不起任何作用。孙悟空以金箍棒进行武力威胁,才得以一路督促猪八戒配合大家最终完成使命。由此可见,一个人工作的激情更多地来自于自身的潜质、自我成就感、自我创新、自我超越等内在心态最为重要,后天培养充其量是锦上添花。

现实世界中,无论是国内企业还是跨国公司,他们在选人时,更多看中的是被招聘人员综合素质的高低和个人未来发展潜能的大小,譬如良好的职业操守、诚实正直、创新精神、积极主动性、工作的韧性和工作激情、良好的领导才能和团队合作精神等。美国西南航空公司就认为,要培养富有激情、能够融入公司、以客户为中心的文化的员工,从招聘时就必须严格,该公司的用人哲学是"态度最重要,本事靠培训"。隶属于世界500强的英国翠丰集团的百安居,在雇佣员工时,非常关注员工是否有潜质成为部门经理或商店总经理,是否有能力和激情承担起更大的挑战。比尔·盖茨就说过:在我的公司里,我愿意雇用有潜质和激情的人,而不是那些有经验的人,经验可以从后天所进行的培训和实践中获得,而从长远来看,潜质更有价值。

企业要建立有效的激励机制,不是一朝一夕就能完成的事,而是在不断的成功与失败中摸索经验,逐步完善的过程。

(资料来源:海尔集团的激励机制,百度文库,http://wenku.baidu.com/view/73725da6f524ccbff121846f.html.)

本章复习思考题

1. 何为激励模式?
2. 激励机制的运行原则包括哪几个方面?
3. 激励机制的运行要求有哪些?
4. 如何进行激励机制的完善和创新?
5. 优秀企业的人才激励策略有哪些经验?

第十章 人才激励策略

本章教学目标

在本章的学习过程中，应了解人才激励策略的影响因素，明确制定人才激励策略的原则和关键要素；掌握激励策略的实施环节。激励策略在实施运用中要活学活用，根据不同的情况选择不同的策略。

【导入案例】

通用组织的区别化激励

通用组织用人强调"区别化"，把最好的人挑出来，为他们创造条件，让他们承担更大的责任，激励他们，取得更大的成功。绝对不能"平均主义"，杰克·韦尔奇年轻时就因为每个人都得到相同的 1 000 美元加薪而差一点离开通用公司。杰克·韦尔奇说"对人来说，差别就是一切"，一定要"区分"。

人称世界第一 CEO 的原通用公司董事长兼首席执行官杰克·韦尔奇指出："我们把人分成三类：前面最好的 20%，中间业绩良好的 70% 和最后面的 10%。"他说，在通用公司，最好的 20% 必须在精神和物质上受到爱惜、培养和奖赏，因为他们是创造奇迹的人。失去一个这样的人就要被看作是领导的失误——这是真正的失职。最好的 20% 和中间的 70% 并不是一成不变的，人们总是在这两类之间不断地流动。"依照我们的经验，最后的那 10% 往往不会有什么变化。一个把未来寄托在人才上的公司必须清除那最后的 10%，而且每年都要清除这些人——以不断提高业绩水平，提高领导者的素质。通用公司的领导者必须懂得，他们一定要鼓舞、激励并奖赏最好的 20%，还要给业绩良好的 70% 打气加油，让他们提高进步；不仅如此，通用公司的领导者还必须下定决心，永远以人道的方式，换掉那最后 10% 的人，并且每年都要这样做。只有如此,真正的精英才会产生,才会兴盛。"

杰克·韦尔奇认为,10%淘汰制,不是一种"残酷",恰恰相反,这是对员工的"仁慈",而不告诉他,让其待在一个不能成长和进步的环境里才是真正的"假慈悲"。这样可避免将来等到员工已经岁月不饶人时,就业机会越来越少了,但还要供养孩子上学,还要支付住房贷款时再告诉他说:你走吧,这里不适合你——那才是残酷!

第一节 激励策略的基本要素

一、制定激励策略的目的

现代人力资源管理理论的指导思想首先是把人既当作目的又当作手段,强调的是人与事、人与人、人与环境的和谐统一;把人当作是宝贵的资源,当作是组织中除资金资本、要素资本之外另一种宝贵的资本,是资本就注重其开发和发展。这是人力资源管理与人事管理在管理理念上最大的差别。与此相适应,在人力资源的管理当中,如何通过有效激励员工,实现组织和员工自身的共同发展是贯穿于人力资源管理始终的一条主线。

组织中的激励工作正处在从如何管人向如何发挥人的积极性的方向过渡的阶段。对人员激励主要有两大方面:其一是制度本身包含的激励内容,如对人员的年度考核、年终评比、薪酬奖金计算方式等,这构成了整个组织人事管理的框图;其二是组织或部门领导本身具有一些管理激励的个人经验,在实际的管理过程中表现出来的激励形式,这些多以精神激励、丰富工作内容、价值观激励、竞争激励等非物质激励为主,这种激励方式的艺术化运用,对员工积极性提高也起到了较大的作用。

薪酬激励体系的设计目标就是构建出具有较强激励作用的激励性薪酬体系。所谓激励性薪酬,就是在遵循公平、公正、合法原则的前提下,适当拉开收入差距,体现按贡献分配的原则,实现薪酬的激励效果,从而提高员工的工作积极性。

薪酬激励体系的设计应达到三个目的:吸引优秀人才,留住核心人才,最大可能地发挥员工的能力。

针对以上三个目的,要做到:

(1) 建立对外富有竞争力的薪酬制度，以吸引有才能的人。

(2) 加强企业薪酬的对内公平，合理确定企业内部各岗各职的相对价值，以留住有才能的人。

(3) 薪酬必须与工作绩效挂钩，提高员工的工作积极性，以发挥员工的才能。

二、制定激励策略的关键要素

美国哈佛大学教授威廉·詹姆士研究发现，在缺乏激励的环境中，人的潜力只发挥出一小部分，即20%～30%，刚刚保证饭碗；而在良好的激励环境中，可发挥潜力的80%～90%。

激励机制应该做到责任与利益相结合，承担多大的责任，就应该有相应的利益回报，使他们的劳动价值得到应有的承认和尊重；给予人才丰厚待遇，创造更好的工作环境，使他们心情舒畅；给予他们更多的成才机会，激发他们的工作热情和创造性。重点把握好以下五个关键要素。

1. 期望——人才激励的不竭动力

依据弗鲁姆的期望理论，①接连不断地从多个角度建立新的期望值，如工资待遇、工作稳定性、学习机会等；②充分了解个人需要，为人才实现这些期望创造条件；③为高级技能人才的个人发展提供大显身手的机会和舞台，使他们做到组织目标和个人目标相结合，保持持久工作动力和积极性。

2. 尊重——人才激励的基本原则

依据马斯洛需要层次论的自尊需要和洛克的目标设置理论，①尊重人的生命价值，努力提高人的生命质量、延长生命时间，延长人才资源的使用期；②尊重人的兴趣和生活方式，只要不影响集体利益和社会秩序，就应该尊重；③尊重人的劳动方式和劳动成果，只要对企业的发展有利，不管何种劳动方式、何种劳动成果都应该得到尊重；④尊重个人目标，合理设置组织目标，努力将个人自我价值和企业价值有机统一起来。此外，在涉及具体目标时，还应注意总目标与阶段目标、远期目标与近期目标相结合，目标设置的难度要适当。

3. 奖惩——人才激励的主要手段

依据斯金纳的强化理论，必须坚持以奖为主，奖惩结合，综合运用物质激励和精神激励。①根据不同人的需要进行奖励，对于低收入者可以较多运用物质奖励，对于收入水平较高的则要注重精神奖励；②适当拉开实际效价的档次，控制奖励的效价差，尽量用量奖而不是评奖；③注意期望概率的控制和心理疏导，掌握好奖励的时机和频率；④惩罚要与教育相结合，达到惩前毖后、治病救人的目的，对一般性错误的惩罚宜轻不宜重。

4. 竞争——人才激励的助推器

依据马斯洛需要层次论的自我实现需要和ERG需要理论的成长需要，竞争的引入能够充分激发人才争取成功的内驱力。在运用竞争时应注意，增强工作任务的挑战性，给定的任务要尽可能丰富和有探索价值，切忌单调枯燥、缺乏新意；增强工作任务的整体性和独立性，给定的任务应权利到位、责任到人，使高级技能人才明确在整体中职责范围，并有独立自主的权力。

5. 参与——人才激励的重要方式

依据人力资本理论，为了增强高级技能人才承担组织经营管理风险的自觉性和主动性，对他们必须采取民主的、参与式管理。①让他们参与有关组织目标、计划以及与切身利益有关的决策；②善于听取他们的建议和意见；③利用各种形式发挥员工参与决策、管理和民主监督；④保持经常性的意见沟通和相互交往；⑤信任和关心他们，使其切实感到组织和集体的温暖，从而增强其参与意识。

三、制定薪酬策略的原则

设计薪酬策略时遵循以下原则：

（一）公平性原则

公平原则既包括机会的公平，即不论何种岗位，人人都有被激励的权利，都应列入激励的范围，还包括薪酬制度本身公平的四个方面：外部公平、内部公平、团队公平以及员工公平。

（二）细分的原则

就是根据激励对象特点来设计薪酬激励方案。不同类别员工的工作性质是不同的，在建立薪酬激励体系时，必须考虑其工作性质、工作特点，以使激励真正做到准确、公平、因人而异。

（三）动态的原则

员工的需求特征随特定社会历史条件下的生产力水平、社会关系性质及个人的社会角色地位的变化而变化，满足其需求的激励体系也就应在动态中发展，达到动态的平衡。

（四）"效率优先，兼顾公平"的原则

以提高组织整体价值、增加效益为核心，合理拉开各类人员的收入差距。

（五）坚持薪酬水平逐步与市场接轨的原则

要逐步调整各类人员的薪酬水平，使其薪酬水平逐步与劳动力市场价位接轨。

第二节 激励策略的制定

一、制定激励策略的原则

在不同的环境下，不同的员工会表现出不同的需求，同一员工在不同的阶段也会有不同的需求，所以员工不仅需要满足低层次的需求，同时对更高层次的需求有着强烈的渴望。在激励策略的选择和制定过程中，一方面要符合以经济利益为核心的激励策略，同时要多层次、多方位地激励员工的内在动机。具体而言，在整个激励策略的制定中，应当遵循以下原则：

（一）个人需要与组织目标相结合

在激励策略的应用中，组织要激发人的动机，就必须满足员工的各种需要，但员工的个人需要与组织目标并非完全一致。所以，满足个人需要的前提条件就是其必须符合组织目标的实现，而组织要有效实现其目标，调动员工工作的积极性，就必须将员工个人的需要和组织目标结合起来加以考虑。因此，在激励过程中，只有将组织目标和个人需要结合起来，使组织目标能够包含较多的个人需要，同时个人需要的满足和实现又离不开其为实现组织目标所做的努力，只有这样才能收到良好的激励效果。

（二）物质激励与精神激励相结合

人的需要有物质和精神两方面，因此激励也同样有物质和精神两个方面，是激励过程中不可分割的两个重要组成部分。物质需要是人类最基本的需要，也是最低层次的需要。其激励的深度有限，其作用也是表面的。精神需要是人自尊和自我实现的需要，是最高层次的需要，其作用具有持久性。因此，在现代社会，随着生产力水平和人员素质的不断提高，激励的重心逐渐转移

到精神激励上来。以物质激励为基础，精神激励为根本，在两者有机结合的基础上，互相补充、互相渗透，是当代激励的发展趋势。

(三) 激励体系要具有可操作性

建立的激励体系一定要符合组织实际，要具有可操作性。激励机制建设是管理理论与员工管理现状的结合，是管理理论在实践中的具体应用。激励机制只有具有高度的可操作性，才能够真正地改善员工激励现状。同时应该注意到，建立激励机制的最终目的是提高组织的整体绩效，实现企业目标，所以激励机制的具体措施应该强调与组织的绩效与目标相结合，而不应该为了激励而激励。

(四) 激励的奖励与约束并重原则

奖励不适度和惩罚不适度都会影响激励效果，因此在进行员工激励时，只讲求适度的奖励，不进行适度的约束或惩罚是不行的。但这里也同样必须强调的是惩罚的适度，惩罚过重会让员工感到不公，或者失去对组织的认同，甚至产生怠工或破坏的情绪；惩罚过轻会让员工轻视错误的严重性，从而可能还会犯同样的错误。只有将适度的奖励和适度的约束结合起来，才能达到好的激励效果。

(五) 激励的因人而异原则

要根据员工的不同偏好，施与不同的激励措施。也就是说，把员工的需求作为激励措施制定的出发点，因人而异地制定激励的手段，才能使激励起到事半功倍的效果。具体到实践中，每一个人的需求和认识不同，对事物的理解也就不同。如有的人希望通过劳动获取高的报酬，有的人希望得到晋升，有的人热衷于任务完成后的成就感……，那么，对于希望获得较高收入者，增加货币激励在激励体系中所占的比例，增加报酬或奖金的权重，因为货币对于这些人来说具有更有效的激励作用；给予偏好名誉地位的追求者更高的地位，要比给他们奖金更具有激励力量。总之，组织应根据员工的不同偏好施与不同的激励措施，避免单一激励措施滥用的现象，这样才会起到更好的激励效果。

(六) 员工全面参与的原则

员工参与或者叫员工卷入，是一种可以充分发挥员工能力的参与过程。让员工参与影响他们自己的决策，并增加他们对工作生活的自主权和控制力，会使员工的工作积极性更高,生产率更高,对组织更忠诚,对工作也更为满意。员工参与,从马斯洛的需求层次理论的角度来看,是满足员工较高层次需要——如尊重的需要、自我实现的需要的一种体现。在双因素理论中,它是使员工具有成就感、体现员工工作本身的价值、增加员工责任感、帮助员工个人成长、增加员工对组织的认同感等这些激励因子的手段之一。而目标管理理论将员工参与作为其四大要素之一,是保证组织目标实现的必要条件而存在的。

二、激励策略的关键因素

激励策略的应用就是一个引导行为的过程,激励=激发动机+引导行为。整个激励策略的实施过程是始于某一被唤起的需求,当个体的需求被满足时,他就能被激励,就会有工作的积极性;而当个体的需求得不到满足时,他不会被激励,工作也缺乏积极性。

管理者在决定通过满足需求来激励人才提高绩效之前,必须知道人员的需求是什么。根据对人员行为特征的分析研究,把影响他们行为的关键因素分为四类:

(1) 发展因素,是指个体对自身发展的内在渴望,包括个人成长发展的机会、工作中有较多的学习机会、参加培训进修的机会、取得成就的机会、职务晋升的机会、组织发展前景以及行业发展前景。这些因素既包含了外源性动机,又包含了内源性动机。

(2) 成就因素,涉及卓越的表现、竞争、挑战性的目标、持之以恒和克服困难等方面,强调的是内源性动机。具体包含了工作符合个人兴趣、工作有挑战性、及时了解各类信息、参与决策的机会、工作中能自由发表意见以及责任感。内源性动机是自内部产生的,也就是说,这些激励因子将个体与任务或工作本身联系起来。

(3) 环境因素,指的是员工所在组织中的工作环境,包括领导处事的公正性、良好的工作条件、合理的纪律、和谐的上下级关系与同事关系以及工作稳定有保障。这些激励因子是介于低层次需求与高层次需求之间的,是社会需求。

(4) 生存因素,主要强调的是个人的生存问题,重点关注的是外源性动机,属于较低层次的需求。具体包括收入、个人归属感、帮助解决个人的家庭难题以及对工作成果的赞赏。外源性的动机是与个体的可见的外在结果相联系的,通常由他人进行统一监督,以达到激励个体的目的。这些外在的激励因子需要与绩效的提高保持一致,或者要比同一工作岗位上的其他人的绩效出色。

三、激励策略的构成

根据马斯洛需求层次理论的五个层次的对应关系是:发展因素既对应于尊重需求中的外部因素,又对应于自我实现需求;成就因素对应于尊重需求的内部因素;环境因素对应于社会需求;生存因素对应于安全与生理需求。图中还可以看出行为特征因素的四个维度与赫茨伯格双因素理论中的激励与保健因素的关系是:发展与成就因素相当于双因素理论中激励因素;环境与生存因素相当于保健因素。

根据上述分析,可得出构成行为特征因素的四个维度——发展因素、成就因素、环境因素,进而根据行为特征因素的划分,划分符合组织内人员的需求分类,构建满足体现个体不同需求的激励策略和激励体系(见图10—1)。

四、激励策略的实施

众所周知,员工追求的是个人需求的满足,组织追求的是效益的提高,如何将员工的个人需求与组织的效益紧密联系起来呢?那就需要在明确激励要素的基础上,制定出合适的激励机制和激励措施,整个激励策略的实施流程如图10—2所示。

在这个图中,第一个环节是——员工通过努力工作,并在一定环境条件下,取得预期的工作绩效;第二个环节是——组织将根据员工的工作绩效决定是否对员工进行资源奖励;第三个环节是——组织通过奖励的资源来很好地满足员工的个人需求;第四个环节是——个人需求得到满足的员工将进一步努力工作,开始一个新的循环。

这四个环节构成了一个完整的激励策略的实施过程,激励策略整个过程

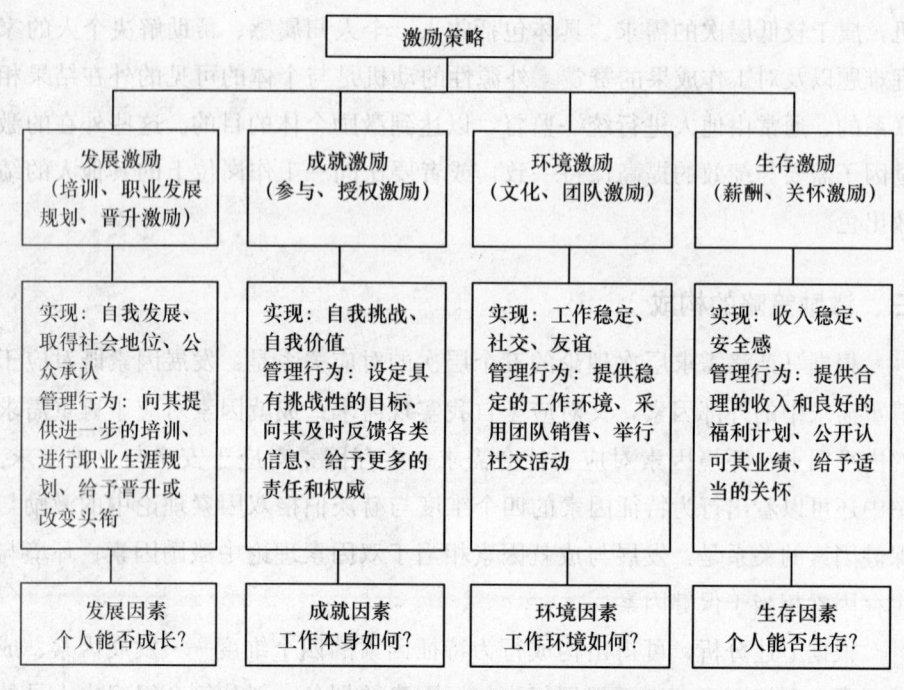

图10—1　基于行为特征的激励策略和激励体系

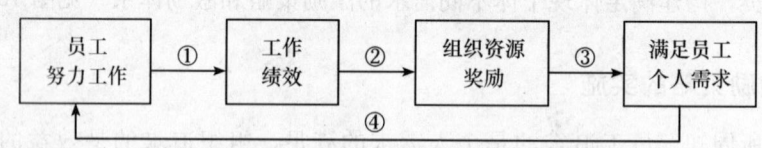

图10—2　激励策略的实施流程①

的有效实现依赖于四个环节之间的顺利连接和整个系统过程的良性循环。在这个流程图中,组织关心的是"工作绩效",而员工关心的是"满足个人需求"。要使员工的利益与组织的利益真正结合起来,就必须想办法使上面这个激励系统过程成为现实。

组织可以通过设计一个基于员工行为特征和绩效考评结果的行为激励体系来激发员工的工作热情、调动员工的工作积极性和创造性,进而将员工关心的"满足个人需求"与组织关心的"工作绩效"巧妙地结合起来,从而使得这个激励系统过程顺利地实现。

---

① 王祖成.世界上最有效的管理:激励[M].北京:中国统计出版社,2002.

第三节 人才激励策略的应用

人才考核实施的成功与否,关键的一点在于考核结果是如何应用的。而考核结果的应用作为调动人才工作积极性的重要手段,应该体现激励先进、鞭策后进的原则。激励就是激发、强化和引导人们为实现一定时期内的具体工作目标而付诸行动,并为实现最终目标做出不懈的努力。这些激励策略的应用,可以影响对个人行为的激发、强化、指导和维持。

一、发展激励

对于大部分人才来说,他们最关心的是发展因素,而且他们一般都会对自己的一生有良好的理想设计,这些设想有的可以实现,有的可能就不会实现。当一个人在一个组织工作时,如果这个组织的管理者能够根据他的具体情况进行职业生涯计划的设计,并且进行必要的培训以及有计划的晋升或职务调整,那么就会使他有一种追求感和上进心,从而满足自我发展的需求,达到激励员工的目的。

(一) 培训激励

组织创造条件,采用丰富多样的形式,为组织内的人员提供培训的机会,不断更新他们的知识、提升他们的技能和能力。一位管理专家曾经说过:"员工培训是企业风险最小、收益最大的战略投资。"一句话阐明了培训对于组织的重要意义。从人才的工作性质以及行为特征因素来看,培训激励也是最为重要的一种激励手段。现代培训的理念是:工作已经成为了一个继续学习的过程,是个人为提高自己的工作市场价值而进行的投资。人才不仅会重视工作的完成,而且也必然会越来越看重从工作中可以学习到哪些新知识、新技巧,是否可以使自己逐步增值。培训激励的最终目的就是给人才提供更多、更好的学习晋升机会。

应该把培训视为一项系统工程,即采用一种系统设计的方法,使培训活动符合组织的目标,同时让其中的每一环节都能实现员工个人、工作及组织本身三个方面的优化。培训激励模型代表了由五个环节构成的主链,如图10—3所示。这五个环节(步骤)分别是:

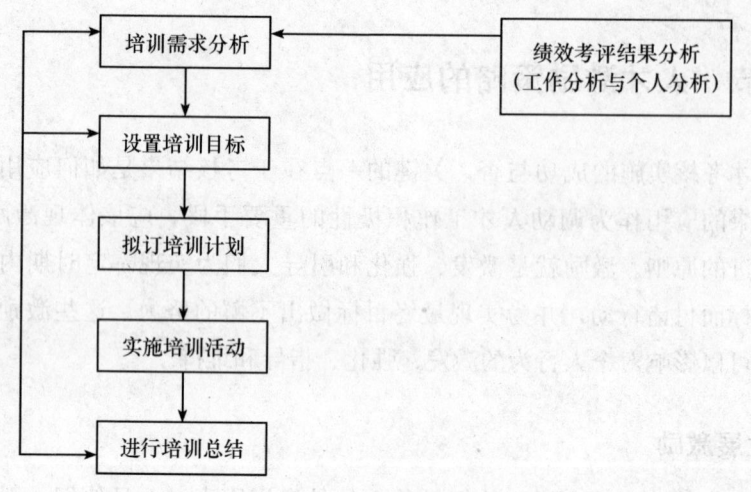

图 10—3　培训激励模型

1. 进行培训需求分析

有关调查表明，某些组织的培训内容缺乏科学的依据，多凭主观判断，没经过科学的培训需求分析。通常培训需求可以从三个层次来进行，即组织分析、工作分析以及个人分析。在培训激励模型中主要是依据绩效考评的结果来进行培训需求分析的，通过绩效考评，员工可以知道自己哪些地方做得好，哪些地方做得不够好，这些做得不够好的地方就是今后培训和发展的空间。培训需求分析是提供培训效果的重要基础。只有明确了培训需求，才能保证培训内容和培训方法的针对性，提高培训的效果。

2. 培训目标的设置

设置培训目标将为培训计划提供明确的方向和遵循的构架。有了目标，才能确定培训对象、内容、时间、教师与方法等具体内容，并可在培训之后，对照此目标进行效果评估。培训目标可分为若干层次，从某一培训活动的总体目标到某项学科直至每堂课的具体目标，越往下越具体。设置培训目标要注意必须与组织的宗旨相容，要实现可行，要用书面明确陈述，其培训结果应是可以测评的。

3. 策划培训计划

这其实就是培训目标的具体化与可操作化，即根据既定目标，具体确定培训项目的形式、学制、课程设置方案、课程大纲、教科书与参考教材、任课老师、教学方法、考核方式、辅助培训器材与设施等。制订正确的培训计划必须兼顾许多具体的情景因素，权衡培训计划的现实性、可操作性和经济性。

4. 培训活动实施

培训目标的实现要依靠精心的组织和实施，培训活动的实施需要组织者、培训者和受训者三方的密切配合。因此，在实施培训项目之前要有相应的宣传，实施过程中要进行必要的检查，并能够及时、灵活地调整，保证培训项目顺利、有效地完成。

5. 总结评估及反馈

与管理中的控制功能相似，在组织培训的某一项目或某门课程结束后，一般要对培训的效果进行一次总结性的评估或检查，找出受训者究竟有哪些收获与提高。这一步骤不但是这次培训的收尾环节，还可以找出培训的不足，归纳出经验与教训，发现新的培训需要，所以又是下一轮培训的重要依据，使组织培训活动不断循环。

以上五个环节（步骤）构成了一个完整的培训激励模型，也为组织的培训实际工作提供了指导，可以保证培训工作达到科学、有序、规范，从而取得预期的良好效果。

（二）职业生涯规划激励

组织内的员工的职业生涯设计，强调要充分了解员工的个人需要和职业发展意愿，为其设计适合其发展的职业通道，而非单一的管理通道，使员工的个人发展与组织的发展相结合，员工才会为组织尽心尽力地贡献自己的力量，才会与组织结成长期合作、荣辱与共的伙伴关系。

员工职业培训主要是组织对员工职业生涯开发的管理指导和对员工发展所做的系列培训和教育。他们与员工激励的关系主要体现在组织对员工的关心和员工经由组织的帮助满足个人最高层次需要两方面。如果组织对员工的职业生涯进行管理，为员工创造条件，使他们有机会获得一个有成就感和自我实现感的职业，那么激励员工就不是一件难办的事情，并且还获得了员工对组织的忠诚和献身精神。尤其对于那些优秀的销售人员来说更是如此，他们非常重视个人成长的价值和发展的机会，希望通过一个清晰的职业发展规划帮助自我成长和发展。

职业生涯，是一个人一生的工作经历，特别是职业、职位的变动及工作理想实现的整个过程。根据有关研究，可以将职业生涯的过程划分为四个阶段，即职业探索阶段、立业发展阶段、职业中期阶段以及职业后期阶段，如图10—4所示。

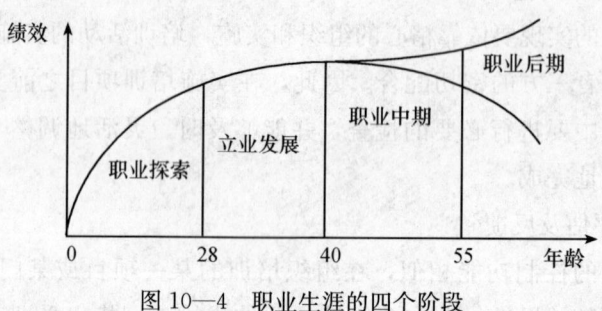

图10—4　职业生涯的四个阶段

职业生涯的管理，就是帮助员工具体设计及实现个人合理的职业生涯计划。为人才设计职业生涯发展计划的益处在于：可以更深刻地了解员工的兴趣、愿望、理想，以使他能够感觉到自己是受到重视的人，从而激励员工发挥更大的作用；由于管理者和员工有时间接触，使得员工产生积极的上进心，从而为组织的工作做出更大的贡献；由于了解了员工希望达到的目的，管理者可以根据具体情况来安排对员工的培训；可以适时地用各种方法引导员工进入组织的工作领域，从而使个人目标和组织的目标更好地统一起来，降低了员工的失落感和挫折感；能够使员工看到自己在这个组织的希望、目标，从而达到稳定员工队伍的目的。这些都构成了对员工的激励。

（三）晋升激励

对员工的晋升是领导用人与激励员工的一项重要内容。对于组织的发展而言，提拔员工是保证组织的发展后继有人的一项根本措施。从人才个人的成长和发展来说，晋升是给个人提供机会和前景的一条重要途径。通过绩效考评结果可以为职位的变动提供重要的信息。当员工在某方面的绩效突出时，就可以让其在此方面承担更多的责任；当员工在某方面的绩效不够好时，也很可能是目前他所从事的职位不适合他，可以通过职位的调整，使他从事更加适合的工作。

1. 晋升激励遵循的两个原则

应用晋升激励时应当遵循两个原则。第一个原则是称职，一个人员是否应该被晋升，关键看他是否有能力和潜力担任将要从事的新职务。要想能够说明这一点，就需要通过绩效考评来获得它在现有职务上所取得实际工作绩效。利用绩效考评结果得出是否该晋升的信息，从而避免一些错误的倾向。第二个原则是适时，对于确有较高才能的人员，尤其是绩效考评结果和胜任力都极佳的员工，应该及时地把他们提拔到更为关键性的职位上去，让他们得以尽早地、充分地发挥才干，以此得到相应的激励。这样对于员工和组织来说都具有积极的益处。

2. 晋升激励的两种方式

用晋升激励人员时基本方式有两种。一种是"阶梯式"，即从基层工作做起，一步一步，一个台阶一个台阶地逐渐提拔到较高的职位；另一种是"跳跃式"，即跃过一系列中间环节，从某一较低职位直接提拔到某一个较高职位。这两种方式各有优劣，可以根据工作的需要和绩效考评结果而加以灵活运用。按照阶梯式晋升员工时，可以使其在不同层次和岗位上积累全面、丰富的经验，能力稳步提高，还可以有充分的时间和机会进行观察和考评，故选人会准些，风险也会小些；但是却容易滋生和助长论资排辈、因循守旧的思想，使组织发展失去活力。按照跳跃式晋升员工则是破格选用人才、迅速更新员工队伍，使组织发展永葆活力的一项重要措施；但是也有可能产生选人不准、缺乏经验和不称职的现象。因此，在应用晋升激励人才时，可以根据实际的工作需要和绩效考评结果选择其中一种晋升方式。

二、生存激励

每一个人员都希望自己在组织中所付出的劳动和所得到的报酬成比例，希望自己生活得更好些，希望自己能够得到组织的关心和爱护。因此，通过合理的薪酬和适当的关怀可以满足员工这样的一种需求，从而起到激励员工的作用。

（一）薪酬激励

薪酬激励是绩效考评结果应用中一种非常普遍的激励策略。什么是薪酬呢？薪酬就是组织对员工为组织所做的贡献（包括他们实现的绩效、付出的努力、时间、学识、技能、经验与创造）所付给的相应的回报或答谢。广义的薪酬包括基本薪资、奖励薪资、附加薪资以及福利。理想的薪酬制度有三个目的：第一，提供具有市场竞争力的薪酬，才能吸引有才能的人；第二，确保组织内部的公平，也就是要保证员工的同工同酬；第三，奖励优良的工作业绩，利用绩效奖金可以强化员工的特定工作行为，从而能够达到激励员工的目的。薪酬激励的方式有三种，如图10—5所示。

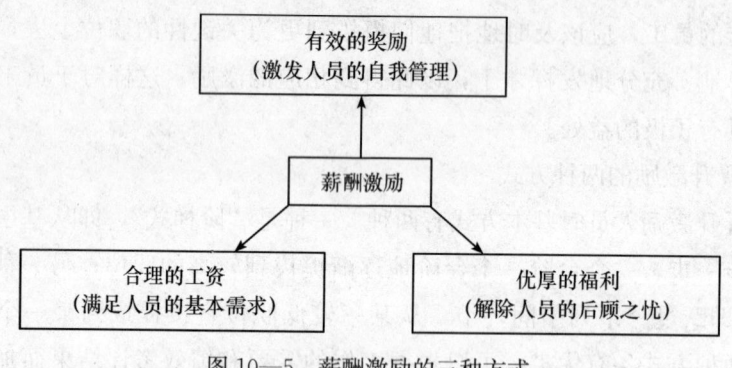

图10—5　薪酬激励的三种方式

1. 合理的工资

工资管理的水平和效果，直接影响整个组织的经营和管理，关系到人才队伍的稳定和团结。因此，必须要有管理的灵敏性和动态化措施，以保障工资在激励过程中的作用。首先，工资是员工的主要生活来源。工资是一个组织中员工最基本的生活来源，管理者为了有效地激励员工就必须认真对待、妥善解决，必须密切关注员工对工资收入的期望水平及其同人际关系、归属意识之间的关系。如果把员工对工资的要求水平同行为特征因素相对照，就可表现为四个层次：第一个层次是对满足基本生活条件和增加工资体系中的固定收入部分的需求；第二个层次是对取得同事间的公平工资的需求；第三个层次是作为与自己的能力和工作相称的地位的象征，要求取得高于别人工资的需求；第四个层次是要求能过更富裕生活的工资的需求。当一个人的需求得到满足时，就会引发更高的需求。并且，对于工资的需求，即使达到了高层次，但其第一层的需求不会完全消失，而是同时并存。如果这些需求受到忽视或压制时，就会产生不满，而招致组织，尤其是工作群体内人际关系恶化，降低或丧失归属意识，甚至影响到管理者与员工的关系，从而影响到组织的业绩发展。

其次，高工资带来高效率。一个业绩良好、具有发展前景的组织首先是员工的工资较高,给组织的员工支付高工资是管理者的职责。其实,换句话说就是,让员工们生活得更幸福是管理者的职责。因此,通常有这样几种说法是可信的:认为支付工资较高,只要工作不是特别累,员工是不会辞职的;良好组织的工资相对较高;高工资对员工来说吸引力较大。

2. 有效的奖励

奖励对员工来说是一个令人愉快并向往得到的东西,尤其在组织中,得到奖励就意味着被组织的管理者所认可,表明了自己对组织的贡献。因此,管理者用以培养人才进行自我管理的最有效的策略之一就是奖励与支持他们。在实行奖励激励时要遵循九大原则:第一个原则,奖励能给组织带来总价值增长和长期利润的人;第二个原则,奖励冒险者而非胆小者;第三个原则,奖励具有创造性的人才而非没头脑的追求者;第四个原则,奖励行为果断的决策者而非拖泥带水者;第五个原则,奖励高效率者而非劳而无功者;第六个原则,奖励采取简易工作方法的人;第七个原则,奖励默默无闻者但卓有成效的人;第八个原则,奖励高效工作者而不是浮皮潦草者;第九个原则,奖励衷心之士而非阳奉阴违者。

3. 优厚的福利

为了吸引和留住人才,除了合理的薪水之外,还需要实施与其实力相适应的福利制度。这一决定因素的存在要求组织必须建立完善的福利,尽可能组织员工开展具有时代特色的娱乐活动,丰富员工的情趣,陶冶员工的情操;建立完善的社会保险,并千方百计解决员工的工作生活难题,为员工解除后顾之忧,让员工轻装上阵,使组织获得不断的动力源泉。

福利的激励作用表现在三个方面:第一,完善的福利制度可以满足和保证员工生活上的需要,解除员工的后顾之忧,因而可以调动员工的积极性,提高其工作绩效;第二,可以激发员工的进取心,组织福利搞得好可以提高组织声誉,也能吸引更多更好的人才加盟,这可以激活组织的创造性和动态性,这样的组织必然会营造积极向上的竞争氛围;第三,有利于增强组织内部的协作精神,由于全体员工都享受了充分的福利,这可以减少由于薪资不同而造成的差别感,从而减少员工之间的利益摩擦,和谐员工之间的人际关系,增进员工之间的集体感和团队意识。

(二)关怀激励

关心激励是指管理者要时刻关心下属的疾苦,关心员工工作、生活方面的许多细节，是效果很强的感情投资。在众多的激励方式中，关心和体贴员工是对员工最好的激励方式之一。管理者对员工的长处和优点表示欣赏和肯定，仅凭口头上几句赞美之词是不够的，还要关心和体贴下属，让下属觉得受到了尊重和爱护，觉得他一直都在管理者心目中是一个重要角色，这样才能激励他工作更加努力，对下属更加尊重。在下列几种场合中，关怀激励的收效更佳。

1. 关心员工的成长。如设计"员工成长路径"体系，为不同专业、不同部门的员工规划了发展的方向和途径，旨在使组织每位员工都有成长、提升的通道。

2. 关心员工生活，积极解决员工的后顾之忧，让员工集中精力投身于公司的发展大业。组织要在解决住房、孩子入托等方面提供方便，还要在改善员工就餐环境、单身员工住宿环境上下功夫。对于有特殊困难的员工，公司将给予特殊照顾，急员工之所急，帮助其渡过难关。

3. 改善员工的工作环境和生活环境。前者主要包括：改变作业台位置、工作场所布置，使之更加合理；让员工找到自己喜欢的工作；实施工作轮换，让员工暂离单调的工作等。后者主要包括：组织为员工组织各种集体活动，让员工工作时感觉更为轻松和舒畅。

三、环境激励

每个员工都希望自己所处的工作环境氛围好、领导处事公正公平、上下级关系与同事关系和睦融洽，在这样的环境中他们才能安心而又愉悦的工作。通过适当的环境激励（即文化激励和团队激励），为销售人员提供稳定积极的工作环境、良好的工作氛围以及和谐的工作团队，达到激励员工的目的。

（一）文化激励

彼得斯和沃特曼曾指出优秀的组织文化的重要性：出色的组织几乎都只以寥寥几条主要的价值观作为驱动力，并给员工们以充分施展的余地，使他们得以发挥主动性，为实现这些价值标准而大显身手。企业文化的四个层面，即精神文化、制度文化、行为文化和物质文化都与管理激励存在密切的联系。通过共同的价值观、行为准则和道德规范，建立以尊重、关心、自主、创新、共享和沟通顺畅为特征的企业文化，在组织内部形成强大的凝聚力和向心力，使员工得到有效的激励，提高对组织的忠诚度。

据一项调查显示，33％的主管人员把积极的工作氛围列为所有能够保持员工心情愉快的因素之首，因此积极的组织文化在激励员工时能起到很大的作用。让大多数人员接受共同价值观是十分重要的，它可以帮助组织做出每个成员认同的选择，使他们有信心、彼此信任，产生强烈的认同感，构成团结和谐的人际关系，全力以赴为共同目标而努力。依靠组织文化的力量将与业务相关的员工、团队及各类合作伙伴"整合"起来，进而提升其尊严感及归属感。只有奠定了坚实的文化基础，再辅以指向明确、操作简单的激励措施，才有可能收到事半功倍的效果。

作为管理者要建立一个人们喜欢来工作的环境并不容易，需要综合多方面的因素培育它，首先就是要创造一个积极的氛围。

1. 自上而下

作为一个管理者，应该帮助组织确定其基调，需要起到带头作用。而且员工也会密切注意和仿效管理者对工作生活和个人生活的要求做出的反应。如果管理者是专心工作的人，那么员工就会感到压力并且也专心的工作。同样，如果管理者午餐时间过长且星期五早退，那么员工将会期望拥有同样的权利。好的准则是可以避免极端的情况。

2. 正确的指导程序

指导程序不仅使销售人员熟悉福利，而且也了解组织的价值和文化。当员工对组织有了一定的了解时，他们会很快适应，结果可能使他们有更强烈的归属感，并且自愿承担更多的工作，提高工作绩效。有效的员工指导程序通常集中在组织文化、规章制度和执行的程序上。

3. 表示信任

在人才与组织之间建立一种最基本的信任关系，会有利于其他激励方式的应用。因此，信任是所有激励策略应用的基础。在工作环境中，表示信任的可行方法有：鼓励理性的冒险、分析错误产生的原因、让员工自己解决问题以及对成功给予表扬等；表示信任的不可行的方法就是在其他同事在场的情况下公开批评员工。

(二) 团队激励

在工作中的合作是非常重要的，因此，团队合作氛围对于工作者工作积极性有很大的影响。在一支团结合作的团队中，工作者有一种大家庭的感觉，工作热情很高；在一支钩心斗角、尔虞我诈的团队中，工作者的积极性是不可能调动起来的。个人和团队的荣耀感对工作者也有很大的激励作用，尤其在以效率为导向的业务团队里，这种激励方式的作用更大。每个月根据绩效考评结果评选出标兵或先进，并把他们的照片贴在组织醒目的位置，这样对他们会产生很大的激励。

团队建设的本质是激励和沟通，尤其对于团队的核心成员，经理要与他们沟通，了解他们的思想，关心他们的困难。目的是帮助团队成员和整个团队提升绩效。

实际上，团队激励并不是什么高深莫测的东西，而是有客观规律可循和类似运作模式的，它蕴藏于日常工作中。有的工作者认为为了提高合作水平就应该提高同事间的合作能力；有的工作者觉得应该对考评激励制度做相应改进；有的工作者认为为了提高合作水平就需要综合各项措施，包括对考评激励制度做相应改进、提高同事间的合作能力、领导要积极倡导以及惩罚不合作的员工。因而团队激励的好坏，取决于组织的总体策划与支持措施，以及团队管理者的执行力。

四、成就激励

对于具有高成就需求的工作者来说，他们渴望进行自我挑战、实现自我价值。他们通常寻求工作表现的卓越，享受困难、挑战性的目标，在工作中具有竞争力，并且能够持之以恒。为了能充分激发他们的工作动力，就需要利用成就激励策略，也就是用参与激励和授权激励两种方式来满足他们的成就需求。

（一）参与激励

员工参与管理是现代管理的发展趋势之一，其实质是使员工在组织经营管理活动中拥有更大的自主权，可以更加充分地获得信息并进行加工与传播，更多地参与到组织决策中去。这种管理方式无疑是先进的，但根据管理中的权变理论，对它的采用和实施也是需要条件的，比如员工的较高的成熟度和较强烈的参与管理的意愿。为了实现员工参与管理，满足员工的自我实现需要，实施员工参与方案。所谓员工参与方案就是让员工参与管理，上下级平等商讨组织管理中的重大问题。通过员工参与，可以增强员工的自主性、积极性和满意度及对组织的归属感和忠诚度。

要想让人才对工作充满热情、有高昂的积极性，可以有很多的激励方式，但是有一种方式可能最经济、成本最低，那就是员工参与。参与激励为工作者提供了一个被人重视的机会，从而使其有一种成就感。员工也会因为能够参与商讨与自己有关的问题而受到激励。有效的员工参与会增加员工的自主性，加大他们对工作生活的控制，从而提高员工的工作积极性，对企业更忠诚，对于那些重视成就因素的人才尤其如此。参与激励的方式有三类，如图10—6所示。

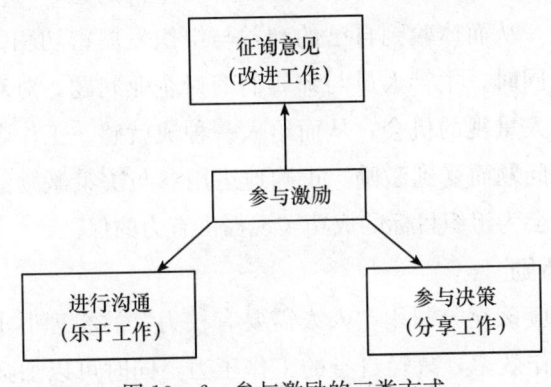

图10—6　参与激励的三类方式

1. 征询意见

征询员工意见的关键目的在于改进工作。征询意见，就是要倾听对方的心声，要让对方畅所欲言，要让对方敢于说出心里话。征询意见，贵在真诚，贵在尊重对方。尊重一个人，就是接受他的"独特性"；欣赏他的长处，肯定他的价值和潜在价值；重视他的"独立性"，承认并且不干涉他的"主见"和"主权"。将心比心，推己及人。或者说：己所不欲，勿施于人。要想利用好参与激励策略，重要的不在于掌握什么样的技巧而在于真诚。

2. 进行沟通

沟通是一切成功的基石。有效的沟通是关系到个人生活和职业生活中每件事情成功与否的关键因素。沟通应该是双向的，只是由一个人来说应该如何工作、将会发生什么事情等并不是沟通。管理者通过与员工进行双向的、有效的沟通，了解他们的要求和期望，促使他们参与、激发他们的工作热情，从而使得员工都乐于工作、自愿工作，而且工作绩效也会有所提高。

在沟通前，关键是要学会聆听，倾听别人说话可以说是有效沟通的第一个技巧。一个好的倾听者的表现是：注意力只集中在倾诉者身上；不会打断对方的谈话；关系友善并信任他；不要预先判断别人正在说什么。倾听常常是使员工心情保持愉快的前提，如果管理者很善于倾听并且关注员工，也许会防止高素质的工作者离开。

3. 参与决策

参与决策，是指在不同程度上让员工和下级参加企业决策各级管理工作的研究和讨论。处于平等的地位商讨企业中的重大问题，可使工作者体会到上级主管的信任，从而体验到自己的利益与组织发展密切相关，并因此产生强烈的责任感。同时，主管人员与部属们商讨企业问题，对双方来说都是提供了一个获得别人重视的机会，从而给人一种成就感。工作者会因为能够商讨与自己有关的问题而受到激励。正确地运用参与决策激励法既能对个人产生激励作用，又会为组织目标的成功实现提供有力的保证。

（二）授权激励

作为管理者应该充分利用"人人需要有权力"的心理诉求，用授权激励来提高人员的工作效率，减轻自身的工作压力，同时可以加强工作者对组织的认同感和归属感。授权不是单纯的权力下放的过程，它涉及其他许多方面。正确的授权做法是：

1. 因人授权

根据每个人员的能力、绩效考评的结果以及其他个性特征等区别授权。对于能力相对较强、绩效考评成绩好的工作者，宜多授一些权力，这样既可使工作如期完成，又能发掘员工潜在的能力，同时起到激励的作用；对于能力相对较弱、绩效考评成绩差的工作者，不宜授予重权，否则就可能出现失误。

2. 公开授权

公开授权有利于使其他部门的员工清楚管理者授权的对象、所授权力的大小和范围等，从而避免被授权员工今后处理授权范围内的事时，其他部门成员不予承认的混乱局面。同时公开授权能增强被授权员工的责任感，使其能积极主动地达到工作目标。

3. 授权要有依据

管理者应以备忘录、授权书等书面形式授权。这一措施具有三大好处：当组织员工对被授权员工不服时，可借此为证；明确了授权范围，既可限制员工做超越权限的事，又能避免员工推卸责任；避免管理者淡忘授权之事，导致员工积极性受挫，企业组织目标不能如期完成。

4. 定期检查进度

管理者必须对授权项目保持一定的控制权，对其进行定期检查以关注员工工作进度和执行情况，并针对存在的问题采取相应的对策。放权限并不意味着管理者放任自流，不再管了，给员工自主权的同时，还必须建立一套检查进度及目标完成情况的制度，这可在一定程度上减少组织面临的风险。

5. 授权不授责

组织管理原则中一直有"权责对等"原则，但授权却是例外，即授权后不要求被授权者承担相对应的责任。因为权责对等原则是针对某一职位应该拥有的权力而有的，若没有这一权力，则这一职位就没有必要存在。而授权对于管理者来说是一种可为也可不为的权力，不是必须的义务。在这种情况下，管理者授权的实质就是请被授权者帮助他办事，是一种委托行为。因为，授权后，当被授权者将事情干得好时，应该给予奖励和表彰；当事情干得不理想时，管理者应该自己来承担责任，而不能将责任推给被授权者。

6. 授权有范围

尽管从某种角度说，管理者能够授出的权力越多越好，但在面临特殊情况时，管理者应谨慎处理，有的权多授好，有的权少授甚至不授更好。授权是有禁区的。

【阅读案例】

企业软性激励之道

利用激励来不断提升员工的满意度与敬业度，这是企业永恒的话题。对于很多企业而言，利用物质和金钱作为奖励是常用的激励手段之一。这种激励手段可以达到一定的效果，但是效果的持续时间却很难长久，原因在于人的欲望是无止境的，企业不可能无限制地提高物质奖励。同时，正如著名心

人才考核体系与激励策略   RENCAI KAOHE TIXI YU JILI CELÜE

理学家马斯洛关于人的需求层次所做的分析,当人对生理、安全和归属需要得到满足之后,精神的需要就会产生并支配着人的生活。显然,如果企业在提供相当于甚至高于社会平均水平的报酬同时,也能不断满足员工对精神的需要,这种精神上的激励将比物质上的激励来得更持久有效。

普华永道最新发布的《2011年中国企业长期激励调研报告》显示,2012年针对日趋凸显的人工成本上涨压力,中国企业将更关注中长期绩效成果与长期激励理性实践,并积极着手依托管理平衡经营中资金、成本、人才等核心问题,以顺应市场发展趋势,稳定经营,力求增长。在企业长期激励的过程中,认可是不可忽视的重要环节。

一、认可与绩效呈正相关关系

韬睿惠悦的研究指出,组织和经理可以通过三方面的实际行动提高员工的敬业度,增强组织的财务表现。这些行动包括提升工作感受与激励敬业精神、减少破坏员工敬业的因素、增强员工的适应能力。当员工作为个人得到认可,其绩效得到奖励,他们与工作相关的其他需求得到满足时,员工会更加努力投入到他们的工作中。虽然金钱奖励是协议的一个重要部分,但内在奖励——比如挑战、有成就感的工作和成长机会——对于提高员工的敬业度更加有效。对于员工而言,对良好的工作表现给予认可在他们心目中始终排在第一位。

此外,现代激励理论之父弗雷德里克·赫茨伯格提出的"C—A—R"动机循环模式认为,增强员工工作动力和满意度的源泉来自这样一个循环:挑战(Challenge)—成就(Achievement)—认可(Recognition)。赫茨伯格对1 685名员工进行的研究结果显示,使员工产生对工作的满意感最多的因素按高低排列依次为:成就、认可、工作本身、责任感、晋级、成长。

绩效是评价一个组织成功的关键部分。绩效管理涉及为实现企业目标而对组织、团队和个人努力进行的整合。包括绩效计划、绩效表现、绩效反馈。绩效反馈可以激励员工提高绩效。

认可是指对于员工的行动、努力、行为或表现给予承认或特别关注。它有助于支持企业战略实施,以及提高和持续促进员工的绩效改善。认可作为激励的一种重要形式——对员工杰出绩效的认可和奖励——是组织的报酬系统中至关重要但经常被忽视的一部分,很多人甚至都怀疑认可与工作绩效之间的关系。美国的员工关系专家 Bob Nelson 在 1999 年 9 月—2000 年 7 月期间对美国的 34 家公司的中层经理和员工所做的调查表明：认可与改善工作绩效有着非常强的联系。

- 组织认可是一种有效的员工激励方式（90.5%）。
- 在员工绩效突出的时候提供非现金的认可给员工可提升他们的绩效（84.4%）。
- 组织认可是给员工提供的一个很有实际意义的反馈（84.4%）。
- 认可绩效突出的员工会增强他的上进心（80.3%）。
- 组织认可可以提升员工的工作效率（77.7%）。
- 提供非现金的认可可以帮助员工更好地实现个人目标（69.3%）。
- 提供非现金的认可有助于实现个人的工作目标（60.3%）。

其中，72.9%的经理认为，如果运用非现金的认可，无论是即时的还是延时的，他们都能取得他们想要的效果，98.8%的经理则认为他们确实取得了需要的效果。而在受调查的 598 个员工中，77.6%的人认为在他们工作表现突出的时候，上级的认可对他们来说非常而且极其重要，这时希望认可发生的员工是：即时的（20%）、一会（52.9%）、过后（18.8%）。认可是一种有效的激励方式，当一个员工有良好的绩效表现时，如果组织没有公开肯定，无论是对该员工还是其他员工，都会认为不公平。与此同时，管理者仅仅在口头上进行认可，通常情况下都会被员工认为是公平的、可接受的。因此，认可与员工满意度紧密相连，企业重视构建并实施员工认可的激励系统可以产生正面的成本效益结果。

在有些企业中，存在这样一种理念："如果你听不到我说什么，就证明你做得不错"！或者简单地认为"我的员工是来工作的，薪酬是对他们工作的回报""为什么还要我老是向员工称赞他们本来就应该做的工作呢？"甚至认为"认可"是人力资源部管的事情等。诸如此类的想法，其实是一种非常低效的管理方法。此外，一些缺乏认可员工的管理者则解释：没有时间，认可已经足够，或者认为员工的绩效还没有达到应该给予认可的程度。其实，没有给予认可的最大原因是认可并未受到应有的重视。此外，从心理学的角度看，员工对于认可的态度，与金钱和晋升不同，一般不会认为认可过多。管理者对员工进行认可需要具备一定的技巧。在实施中，人力资源部可以通过将认

人才考核体系与激励策略

可与绩效管理系统挂钩并使部门经理和其他管理层都支持这一行为来强化认可的价值和重要性。盖洛普的一个资深主管认为，直线经理是企业中应对员工给予持续认可负责任。盖洛普的员工内部调查实际上也证实了这一观点：员工普遍认为，主管在过去的一周内有没有给予员工一定的认可或赞扬应记入主管的绩效考核记录。

二、信任是认可与赞美的前提

认可与赞美有巨大的激励作用，但是很多管理者缺乏对员工认可的原因就在于缺乏前提——信任。虽然管理者经常对员工显示出友善，却可能经常对员工抱着不信任的态度。不信任使管理者难以发现员工的优点，因而也就难以表示出认可与赞美。

宽容是认可与赞美的环境。除了信任，管理者还需要对员工抱有宽容之心，也就是要允许员工犯错误，不能以自身的标准来要求员工，同时要意识到员工达到这个的标准需要一个过程。当管理者拥有了宽容的心态，就会觉得对员工进行认可与激励并非如此困难，还会发现员工身上的诸多优点。在态度上保持了信任和宽容之后，还需要掌握认可与赞美的技巧。主要包括以下几个方面：

及时。组织采取的激励方法具有较长的周期，一般为一个年度或季度才实施一次。而认可与赞美的激励措施则要求管理者随时发现员工的可赞美之处，因此，要频繁进行。当面的赞扬会取得更好的效果，关键在于及时性。称赞员工并不复杂，无须考虑时间与地点的问题，随处随时都可以称赞员工。

有针对性。作为员工，在工作中有特别突出的地方，也有不尽如人意的地方。在这种情况下，管理者需要针对员工绩效表现突出的地方实施激励，而非对其欠缺之处进行指责。作为管理者，指出员工的欠缺之处，是帮助员工进步的重要手段。但是，在这个过程中管理者一定要注重方式。管理者需要在肯定、表扬之后，再委婉地指出其不足之处，或者私下对员工个人指出其不足之处，让员工充分感受到管理者在真心帮助其进步，而非简单地指责和追究责任。

真诚。认可与赞美的另外一个重要原则是切忌言不由衷，不要为了激励而激励。将心比心，真诚的赞美才会换回真心的回报。否则，员工难免怀疑管理者进行赞美的动机。

(《世界经理人》2012年4月刊 专题)

本章复习思考题

1. 制定人才激励策略的目的是什么？激励策略包括哪些关键激励要素？
2. 激励策略包括哪些实施环节？
3. 如何开展有效的培训与职业发展激励？
4. 如何开展进行薪酬激励的合理设计？
5. 文化激励在人才激励中有哪些意义？

编辑说明

文以载道，书以载学。在经历十年磨一剑的记者生涯后，我的职业出现小的拐点，2004年，我跨入中国人事出版社的大门，做了借助图书文字传承、流播思想的图书编辑。入门伊始，接到第一部书稿——《王康人才论集》，王康是中国人才研究会首届理事长。王康夫人告诉我，2003年岁末，第一次全国人才会议召开，胡锦涛总书记提出科学人才观的理念，人才观念实现历史性的突破，打破学历和职称这两道"硬门槛"……王老兴奋不已，亲自动手把自己多年散落的文稿整理出书，以示庆贺。

蜚声海内外的著名人才学家王通讯，担任中国人事科学研究院院长以及其他国内社会兼职外，还担任美国普莱斯顿大学、日本高千穗大学的客座教授，有30多种图书收入国家图书馆电子图书。2005年的一天，王院长将他的书稿《人才与人事论衡》交到我手上，挑战与忐忑袭上心头，我抱着学习大家，虚心求教，潜心研究的态度进入工作状态。"为他人做嫁衣裳"的辛苦时时围绕着我，"春蚕到死丝方尽"的感慨油然而生。每次遇到困惑，王院长从不正面回应我，而是引导我开启智慧寻找到解决问题的最佳办法，他则欣然助我一臂之力。我戏言：王院长带领我编书稿。我的思想水平、职业素养在点滴磨砺中提升、养成，与智者的思想交流，与现实状况的成功对接，让我从对人才学知之不多到对学科如数家珍。《人才与人事论衡》一书获得中国人事出版社优秀图书三等奖。

第一次全国人才会议的春风，吹绿了中国人才理论研究的田园。2006年中国人才研究会组织编写了"新世纪人才学理论丛书"，这是我国第一部有关人才理论的综合性丛书，它比较全面、系统地体现了中国特色马克思主义人才理论的形成、发展、特点和内容，共7本，《人才学基本原理》《人才学新论》《人才资源经济学》《人才管理信息论》《马克思主义人才论》《马克思主义人才思想史》等，其中最后2本由我编辑，作者是人事部副部长徐颂陶、西南大学教授罗洪铁。这段工作经历，让我比较系统地学习了马列主义经典作家关于人才问题的论述，基本厘清了马克思主义人才思想形成和发展的线索。马克思主义人才理论创立于19世纪中期，马克思、恩格斯用辩证唯物主义和历史唯物主义的观点，从人学和经济学两个方面，全面阐释了人（才）在经济社会发展中的本质、地位、作用和成长规律，形成了人才理论的科学体系，主要包括人学论、人的自由全面发展论、人是生产力要素论、教育与实践成才论、人才与群众关系论等。其中，人学论、人的自由全面发展的理论是马克思主义人才理论的基石和核心。我认为，党中央三代领导集体关于人才发展的重要思想与马克思主义人才思想一脉相承，与时俱进，是创造性地建立了具有中国特色的马克思主义人才理论，形成了一套完整的、科学的思想体系。科学人才观，一方面是在中国传统人才思想的土壤中孕育，成长，发展；另一方面寻根溯源，其理论基石就是马克思说的"人的自由而全面的发展"。

2007年，中国共产党第十七届代表大会在北京召开，胡锦涛总书记在报告中多次提到人才工作，明确提出，"贯彻尊重劳动，尊重知识，尊重人才，尊重创造的方针，坚持党管人才原则，统筹抓好以高层次人才和高技能人才为重点的各级人才队伍建设。创新人才工作体制机制，激发各类人才创造活力和创业热情，开创人才辈出，人尽其才新局面"。中国人事科学研究院在院长、知名专家吴江的带领下深入学习贯彻党的十七大精神，组织编写"人才强国战略丛书"7本，吴江院长还邀请我去党建读物出版社负责编辑其中的《人才能力建设与评价》。吴江院长带领他的团队长期出版《第一资源》等学术期刊，结合社会实践做了大量横向纵向课题，对人才科学技术应用于社会实践，功不可没。

实践出真知：我对胡锦涛总书记提出的党管人才有了全新的理解，管什么？怎么管？党管人才是人才工作的重要原则，根据《国家中长期人才发展规划纲要（2010—2020年）》，党管人才主要是管宏观，管政策，管协调，管服务，包括规划人才发展战略，制定落实人才发展重大政策，协调各方力量形成共同参与和推动人才工作的整体合力，为各类人才干事创业，实现价值提供良好服务。

从我编辑"人才强国战略丛书"那时起，策划出版人才学丛书就成为梦想,也将成为我职业生涯中可圈可点的事情。

进入20世纪90年代,人才学研究的一个突出特点是转向应用创新。20世纪60年代,国外兴起的人力资本理论,从某种意义上说,也是人才学研究的一个重要领域,两种学说可以相互融合,相互借鉴。2009年,为迎接第二次全国人才工作会议,中国人才研究会组织编写了《中国人才学30年》,对中国人才学学科进行全方位、多角度的诠释与总结。责无旁贷,编辑出版的重任落在我的肩上,学科大全的编辑梳理让我至今深思:一个学科,一个学派的崛起,归根结底是要靠自己的学科知识,学术见解,学科功能服务于社会。

胡锦涛总书记在2010年第二次全国人才工作会议上强调,在科学发展整体布局中人才要优先发展的战略,为我国人才理论添上浓墨重彩的一笔。《国家中长期人才发展规划纲要(2010—2020年)》的颁布,标志着我国把人才工作上升到了国家战略高度。至此,来自推动建设创新型国家和人才强国的使命、来自中国决策者的顶层设计、来自学者前瞻的高屋建瓴、来自实践者的从容步履……八方汇聚,人心所向,只为一个共同心声:迎接新的人才理论研究高潮的到来。"晴空一鹤排云上,便引诗情到碧霄",发轫于中国的人才学理论与实践将一飞冲天,在全球化的深刻发展和我国经济结构转型升级的变革中,乘风扶摇振翅飞。

近两年,我将关注的目标移开人才高地、国际化人才港、人才特区这样的字眼,抓住首都经济贸易大学人才系成功建立人力资源开发与人才发展博士点和硕士点的有利时机,策划组织了高校人才学系列教材、系列专著,致力于建立一个相对完善的人才学教材体系,覆盖人才学的核心课程。在教材编写委员会的领导下,我努力多方协调对于准备出版的教材内容、作者群、出版方式都做出了科学合理的布置,有高度的标准化和市场导向,力争打造精品。

筚路蓝缕,以启山林。我祝愿:人才事业常青!

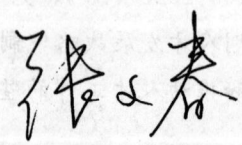

2012年10月2日凌晨于五棵松

后记

本教材由吴江担任主编,何波担任副主编。吴江设计了全书的整体思路,对近年来国内外人才考核与评价领域出现的新思想、新理论、新方法、新材料加以梳理,尽量将适宜的内容吸收进本教材,使教材内容得到较高程度的整合。何波对书稿进行了审核和总纂,参加教材编写的还有王红、斯琪、白艳辉、洪欢、来鹏程、李媛媛等。

限于编写者的水平,本教材可能存在缺陷,望读者批评、指正。在编写过程中,我们参考了大量的文献,在此谨向这些文献的作者表示衷心的感谢。另外,中国人力资源和社会保障出版集团的张文春编审对本教材的出版给予了极大的帮助和支持,在此诚致谢意。

编 者

2015年7月

参考文献

付涛. 人才评估与企业战略管理 [M]. 北京：中国经济出版社，2009.
金波. 职业经理绩效考核能力训练 [M]. 北京：高等教育出版社，2004.
张爱卿. 人才测评 [M]. 北京：中国人民大学出版社，2005.
寇家伦. 人才测评教程 [M]. 北京：中国发展出版社，2009.
丹尼尔·A. 雷恩. 管理思想的演变 [M]. 孔令济译. 北京：中国社会科学出版社，2000.
徐斌. 激励性薪酬福利设计与管理 [M]. 北京：人民邮电出版社，2007.
王晓辉，高丽华. 现代企业管理概论 [M]. 北京：北京大学出版社，2010.
付亚和，许玉林. 绩效管理（第2版）[M]. 上海：复旦大学出版社，2008.
王康，王通讯. 人才知识手册 [M]. 武汉：湖北科学技术出版社，1985.
房浮生. 古代人才论浅述 [M]. 合肥：安徽人民出版社，1982.
朱耀廷，李月修. 诸子人才观与现代人才学 [M]. 北京：中国广播电视出版社，1998.
王康，王通讯. 人才学基础 [M]. 哈尔滨：哈尔滨工业大学出版社，1987.
许激. 效率管理 [M]. 北京：经济管理出版社，2004.
杨东. 员工激励 [M]. 北京：中国轻工业出版社，2010.
朱飞. 绩效激励与薪酬激励 [M]. 北京：企业管理出版社，2011.
朱钧侃. 现代人才管理学 [M]. 南京：南京工学院出版社，1986.
俞文钊. 管理心理学 [M]. 兰州：甘肃人民出版社，1989.
加里·S. 贝克尔. 人力资本 [M]. 梁小民译. 北京：北京大学出版社，1987.

史仲文. 人才学（上、下）[M]. 北京：中国财政经济出版社，1987.

张骏生. 人才学[M]. 北京：中国劳动社会保障出版社，2006.

潘晨光. 中国人才前沿[M]. 北京：社会科学文献出版社，2007.

潘晨光. 中国人才发展报告NO.2[M]. 北京：社会科学文献出版社，2005.

萧鸣政. 人才品德测评的理论与方法[M]. 北京：中国劳动社会保障出版社，2008.

史蒂芬·P. 罗宾斯等. 管理学（第9版）[M]. 北京：中国人民大学出版社，2008.

余泽忠. 绩效考核与薪酬管理（第一版）[M]. 武汉：武汉大学出版社，2006.

萧鸣政. 能绩人才观的人力资源开发学分析[J]. 北京：北京大学学报（哲学社会科学版），2004（7）.

文魁，谭永生. 试论我国人才评价指标体系的构建[J]. 首都经济贸易大学学报，2005（2）.

饶征，孙波. 以KPI为核心的绩效管理[M]. 北京：中国人民大学出版社，2003.

胡志坚，冯楚健. 国外促进科技进步与创新的有关政策[J]. 新华文摘，2006（9）.

刘卉，赵恒平. 古代人才考核对我们的启示[J]. 贵州工业大学学报（社会科学版），2007（4）.

华才. 建立科学的人才评价标准[J]. 中国人才，2002（11）.

吴建成. 建立科学的人才评价体系[J]. 人才开发，2004（8）.

申渝. 人才评价标准走向多元化[J]. 中国人才，2002（11）.

张俭. 建立人才评价管理机制[J]. 人才开发，2002（6）.

刘恩元. 人才评价的误区及其思辨[J]. 黑龙江社会科学，2004（6）.

李世文，韦钦云. 努力建立科学的人才评价机制[J]. 考试园地，2005（1）.

邢发聪. 人才评价的理论依据[D]. 北京：石油大学，2003.

崔士鑫，张强. 人才推进事业——加强和改进人才工作述评[N]. 人民日报，2003-12-19 (1).

周方涛. 科技创业人才的属性特征述评与环境弹性模型构建 [J]. 科技进步与对策，2012 (16).

余子山，秦敬辉，张贤波，孙明永. 人才属性分析与选拔原理 [J]. 求实，2006 (24).

易艳华. 人才价值实现途径 [J]. 人才开发，2010 (3).

辛国梁. 论邓小平科技人才思想 [J]. 中国人才，1993 (3).

刘昕. 人才考核理论与方法 [J]. 中国人才，2007-05-01.

陈元旭，郑晗，吕晓岚. 中央公益性地质调查队伍高层次科技人才培养研究 [J]. 中国国土资源经济，2013 (10).

刘卉，赵恒平. 古代人才考核对我们的启示 [J]. 贵州工业大学学报，2007 (2).

谭渝，吴云. 人才考核评价工作的几点思考 [J]. 中国高校科技，2014 (8).

张晓春，韩玉启. 人才考核中的判别分析方法 [J]. 南京理工大学学报，2002 (6).

冀润成. 人才考核的标准与方法 [J]. 河北大学学报（哲学社会科学版），1985 (4).

赵国军. 国企薪酬管理问题剖析 [J]. 人力资源，2009.

陈文伟. 人力资源的薪酬管理探析 [J]. 人力资源开发，2012.

卓玲，陈晶瑛. 创新型人才激励机制研究 [J]. 中国人力资源开发，2011 (5).

赵光辉. 人才激励的理论依据与应用研究 [J]. 现代管理科学，2006 (1).

刘瑗路，张莉，张瑾琳，张志华. 从《生活大爆炸》看美国科技人才培养模式 [J]. 职业学院学报，2014 (4).

谷婷婷. 探析基于马斯洛需求论的高校人才激励机制 [J]. 学周刊，2014 (11).

苏东. 论管理学人性假设、激励理论的缺憾及对我国国企改革的启示 [J]. 科学管理研究，1999 (4)：23.

罗永泰，卢政营. 需求解析与隐性需求的界定 [J]. 南开管理评论，2006.

张军，龚建立. 科技人员激励因素研究［J］. 科学学与科学技术管理，2002.

崔炜，周悦. 知识型员工的需求特征分析与激励制度设计［J］. 企业活力，2007.

［美］戴维·H. 罗森布鲁姆，罗伯特·S. 克拉夫丘克. 公共行政学：管理、政治和法律的途径［M］. 北京：中国人民大学出版社，2002.

周晓玮. 我国公务员绩效测评的困境与原因初探［J］. 理论探讨，2003，3.

马跃如. 高等学校教师激励研究［D］. 中南大学，2006.

邓偶. 基于绩效测评与偏好特征双重基础的员工激励策略研究［D］. 中南大学，2006.

王莉萍. A 孵化器员工绩效考核体系优化策略研究［D］. 华东理工大学，2013.

李果. CSIC 企事业单位人才职务体系与绩效考核模式研究［D］. 哈尔滨工程大学，2003.

张梅. 昆明铁路局人才绩效考评体系研究［D］. 河北工业大学，2006.

赵庆民. 北京 CMG 公司考核制度设计［D］. 吉林大学，2003.

杨祯怡. 论西方常用绩效考核方法在中国遇到的问题及对策［D］. 上海外国语大学，2013.

马士成. 企业"双高"科研人才评价机制研究［D］. 中国矿业大学（北京），2009.

颜佳荣. 中国工程物理研究院科技人员绩效考核研究［D］. 电子科技大学（成都），2003.

赵慧. 中物院人才队伍的激励与考核机制研究［D］. 电子科技大学（成都），2010.

史蒂文·科恩，威廉·埃米克. 新有效公共管理者［M］. 北京：中国人民大学出版社，2001.

周志忍. 公共组织绩效评估——英国的实践及对我们的启示［J］. 新视野，1995.（5）.

王乐理. 政治文化导论［M］. 北京：中国人民大学出版社，2000.

杨庆东，蒋玉林等. 中西方公务员制度比较［M］. 昆明：云南大学出版社，2003.

张梅. 昆明铁路局人才绩效考评体系研究［D］. 河北工业大学，2006.

崔洁. 论绩效考核指标体系设计［J］. 能源技术经济，2010（9）.

冉斌. 目标与绩效管理［M］. 深圳：海天出版社，2002.

萧鸣政. 现代人事考评技术及其应用［M］. 北京：中国人民大学出版社，1997.

武卫红. 略谈干部考核中民主测评的组织与应用［J］. 电力技术经济，2006（18）.

彭光明. 企业中层管理人员工作实绩考核方法研究［J］. 电力技术经济，2001.

王晓辉，高丽华. 现代企业管理概论［M］. 北京：北京大学出版社，2010.

中国企业评价协会，中国人力资源管理大奖组委会. 2006—2007年第二届中国人力资源管理大奖文集 成果奖（报告、产品）、服务奖［M］. 北京：经济管理出版社，2007.

中央人才工作协调小组办公室. 人才工作理论研究报告［M］. 北京：党建读物出版社，2003.

付涛. 人才评估与企业战略管理［M］. 北京：中国经济出版社，2009.

人力资源管理杂志社. 人力资源管理实务及案例［M］. 广州：中山大学出版社，2005.

金波. 职业经理绩效考核能力训练［M］. 北京：高等教育出版社，2004.

杜映梅. 绩效管理［M］. 北京：中国发展出版社，2011.

JMAM人事评价项目组. 组织考评设计［M］. 北京：科学出版社，2007.

魏爱新. 如何评估下属［M］. 北京：北京大学出版社. 2004.

钟祖荣. 杰出性：人才的本质特征［J］. 中国人才，1989（4）.

罗洪铁. 再论人才定义的实质问题［J］. 中国人才，2002（3）.

沈荣华. 建设创新型国家的人才思考［J］. 中国人才，2006（3）.

黄津孚. 人才：最高素质的人——关于人才的概念［J］. 中国人才，2001（11）.

舒尔茨. 人力资本投资 [M]. 北京：上海商务印书馆，1990.

王通讯. 人才学通论 [M]. 北京：中国社会科学院出版社，2001.

朱晓芸，何姗，郁建兴，孙凯. 公立医院行政人员绩效考核体系的重构 [J]. 中共浙江省委党校学报，2012（4）.

刘春生，马振华. 高技能人才界说 [J]. 职教通讯，2006，3：17.

查有梁. 高技能人才的培养和使用 [J]. 高等教育研究，2007，3：24.

周济. 培养数以千万计的高技能人才——让人民满意的高等职业教育 [Z]. 在全国高职教育第三次产学研结合经验交流会上的讲话，2004（2）.

戴强. 高技能人才培训的若干思考 [J]. 中国培训，2003，4：24—25.

丁大建. 高技能人才的短缺和价值评估错位 [J]. 中国高教研究，2004（5）.

李宗尧，张明德，王义志等. 高级技能人才培养 [M]. 北京：中国劳动社会保障出版社，2001：43.

张进辅. 现代人才测评技术与应用策略 [M]. 重庆：重庆出版社，2006.

王康，王通讯. 人才学基础 [M]. 哈尔滨：哈尔滨工业大学出版社，1987：14

构建人才地图，提高人才充足率 [J]. 世界经理人，2012（5）.

司江伟，郑其绪. 论人才才能三态的关系特征及现实意义 [J]. 武汉工程大学学报，2008（9）.

海尔集团的激励机制. 百度文库，http://wenku.baidu.com/view/73725da6f524ccbff121846f.html.